מועדי השם

אלי שיינפלד

מועדי השם

עיבוד עכשווי
לתורת השם משמואל
על חגי ישראל

מגיד

Eli Schonfeld
Festivals of the Shem:
A Contemporary Adaptation of the Shem MiShemuel's
Teachings on the Jewish Holidays

אלי שיינפלד
מועדי השם: עיבוד עכשווי לתורת השם משמואל על חגי ישראל

עורך אחראי: ראובן ציגלר
עורכת ראשית: אוריה מבורך
עורכת משנה: אפרת גרוס
עריכה לשונית: ברק אפשטיין
הגהה: אביחי גמדני
עימוד: טלי האן
תמונת עטיפה: שמואל לעסרי

ספרי מגיד, הוצאת קורן
ת"ד 4044 ירושלים 9104001
טל': 02-6330530 פקס: 02-6330534
www.korenpub.co.il

ISBN 978-965-526-341-1 מסת"ב
Printed in Israe 2023 נדפס בישראל

לנועם היקר

לרגל היכנסך לנועם עול מצוות

תוכן העניינים

מבוא

מועדי ישראל עטופים קסם וסוד. לכל מועד עומק רוחני ייחודי. אינה דומה הארתם של ימי הדין להארת ימי החנוכה, ואינה דומה שמחת התורה לשמחת חג החירות. אשרי מי שזוכה לעמוד על סודם של מועדי ישראל.

גדולי ישראל עמלו במהלך הדורות להבין את פשרם של המועדים ולעמוד על עניינם המיוחד. הרב שמואל בורנשטיין, האדמו"ר סוכצ'וב, המשיך שרשרת זהב זו בדרשותיו, שנישאו מדי שבת בשבתו ומדי מועד במועדו בפני חסידיו ושומעי לקחו.

בדרשותיו מבאר הרב בורנשטיין מהו האור הרוחני הגנוז בהארת הזמנים, ובאיזה אופן נוכל, אנו הלומדים, להמשיך אור מיוחד זה לחיינו. דרשותיו של האדמו"ר מסוכצ'וב על המועדים כמו גם אלה שעל התורה, הועלו על הכתב והודפסו לפני כמאה שנים בסדרת הספרים הנושאת את השם: 'שם משמואל'.

את כתבי ה'שם משמואל' הכרתי לראשונה לפני כעשרים שנה עת הייתי בחור ישיבה בישיבת הגולן. לא אחת חיפשתי ותרתי אחר שורשי המועדים. זכור לי היטב בירור ממושך שעשיתי על אודות פשרו של ט"ו בשבט. עיינתי בספרים רבים מתחומי המחשבה

והחסידות, אך רק כאשר זכיתי ללמוד את דברי ה׳שם משמואל׳, חשתי שמצאתי את שביקשה נפשי. באופן מופלא שזר האדמו״ר סוגיות שונות, קישר בין מחלוקתם של בית שמאי ובית הלל באשר לזמנו של ראש השנה לאילן לבין מחלוקתם העקרונית ביחס לדרכי הנהגת ה׳ בעולם, ואף הצמיח משם הדרכה בעניין מקומם של המוח והלב בעבודת השם. נמלאתי התרגשות ושמחה גדולה. מאז לא מָשה ידי מספרי ה׳שם משמואל׳.

דברי ה׳שם משמואל׳ נכתבו בקיצור ובעמקות, והם מזמינים את הלומד, גם אם לא זכה לשמוע את הדברים באופן ישיר מפיו של האדמו״ר, להמשיך לברר ולהעמיק בדבריו ולדלות מהם אור יקרות, שבכוחו להאיר גם את חיינו, כאן ועכשיו. מסיבה זו בשני העשורים האחרונים אני משתדל ללמוד בחבורה את דבריו העמוקים.

לפני כחמש שנים זכיתי להוציא לאור את הספר ׳לאור השם׳, שבו התמקדתי בדרשות ה׳שם משמואל׳ על פרשות השבוע. ברוך ה׳, הספר התקבל על קהל קוראיו וזכה לתגובות משמחות, ומתוך כך עלה הרצון להוסיף ולכתוב על תורותיו של ה׳שם משמואל׳ גם למועדי השנה. תגובות אלה הן שעודדו אותי להמשיך בכתיבה, וחיבור זה הוא פְּרִייה.

מבנה הספר

הרב בורנשטיין דרש וכתב על מועדי ישראל דרשות רבות ומגוונות. בחיבור זה מובאות בכל מועד מספר פיסקאות: כל פיסקה מובאת פעמיים: פעם אחת ככתבה וכלשונה, כפי שהיא מופיעה בספר ה׳שם משמואל׳, ופעם נוספת עם ביאורים קצרים ותרגום במקומות נצרכים. אחרי כל פיסקה מובאים עקרונות רוחניים, תובנות והארות בעבודת ה׳ כפי שעלו והתבררו בחבורה תוך כדי לימוד משותף. הנכתב בחלק זה הוא עיבוד רעיונותיו, המשכתם וחיבורם לחיינו.

תודות

הכרת טובה גדולה יש בליבי לרב שמואל בורנשטיין זצ״ל. אומנם לא זכיתי להכיר אותו באופן אישי, אך דבריו הביאו אותי למפגש עמוק עמו, הרוו את צימאוני ומהם נבניתי רבות.

תודה לתלמידיי היקרים בישיבה התיכונית במעלה אדומים ובישיבת חורב בירושלים. תודה מיוחדת לאנשי קהילת ׳נווה הגבעה׳ בגבעת זאב על שנים רבות של אמון גדול, ועל צמיחה רוחנית משותפת בנעימות ובשמחה.

תודה גדולה להוריי היקרים שחינכונו לאהבת תורה ולכבוד תלמידי חכמים. רושם חינוך זה מלווה אותי באופן תדיר בזכותם. יהי רצון שתמשיכו לרוות נחת וברכה מכל יוצאי חלציכם לאורך ימים ושנים, בנהורא מעליא ובכל מילי דמיטב.

תודה מעומק הלב להורי אשתי, גדעון ולאה וולנוב, על בית פתוח, על לב גדול ורחב ועל נתינה אין־סופית ללא גבולות.

תודה והערכה רבה לרב ברק אפשטיין, עורך הלשון, שגם בספר זה היה חברותא של ממש בבירור ובליבון דברי השם משמואל. הרב ברק השקיע שעות רבות בהבנת תוכן הסוגיות ובדיוקן הלשוני בחכמה רבה ובענווה גדולה. הערותיו המחכימות והמאירות מלוות את כל עמודי הספר.

תודה מיוחדת לאנשי הוצאת מגיד : לרב ראובן ציגלר על ליווי הדוק ונעים מעת קבלת כתב היד ועד הגשתו לדפוס. תודה גדולה לרבנית אוריה מבורך, העורכת הראשית, על עצות מחכימות ועל הנגשת הדברים לקהל יעד רחב ומגוון. לטלי האן המעמדת ולשמואל לעסרי מעצב הכריכה, לאפרת גרוס, דנה זדה וכל צוות ההוצאה שעמלים כדי שהספר יגיע לקוראיו.

תודה מעומק הלב לאשתי מיכל, שרק בזכותה אני מצליח לפנות זמן ומקום ליצירה רוחנית. בלעדיה ספר זה, כמו גם קודמיו, לא היה מגיח לאוויר העולם.

תודה אחרונה אך ראשונה במעלה לבורא עולם שהכול מאיתו, על החסד היום־יומי ועל שלא כלו רחמיך ולא תמו חסדיך. תודה על

מועדי השם

שנתת לנו תורת אמת המאירה את דרכנו בזמני השגרה כמו גם בחגים ובמועדי השנה. אשרינו שזכינו.

* * *

ספר זה מוקדש לבננו נועם־שלמה לקראת הגיעו למצוות. שמו הראשון ׳נועם׳ מעיד על אישיותו הנעימה. בשמו השני ׳שלמה׳ הוא נקרא על שם סבא־רבה שלו, סבה של אשתי, ר׳ שלמה גוטליב, איש תם ישר וצדיק, נצר לשושלת חסידית מפוארת.

נועם יקר - אנחנו אוהבים אותך, מעריכים אותך ומאחלים לך לרגל היכנסך לעול מצוות שתמשיך לגלות ולהאיר את אוצרות אישיותך לאורך ימים ושנים, ושברכת ה׳ תלווה אותך בכל דרכיך.

יהי רצון מלפני אדון עולם שנזכה לגדל את ילדינו, ידידיה, אריאל, נועם, טליה, יהונתן ושירה, בדרך התורה, ביראה ובאהבה, בלב מבין ומרגיש.

אלי שיינפלד
תמוז ה׳תשפ״ג

קורות חייו של ה'שם משמואל'*

רבי שמואל בורנשטיין נולד לאביו רבי אברהם, האדמו"ר הראשון מסוכצ'וב, בשנת תרל"ז בעיר קוצק שבמזרח פולין. סבו מצד אמו היה רבי מנחם מנדל מקוצק. כאשר היה בן שמונה עברה משפחתו לעיירה פארצ'וב, גם היא במזרח פולין, שם נתכבד אביו לשבת על כס הרבנות המקומית.

בליל הסדר האחרון בחיי סבו הגדול, עת ישב שמואל הקטן על ברכי אביו, הביט עליהם הסבא ואמר "נמצא בתוכנו פה אחד שעתיד להאיר לעולם". לימים אמר רבי אברהם כי חותנו לא התכוון בזה אליו, אלא לבנו היניק והחכים. ואכן, מכריו סיפרו שגדלותו של רבי שמואל ניכרה עליו כבר בצעירותו. בתקופת מגוריהם בפארצ'וב לא הייתה הפרוטה מצויה בידי הוריו, ופעמים לא מועטות אף שרר הרעב בביתם. חסידים מעידים כי שמואל הצעיר השקיט את רעבונו בימים אלו בלימוד התורה.

* לוקטו מהספרים אישים ושיטות (משה צ'ינוביץ) והאנציקלופדיה לחסידות (הרב יצחק אלפסי).

בשנת תרל״ג, בהיותו בן 18 שנים, נשא רבי שמואל את בתו של רבי ליפמן ליטמנוביץ׳, ולאחר שנפטרה בשנת תרס״ב, היה לחתנו של רבי משה נתן כהנא־שפירא, אב בית דין קשוינז. במשך השנים עמד לימינו של אביו בישיבה והעמיק בלימוד התורה ובלימוד החסידות. הוא שקד על כתבי אביו ואף טרח להוציאם לאור. הספר ׳אגלי טל׳ יצא על ידו לאור עוד בחיי אביו, והספר ׳אבני נזר׳ לאחר פטירתו.

בשנת תר״ע, לאחר שנסתלק אביו לבית עולמו, נבחר רבי שמואל פה אחד למלא את מקומו, מבלי שהחסידות תתפצל או שמאן דהו יקרא תיגר על מנהיגותו. הוא הנהיג את חסידיו בתקיפות והקפיד לשמר את מנהגי בית אביו.

כאשר פרצה מלחמת העולם הראשונה היה רבי שמואל בבית מרפא בגרמניה, ורק במאמצים מרובים עלה בידו לשוב לפולין ולהתיישב בעיר לודז׳. הוא לא ראה בחורבנה של סוכצ׳וב בשנת תרע״ה. לאחר מספר שנים עבר רבי שמואל עם חסידיו לעיר זגרז׳ הסמוכה ושם המשיך להנהיגם. שמו יצא למרחקים גם בקרב ה׳מתנגדים׳ שהעריכו אותו הן על למדנותו הן על חריפותו המיוחדת.

חיבה יתרה הייתה לרבי שמואל לארץ ישראל. כל ימיו ציפה לצאת מהגולה ולהגיע לארץ ישראל, ואכן בשנת תרמ״ט הוא הגיע לביקור בארץ. הייתה לו אף תוכנית לייסד מושבה חסידית בארץ האבות, תוכנית שבסופו של דבר לא יצאה לפועל.

רבי שמואל נפטר בכ״ד בטבת תרפ״ו ונטמן בבית הקברות בסוכצ׳וב, ליד אביו.

הספר ׳שם משמואל׳ מקבץ את דרשותיו על התורה והמועדים, שנאמרו במהלך השנים עת ישב על כיסא האדמו״רות. הספר התקבל מאוד בקרב ציבור לומדי התורה, ואף אצל למדנים שאינם נמנים על קהל עדת החסידים.

ימים נוראים

ראש השנה

שבת שובה

ערב יום הכיפורים

יום הכיפורים

מוצאי יום הכיפורים

ראש השנה: מרחוק ה' נראה לי

אִיתָא בְּסֵפֶר קוֹל שִׂמְחָה שֶׁ"מֵרָחוֹק ה' נִרְאָה לִי" (ירמיהו לא, ב) הוּא סוֹד רֹאשׁ הַשָּׁנָה.

נִרְאֶה לְפָרֵשׁ עַל פִּי מַה שֶּׁהִגַּדְנוּ בַּמַּאֲמָרִים הַקּוֹדְמִים כִּי **עֹמֶק הַדִּין הוּא לְטוֹבַת יִשְׂרָאֵל, כִּי מֵחֲמַת עֹמֶק הַדִּין נִתְבָּרֵר שֶׁאֵין בְּיִשְׂרָאֵל חֵטְא אֶלָּא בְּמִקְרֶה,** וְהָעֲווֹנוֹת יָחוּלוּ עַל רֹאשׁ הָאֻמּוֹת הַגּוֹרְמִים בִּנְזָקִין. וְנִסְתַּיְּיעָן מִדִּבְרֵי הַשַּׁ"ס שַׁבָּת (פט ע"ב) שֶׁיִּצְחָק יִהְיֶה הַמְלַמֵּד זְכוּת עַל יִשְׂרָאֵל וּמַצִּילָן מֵעֹנֶשׁ, לְעֻמַּת שֶׁאַבְרָהָם וְיַעֲקֹב אָמְרוּ יִמָּחוּ עַל קְדֻשַּׁת שְׁמֶךָ, וּכְמוֹ שֶׁהִגִּיד כ"ק אָבִי אדמו"ר זצללה"ה הַטַּעַם מִפְּנֵי שֶׁמִּדָּתוֹ מִדַּת הַדִּין יָרַד בְּיוֹתֵר לְעֹמֶק הַדִּין, וּמֵחֲמַת עֹמֶק הַדִּין רָאוּיִין לְהַצָּלָה.

וּמִדָּה זוֹ מְעוֹרְרִין יִשְׂרָאֵל בַּשּׁוֹפָר, הֶבֶל הַיּוֹצֵא מֵעֹמֶק הַלֵּב בִּלְתִּי ה' מוֹצָאוֹת הַפֶּה.

וְהִנֵּה בְּשִׁטְחִיּוּת עִנְיַן הַדִּין הוּא רִחוּק. כְּמוֹ דַּיָּן דִּלְמַטָּה שֶׁצָּרִיךְ לִהְיוֹת נִבְדָּל מִבַּעֲלֵי הַדִּינִים, וְזֶה עִנְיָן שֶׁהַיָּמִים אֵלּוּ נִקְרָאִין יָמִים הַנּוֹרָאִים, כִּי בְּכָל מָקוֹם הַקֵּרוּב מֵבִיא אַהֲבָה וְהָרִחוּק וְהַבְדָּלָה מֵבִיא יִרְאָה, וְאִם כֵּן רֹאשׁ הַשָּׁנָה הוּא מֵרָחוֹק לְטוֹבָתָם וּמֵחֲמָתוֹ יֵצְאוּ זַכָּאִים, בִּשְׁבִיל זֶה הָרִחוּק מִתְדַּבְּקִים בְּהַשֵּׁם יִתְבָּרַךְ עוֹד יוֹתֵר, אִם כֵּן הָרִחוּק מֵבִיא קֵרוּב.

וְזֶה "מֵרָחוֹק ה' נִרְאָה לִי", **הַיְנוּ שֶׁמֵּהָרִחוּק עַצְמוֹ נִרְאָה ה'**, הַיְנוּ שֵׁם זֶה שֶׁל רַחֲמִים.

ראש השנה שנת תרפ"א

איתא **מופיע** בספר קול שמחה (אגרת ר' שמחה בונים מפשיסחא בסוף הספר) ש"מֵרָחוֹק ה' נִרְאָה לִי" (ירמיהו לא, ב) הוא סוד ראש השנה.

נראה לפרש על פי מה שהגדנו במאמרים הקודמים כי **עומק הדין הוא לטובת ישראל. כי מחמת עומק הדין נתברר שאין בישראל חטא, אלא רק** במקרה **החטא נובע מעניין חיצוני ולא מצד עצמיותם של ישראל**, והעוונות יחולו על ראש האומות הגורמים בנזקין.

ונסתייען **נביא ראיה לדברינו** מדברי הש"ס שבת (פט ע"ב) שיצחק יהיה המלמד זכות על ישראל ומצילן מעונש, לעומת שאברהם ויעקב אמרו "ימחו על קדושת שמך". וכמו שהגיד כבוד קדושת אבי אדמו"ר זצללה"ה **אדוני מורי ורבי זכר צדיק לברכה לחיי העולם הבא** הטעם, מפני שמדתו **של יצחק** מדת הדין, ירד ביותר לעומק הדין, ומחמת עומק הדין **הראה שעם ישראל** ראויין להצלה.

ומדה זו מעוררין ישראל בשופר, הבל היוצא מעומק הלב, בלתי ה' מוצאות הפה **ולא מחמשת מוצאות הפה, שפועלים בעת הדיבור**.

והנה בשטחיות ענין הדין הוא ריחוק. כמו דיין דלמטה **דיין בשר ודם** שצריך להיות נבדל מבעלי הדינים.

וזה ענין שהימים אלו נקראין ימים הנוראים, כי בכל מקום הקירוב מביא אהבה והריחוק והבדלה מביא יראה, ואם כן ראש השנה הוא מרחוק לטובתם, ומחמתו יצאו זכאים, **כי** בשביל זה הריחוק מתדבקים בהשם יתברך עוד יותר. אם כן הריחוק מביא קירוב.

וזה "מרחוק י־ה־ו־ה נראה לי", **היינו שמהריחוק עצמו נראה** ה', היינו שם זה של רחמים **שם י־ה־ו־ה מבטא את מידת הרחמים, לעומת שם אלוקים שמבטא את מידת הדין**.

ראש השנה שנת תרפ"א

מרחוק ה' נראה לי

במסכת שבת מתארת הגמרא דין ודברים עתידי בין הקב"ה לאבותינו הקדושים, אברהם, יצחק ויעקב. הקב"ה פונה לאברהם אבינו ואומר לו: "בניך חטאו לי", ואברהם עונה: "ריבונו של עולם, ימחו (=ייענשו) על קדושת שמך". לאחר מכן פונה הקב"ה ליעקב אבינו וטוען גם בפניו: "בניך חטאו לי". ותגובתו של יעקב זהה: "רבש"ע, ימחו על קדושת שמך". בסופו של דבר, פונה הקב"ה אל יצחק אבינו ושוטח גם בפניו אותה הטענה שטען כלפי אברהם ויעקב. כאשר יצחק שומע את טענתו של הקב"ה הוא לא מוותר. הוא מתחיל לנהל עם הקב"ה משא ומתן: בעצם, לאדם מישראל אין כמעט זמן לחטוא, ואם בכל זאת חטא אז יצחק מוכן 'להתחלק' עם הקב"ה באחריות על כך, ואם זה לא מקובל אז הוא מוכן לקבל את מלוא האחריות.

גמרא זו מצריכה ביאור ופשר. ראשית יש לשאול מדוע 'דילג' הקב"ה על יצחק והשאיר אותו לסוף. שנית, הכיצד ייתכן שדווקא יצחק, שמבטא כידוע את מידת הדין, הוא שהצליח בסופו של דבר ללמד זכות על ישראל ולהפיס את דעתו של הקב"ה?

לשם הבנת העניין עלינו להעמיק בהבנת מידת הדין וכוחה. נעשה זאת על ידי עיון בדמות אחרת שנקשרת בתודעתנו למידת הדין,

הלוא הוא שמאי הזקן. לאחר שניפגש עם הנהגתו של שמאי, יתבארו שאלות אלו ותתברר גם מהותו של ראש השנה, יום הדין.

בתלמוד הבבלי (שבת לא ע"א) מובא סיפור על שלושה נוכרים שהגיעו אל שמאי ואל הלל, כל אחד בנפרד, ובפיהם בקשה להתגייר. כל אחד מהשלושה הציב תנאים משלו לגיור, ובשלושת המקרים שמאי הזקן דוחה אותם ולא מאפשר להם להתגייר, ואילו הלל מגייר אותם, נותן מענה לתנאיהם וגורם להם להכיר בטעותם ולשמוח בכל זאת בגיורם.

הנהגותיהם השונות של הלל ושמאי הינן ביטוי למחלוקת עקרונית ששררה ביניהם, והיא המחלוקת בין מידת האמת למידת הרחמים. הלל ושמאי נחלקו אם נכון לעיתים לוותר על האמת בתנאים מסוימים, וזאת מפני שישנם בטבע חולשות אנושיות וקשיים לא פשוטים, או שאדרבה, יש לדבוק במידת האמת על אף החולשות והקשיים, גם אם לשם כך יידרש מהאדם מאמץ מיוחד, ולעיתים הוא אף ישלם על כך. במקרה שלנו, עומד שמאי על דעתו שאסור להציב תנאים מקדמיים בסוגיה מהותית כל כך כסוגיית הגיור, גם אם בשל כך הגיור לא יצלח. הלל לעומתו מבין, שאם כעת הוא יסביר פנים לאותו נוכרי, יבין ההוא כעבור זמן את גודל טעותו ויצטרף בנפש חפצה לעם ישראל, והפעם ללא תנאים מקדמיים.

מחלוקת עקרונית זו עומדת בבסיסן של מחלוקות נוספות בתחומים אחרים, בהלכה ובאגדה. לדוגמה, במסכת ברכות (ח, ז) מובא דיון ביחס לאדם ששכח לברך במקום שאכל פת, ונזכר בכך לאחר שעזב את מקום האכילה. נשאלת השאלה אם אדם זה צריך לחזור למקום שאכל ושם לברך, או שמא הוא יכול לברך את ברכת המזון במקום שנזכר. במקרה זה החולקים הם תלמידיהם של שמאי והלל וממשיכי דרכם, כשבית שמאי סוברים שעל האדם לחזור למקום האכילה ולברך שם, ואילו בית הלל סוברים שיכול לברך במקום שנזכר. גם במחלוקת זו, נראה שסברתם של בית שמאי נובעת מהתפיסה ש'יקוב הדין את ההר', שהרי אדם שהיה שוכח ארנק מלא בזהובים היה חוזר בוודאי לקחתו, כל שכן כשמדובר ב'רכוש' רוחני, ולעומתם,

דנים בית הלל את האדם במידת הרחמים, ובפסיקתם מתחשבים הם בחולשותיו.

לאור זאת, לא נופתע לראות שבמחלוקת בעניין מה נברא תחילה, השמיים או הארץ, מצביעים בית שמאי על השמיים, ובית הלל - על הארץ (חגיגה יב ע"א).

במבט ראשון נראית דעתם של בית הלל כרגישה יותר ולכן גם כמקובלת יותר. ובאמת, למעט הלכות בודדות שבהן נפסקה ההלכה כבית שמאי, כלל הפסיקה הקובע (ואולי המפורסם ביותר) הוא שהלכה כבית הלל. אומנם, בכתבי האר"י ז"ל מובא, שלעתיד לבוא תיפסק ההלכה כדעת בית שמאי, ויש להבין מדוע - אם בית הלל 'צודקים' יותר, מדוע שהדין ישתנה לעתיד לבוא? על מנת שנוכל לענות על שאלה זו, עלינו להבין היטב את התועלת הגדולה שצומחת ממידת הדין. לשם כך נתבונן במעגלי חיים שונים.

אם נצלול לרגע לוויכוחים משפחתיים בין הורים לילדים, נראה שהרבה מהם נסובים סביב סוגיית הוויתורים. לעיתים תכופות מתחייבים הילדים לבצע מטלה מסוימת בבית אולם אחר כך הם מבקשים מהוריהם שיוותרו להם על כך. ההורים בשלהם, דורשים מהילדים שיעשו את הנדרש מהם, לטובתם.

על פי רוב, אין כאן מאבק כוחני של כיפופי ידיים ומוחות. ההורים מאמינים באמת ובתמים בילדיהם וביכולותיהם, ודווקא בגלל זה הם לא מוותרים להם! הם רוצים שילדיהם יגדלו לתלפיות ויממשו את כלל הכוחות הגנוזים בהם, ואם מתוך רחמנות הם יוותרו לילדיהם בצמתים משמעותיים, הרי שבכך הם יזיקו להם וירגילו אותם 'להסתפק במועט' ולכוון נמוך מדי, וחבל. הדבר נכון גם במסגרות חינוך אחרות. מחנך גדול יודע לזהות מי הם התלמידים שזכו לכישרונות מבורכים, ומכוח זיהוי זה הוא תובע מהם, בדין, תביעות גדולות ומאמץ מרובה.

נכון אפוא לומר, ששורשה של מידת הדין הוא אמון עצום באדם וראיית יכולותיו האמיתיות. לכן, על אף חשיבותה הרבה של הנהגת הרחמים, לעיתים דווקא היא מסוגלת להוביל להורדת רף הציפיות, ועלולה לרדד את האדם ואת ביצועיו. שמאי הבין זאת ולכן הוא לא

ויתר. בעולם הזה, שבו רב הקושי ושבו הכוחות החומריים מושכים למטה והחולשה אופפת את האדם, נפסקה אומנם ההלכה כבית הלל, שכן גישתם תואמת יותר את יכולות האדם כאן ועכשיו, אולם לעתיד לבוא, בעולם האמת, שבו יוכל האדם למצוא בעצמו מספיק כוחות כדי להתמודד עם כל קושי בדבקותו במידת האמת, תיפסק ההלכה כבית שמאי.

לאור הבנה זו יתבאר גם הדיון בין הקב"ה לאבותינו הקדושים. במבט ראשון נראה שבשורת לימוד הזכות תגיע מאברהם אבינו איש החסד או מיעקב אבינו איש התפארת. יצחק אבינו, המייצג את מידת הדין, ראוי להידחק לעת עתה, שהרי מה לה למידת הדין וללימוד זכות על ישראל? אומנם בהמשך הגמרא מתברר שדווקא יצחק אבינו, איש מידת הדין, הוא שמלמד זכות על עם ישראל. יצחק מלמד אותנו שהתביעה הגדולה מישראל, להיות אנשים גדולים ויראים, אינה בניגוד למעלתם, אלא דווקא בגללה! עם ישראל נתבע לגדולות משום שהוא קורץ מחומר אחר. במובן זה עצם התביעה לגדולות מגלה למעשה שישראל שייכים למדרגות הגבוהות ביותר מעצם טבעם. ומי לנו כיצחק אבינו, התובע הגדול, שבכוחו ללמד זכות על ישראל, לא מתוך חסד ולא מתוך רחמים, אלא מתוך עומק הדין והשייכות אליו.

כך נוכל להבין את דברי חז"ל במדרש (בראשית רבה פרשה יב אות טו), שבבריאת העולם רצה הקב"ה לבוראו במידת הדין, ולאחר שראה שאין הוא יכול להתקיים החליט לשתף עימה את מידת הרחמים. ולכאורה קשה, אם מידת הרחמים נצרכת לקיום העולם, מדוע מראש בחר הקב"ה לברוא את העולם במידת הדין לבדה, ורק לאחר מכן לשתף עימה את מידת הרחמים? לפי מה שנתבאר לעיל, ההסבר ברור. הקב"ה מאמין בעולם, מאמין בבני אדם, ולכן הוא תובע מהם לגלות את מעלתם הרוחנית, לטובתם. זהו מקומה וזוהי מעלתה של מידת הדין. אומנם, כאשר מתברר בהמשך שתביעת האמת מקשה על בני האדם, אז, ורק אז, מתווספת לה מידת הרחמים. נשים לב שגם בשלב זה מידת הדין לא נעלמת, היא התשתית והיא היסוד למידת הרחמים שתיבנה על גבה.

על פי עיקרון זה, מבאר בעל ה'שם משמואל' את מהותו של ראש השנה, יום הדין. הוא מביא מאמר של ר' שמחה בונים מפשיסחה בספרו 'קול שמחה', שהפסוק בירמיהו (לא, ב) "מֵרָחוֹק ה' נִרְאָה לִי" מלמד על מהותו של ראש השנה. פסוק זה הוא חלק מנבואת נחמה של ירמיהו (שמופיעה בהפטרת היום השני של ראש השנה) לעם ישראל. פסוק זה קשה לכאורה, אם נחמה הוא בא לבשר, מדוע מתואר מצב של ריחוק בין ה' לעמו? הפרשנים השונים פירשו במספר דרכים, אולם ר' שמחה בונים, וה'שם משמואל' בעקבותיו, מאירים את הפסוק באור חדש שמבליט את הנחמה שבו. המרחק הגדול שבפסוק הוא ביטוי להנהגה של דין. כדי להוציא דין אמת לאמיתו על הדיין לעמוד מרחוק ולא להיות מעורב רגשית בדיון. דווקא המרחק מאפשר לגלות את האמת במקרה הנדון, ולכן יש בו בשורה למי שרוצה לדבוק באמת האלוקית. בשעת הגאולה כמו ביום הדין עומד הקב"ה ממרחק, כביכול מבחוץ, ותובע מאיתנו לעמוד בשליחותנו הייחודית. המרחק התובע, לעיתים גם המאיים, יכול להיתפס מצדנו, בטעות, כאילוץ של דיעבד, ולא היא! בראש השנה הקב"ה תובע מאיתנו להיות גדולים דווקא מפני שהוא יודע את מעלתנו. לכן הוא מעמיד אותנו בדין, לטובתנו.

אומנם, על פי רוב, תביעת דין איננה תביעה פשוטה, לכן יש צורך לערב עימה לעיתים את מידת הרחמים. לכן בהמשך היום, עת קול השופר נשמע בחלל העולם, עובר הקב"ה מכיסא של דין לכיסא של רחמים, וכמה ימים לאחר מכן, זוכה עם ישראל ליום הכיפורים, יום שכל כולו רחמים.

על אף חשיבותה של מידת הרחמים, חשוב שנזכיר לעצמנו, שראשית העולם ובעקבותיה ראשית השנה אפופות דווקא במידת הדין. הווה אומר, בראש השנה כל שנה מחדש מתחדדת התביעה מהאדם - הֱיֵה גדול!

ראש השנה: למענך אלוקים חיים

בְּמִדְרַשׁ רַבָּה (ויקרא רבה פרשה כט): "אֻמּוֹת הָעוֹלָם שֶׁהֵן מְכַלִּין שְׂדוֹתֵיהֶם אֶעֱשֶׂה אוֹתָם כָּלָה, יִשְׂרָאֵל שֶׁאֵין מְכַלִּין לֹא אֶעֱשֶׂה אוֹתָם כָּלָה וְכוּ'".

הַפֵּרוּשׁ הוּא, דְּהִנֵּה בְּכָל מִצְווֹת הַתְּבוּאָה הָרֵאשִׁית לַה', וּבְמִצְוַת פֵּאָה הַמִּצְוָה דַּוְקָא בְּסוֹף שָׂדֵהוּ.

וְזֶה לְהוֹרוֹת לִמּוּד לָאָדָם שֶׁאַף שֶׁהוּא עוֹסֵק בִּדְבָרִים גַּשְׁמִיִּים הַהֶכְרֵחִיִּים לֹא יְמָרֵק לָבוֹא לְתַכְלִית הַהֲנָאָה שֶׁבָּהֶם, וּבָזֶה מוֹדֶה בְּמַעֲשָׂיו שֶׁיֵּשׁ לוֹ תַּכְלִית נִכְבָּד מֵהֲנָאִין וְכִסּוּפִין דְּהַאי עָלְמָא.

וְעַל כֵּן גַּם תַּכְלִיתוֹ וְסוֹפוֹ שֶׁל הָאָדָם נִמְשָׁךְ אֶל הַשֵּׁם יִתְבָּרַךְ, וְעַל כֵּן לֹא אֶעֱשֶׂה אוֹתָם כָּלָה.

אֲבָל אֻמּוֹת הָעוֹלָם שֶׁהֵן מְכַלִּין אֶת שְׂדוֹתֵיהֶן, וְזֶה מוֹרֶה שֶׁהַתַּכְלִית שֶׁלָּהֶן הִיא הֲנָאוֹת וְכִסּוּפִין דְּהַאי עָלְמָא, וּכְמוֹ שֶׁהַהֲנָאוֹת וְהַכִּסּוּפִין כָּלִין כֵּן הַנִּמְשָׁךְ אַחֲרֵיהֶן כָּלֶה.

וְכָזֶה הֵן כָּל תְּפִלּוֹתֵינוּ שֶׁאָנוּ מְבַקְשִׁים חַיִּים וְהַצְלָחַת עוֹלָם הַזֶּה אֵין זֶה הַתַּכְלִית אֶצְלֵנוּ, רַק שֶׁעַל יְדֵי זֶה נִהְיֶה פְּנוּיִים לַעֲבוֹדַת הש"י, אוֹ לְגַדֵּל בָּנֵינוּ לְתַלְמוּד תּוֹרָה, אוֹ לַעֲשׂוֹת עִמָּהֶם שִׁדּוּכִים הֲגוּנִים שֶׁיִּמָּשְׁכוּ בָּהֶם דּוֹרוֹת טוֹבִים שֶׁיִּתְרַבֶּה כְּבוֹד שָׁמַיִם עַל יְדֵיהֶם, אוֹ שֶׁיִּהְיֶה לְאֵל יָדֵנוּ לַעֲשׂוֹת צְדָקוֹת וּמִצְווֹת בְּחִיּוּת.

וְזֶה שֶׁאָנוּ מִתְפַּלְּלִין "זָכְרֵנוּ לְחַיִּים" אַף שֶׁבְּתִקּוּנֵי הַזֹּהַר מְגַנֶּה זֶה מְאֹד, וְקָרָא עֲלֵיהֶם "צוֹוְחִין כְּכַלְבִין הַב לָן חַיֵּי הַב לָן מְזוֹנָא", וַהֲיִתָּכֵן שֶׁסִּדְּרוּ לָנוּ בַּעֲלֵי מְסַדְּרֵי הַתְּפִלּוֹת לְשׁוֹנוֹת בִּלְתִּי נִרְצִים?!

אַךְ הָעִנְיָן יוּבַן עַל פִּי מַה שֶּׁשָּׁמַעְתִּי מִכ"ק אָבִי אדמו"ר זצללה"ה שֶׁדִּיֵּק מִדִּבְרֵי שַׁ"ס נְדָרִים (כד ע"א) בְּאָמְרָם ז"ל: "לָא כַלְבָּא אֲנָא דְּמִיתְהֲנֵינָא מִינָּךְ וְלָא מִיתְהֲנֵית מִנַּאי", דְּטֶבַע הַכֶּלֶב הַכֹּל לְגַרְמֵיהּ לֵהָנוֹת וְלֹא לַעֲשׂוֹת דָּבָר בִּשְׁבִיל זוּלָתוֹ, נִמְצָא כִּי מִי שֶׁכָּל חֶפְצוֹ בִּתְפִלּוֹתָיו רַק עֲבוּר עַצְמוֹ חַיֵּי וּמְזוֹנָא זֶה נִקְרָא צוֹוְחִין כִּכְלָבִין, אֲבָל תְּפִלָּתֵנוּ שֶׁמִּסְתַּיֶּמֶת

"לְמַעַנְךָ אֱלֹקִים חַיִּים", הַפֵּרוּשׁ כנ"ל **שֶׁכָּל הַחַיִּים שֶׁאָנוּ מְבַקְשִׁים הֵם רַק לְמַעַן יִתְרַבֶּה כְּבוֹד שָׁמַיִם כנ"ל**, וְזוֹהִי הַתְּפִלָּה הַנִּרְצֵית כנ"ל, וְהַיְנוּ הָךְ שֶׁאֵינָן מְכַלִּין שְׂדוֹתֵיהֶן כנ"ל.

ראש השנה שנה תרע"ב-תרע"ג

במדרש רבה (ויקרא רבה פרשה כט): ״אומות העולם שהן מכלין שדותיהם אעשה אותם כלה, ישראל שאין מכלין לא אעשה אותם כלה וכו׳״.

הפירוש הוא, דהנה בכל מצוות התבואה, הראשית לה׳, ובמצוות פיאה המצוה דוקא בסוף שדהו.

וזה להורות לימוד לאדם שאף שהוא עוסק בדברים גשמיים ההכרחיים לא ימרק לבוא לתכלית ההנאה שבהם לא ימצה את ההנאה שבהם לגמרי, ובזה מודה במעשיו שיש לו תכלית נכבד מהנאין וכסופין דהאי עלמא **שיש לו מטרה גדולה יותר מההנאות והכמיהות של העולם הזה** ועל כן גם תכליתו וסופו של האדם נמשך אל השם יתברך, ועל כן לא אעשה אותם כלה **לא אֲכַלֶּה אותם**.

אבל אומות העולם שהן מכלין את שדותיהן **מסיימים לקצור את כל השדה ולא משאירים תבואה לעניים** וזה מורה שהתכלית שלהן היא הנאות וכסופין דהאי עלמא **הנאות וכמיהות של העולם הזה**, וכמו שההנאות והכסופין כלין **מסתיימים**, כן הנמשך אחריהן כלה.

וכזה הן כל תפילותינו שאנו מבקשים חיים והצלחת עולם הזה אין זה התכלית אצלנו, רק שע״י זה נהיה פנויים לעבודת השם יתברך, או לגדל בנינו לתלמוד תורה, או לעשות עמהם שידוכים הגונים שימשכו בהם דורות טובים שיתרבה כבוד שמים על ידיהם, או שיהיה לאל ידנו לעשות צדקות ומצוות בחיות.

וזה שאנו מתפללין (בתפילת עמידה בעשרת ימי תשובה) ״זכרנו לחיים״ אף שבתיקוני הזוהר (תיקון שישי דף כב ע״א) מגנה זה מאד, וקרא עליהם ״צווחין ככלבין הב לן חיי הב לן מזונא״ **נובחים ככלבים ״תן לנו חיים, תן לנו מזון״**, והיתכן שסדרו לנו בעלי מסדרי התפילות לשונות בלתי נרצים **נוסח בלתי ראוי**?!

אך הענין יובן עפ״י מה ששמעתי מכבוד קדושת אבי אדמו״ר זצללה״ה **אדוני מורי ורבי זכר צדיק לברכה לחיי העולם הבא** שדייק מדברי ש״ס נדרים (כד ע״א) באמרם ז״ל: ״לא כלבא אנא דמיתהנינא מינך ולא מיתהנית מינאי״, **אין אני כלב, שאני נהנה ממך ואין אתה**

נהנה ממני, דטבע **שטבעו של** הכלב, **שעושה** הכל לגרמיה **לעצמו**, ליהנות ולא לעשות דבר בשביל זולתו.

נמצא כי מי שכל חפצו בתפילותיו רק עבור עצמו חיי ומזונא **חיים ומזון** זה נקרא "צווחין ככלבין". אבל תפילתנו שמסתיימת "למענך אלקים חיים", הפירוש כנ"ל **שכל החיים שאנו מבקשים הם רק למען יתרבה כבוד שמים** כנ"ל, וזוהי התפלה הנרצית כנ"ל, והיינו הך **וזהו הרעיון הטמון במדרש, שישראל** אינן מכלין שדותיהן, כנ"ל.

ראש השנה שנה תרע"ב-תרע"ג

למענך אלוקים חיים

ראש השנה הוא יום דין. לימדונו חכמינו שבראש השנה נפתחים ספרי חיים ומתים ונקבע גורל כל אדם, מי למוות ומי לחיים, מי בקיצו ומי לא בקיצו. לכן, היינו מצפים שביום חשוב זה יתאספו המוני בית ישראל בבתי כנסיות ויתפללו על עצמם ועל קרוביהם, יבקשו שנה טובה ויתוודו על חטאיהם מתוך תקווה שיצאו זכאים בדין. אולם עיון בנוסח התפילות והפיוטים לראש השנה מלמד, שהם מתמקדים דווקא בהמלכת הקב"ה בעולם ולא בחיי האדם הפרטי, לדוגמה: "ה' מלך, ה' מלך, ה' ימלוך לעולם ועד", "וידע כל פעול כי אתה פעלתו", "ה' אלוקי ישראל מלך ומלכותו בכל משלה", פסוקי מלכויות ועוד. נוסח התפילה מורה על כך שביום הדין לא נכון לו לאדם להיות עסוק בטובתו האישית, אלא עליו 'לצאת' מעצמו ולמקד את מחשבתו ואת דיבורו בהמלכת מלכו של עולם.

במבט ראשון, העיסוק המרכזי בהמלכת המלך, על חשבון תשובה פרטית ווידויים אישיים, מפתיע במיוחד. כאמור לעיל ראש השנה הוא יום דין ומדוע שלא יבקש האדם על עצמו וינצל בכך מגזרות רעות ומרות?

בשאלה זו נתחבטו גדולי עולם. גם הגאון רבי אליהו מוילנא, הגר"א, מתמודד עם שאלה זו, וכך הם דבריו בספר 'אשי ישראל':

והביטה וראה איך תקנו לנו קדמונינו ז"ל תפילת ראש השנה שנתקנה רק על בקשת כבוד השכינה שיתגלה כבודו ותראה מלכותו. כי הלא לנו להיקהל ולעמוד על נפשנו ביום הדין הגדול והנורא הזה לבקש סליחה ומחילה וחיים ומזון ובנים כי מי לא נפקד כהיום הזה. ומה זה שאמרו ז"ל שלא להזכיר שום חטא ועוון בר"ה שלא לעורר את הדין, ולכאורה הוא בהיפך, שהרי אמרו "מודה בקנס פטור", ואומר: "מודה ועוזב ירוחם"?

נראה אפוא, שעלינו להתבונן באופן רחב יותר בעניינו של ראש השנה, כך נוכל להבין את העבודה הרוחנית המתבקשת ביום זה.

בראשית כל שנה עומד העולם למבחן מחודש. התקדמותו או חלילה נסיגתו תלויות ועומדות בזה היום. הקב"ה מתבונן במעשי בני האדם, ובוחן עד כמה הם השכילו לגלות את שמו בעולם, והאם הם תבעו את עלבון חילול שמו. הצלחת העולם תלויה לא במעט בהשתדלותם של בני האדם, בתפילותיהם ובבקשותיהם.

אדם ערכי מניח (או לכל הפחות משתדל) את העיסוק העצמי בצד, ומתמקד בכל מאודו בסיפור היותר גדול ומשמעותי - תיקון העולם. אדם ערכי יודע שרק כאשר מלכות ה' בעולם תהיה נוכחת ומבוררת, יוכל העולם להתקדם ולהגיע לידי שכלולו וייעודו. לכך בדיוק כיוונו חז"ל בנוסח תפילות ראש השנה, ולכן הם מיקדו אותן בהמלכת ה' בעולם. בשעה זו, כל השאר זניח. אדם פחות ערכי, לעומת זאת, יתמקד בעצמו ובמעגלים הקרובים לו, ויתעלם מכל מה שמעבר לקווי האופק שלו.

כך מסביר הגר"א את נוסח תפילות ראש השנה:

הוא (אותו אחד שמתפלל לא על עצמו אלא על מלכות ה') כאדם שאומר: ריבונו של עולם, הרבה יש לנו לבקש על נפשנו ועל נגעי לבב כל איש ואיש, כי לב יודע מרת נפשו כי צרכי עמך מרובים, רק כל זה אינו שווה לנו בזכרנו את כבוד שמך המחולל בגויים והדר גאון עוזך כי נתמעטה ושם תפארתך ומוראך כי הורד. וזה

> עיקר בקשתינו "וידע כל פעול כי אתה פעלתו ויבין כל יצור כי אתה יצרתו ויאמר כל אשר נשמה באפו ה׳ אלוקי ישראל מלך ומלכותו בכל משלה". ובזה יבטח כל איש ואיש אשר יבכה ויתמרמר ביום הדין הגדול והנורא הזה על הכוונה אשר אמרנו וישליך בעת הזאת את נפשו מנגד ויעבור עליו מה שיעבור שבוודאי חטאיו לא יזכרו עוד ולא יעלו על לב לעולם ויסכרו פי המסטינים והמקטרגים עליו לרעה...

על פי הגר"א אדם שמצליח להניח בצד את הדין האישי שלו, מתוך אחריות גדולה לטובת הכלל ולטובת העולם, יזכה בראש השנה להיטיב לעולם, ומבלי שנתכוון לכך, להיטיב גם לעצמו. אם ביום הדין שלו, הוא משכיל לחשוב על טובת הכלל ולא על טובתו, מסתבר שהוא אדם גדול בעל אישיות נעלה, ולכן ראוי שיצא זכאי בדין.

בהקשר זה, אנו מוצאים בתיקוני הזוהר דברים חריפים מאוד ביחס לאלו שבראש השנה מרוכזים בעצמם ותו לא. על פי הזוהר הקדוש אנשים אלו משולים לכלבים, מכיון שגם הם, בדומה לכלבים, צווחים ׳הב, הב׳. הב לנו מזון, הב לנו חיים, הב לנו שפע. ובמקום שיחשבו ויתפללו על השכינה, הם מרוכזים בעצמם יתר על המידה. לכן אומר הזוהר הקדוש שבראש השנה אין להזכיר בתפילה בקשות פרטיות כדוגמת ׳זכרנו לחיים׳, ׳כתבנו לחיים׳, ושאר בקשות שעוסקות בצרכים אישיים, שהרי עיסוק שכזה יבוא בוודאי על חשבון עיסוק בכבוד שמיים ובקידום העולם.

אולם על אף התביעה המתבקשת לעסוק בראש השנה בהמלכת הקב"ה, מצינו מספר מקומות בתפילה שבהם תיקנו חכמים לבקש בקשות שעוסקות בענייני העולם הזה, כדוגמת ׳זכרנו לחיים׳, ׳כתבנו בספר החיים׳ וכדומה. עובדה זו עומדת בסתירה לכאורה לדברי הזוהר הקדוש. לתירוץ סתירה זו נחלץ השם משמואל. לשם כך הוא חוזר לדימוי שהובא בספר הזוהר ומאיר אותו באור חדש.

כאמור, הזוהר הקדוש מדמה את האנשים שמתפללים בעד עצמם לכלבים חצופים האומרים ׳הב הב׳. ואכן, מהגמרא במסכת

נדרים (כד ע"א) עולה שהכלב נהנה מאחרים אולם אינו מהנה אותם, ובמילים אחרות: הכלב עסוק בהנאת עצמו ותו לא. זוהי באמת מידה רעה ומרה, ובני אדם המאמצים מידה זו, ומכוונים בתפילותיהם על מילוי צרכיהם האישיים בלבד, זוכים בצדק לתואר 'חצופים'. מה שאין כן ביחס לבקשות הפרטיות שתיקנו חכמים בתוך נוסח תפילות ראש השנה. מדוע?

בקשתנו "זכרנו לחיים, מלך חפץ בחיים" נחתמת במילים "למענך אלוקים חיים". משמעות הדבר היא שאנחנו מבקשים מהקדוש ברוך הוא חיים ארוכים לא לשם הנאה אישית ותענוגים רגעיים, אלא למען נוכל לגלות את שמו של הקב"ה בעולם! אנחנו מבקשים מהקדוש ברוך הוא חיים טובים למען נוכל להרבות בכבוד שמיים. אנחנו ממשיכים ומבקשים מהקב"ה שיכתבנו בספר החיים, לא לטובתנו האישית, אלא לשם כך שנוכל לגדל את ילדינו בדרך התורה והמצוות, ולמען נשכיל לקדש שם שמיים. וכלשון השם משמואל: "אבל תפילתנו שמסתיימת למענך אלקים חיים, הפירוש כנ"ל שכל החיים שאנו מבקשים הם רק למען יתרבה כבוד שמים כנ"ל, וזוהי התפלה הנרצית...".

על פי עיקרון זה מתבאר מדרש סתום המובא במדרש רבה. המדרש מתייחס לפסוק בירמיהו (ל, יא): "כִּי אֶעֱשֶׂה כָלָה בְּכָל הַגּוֹיִם אֲשֶׁר הֲפִצוֹתִיךָ שָּׁם אַךְ אֹתְךָ לֹא אֶעֱשֶׂה כָלָה...". הנביא מתאר את הדין האלוקי שעתיד להיות כלפי עם ישראל ואומות העולם ומלמד אותנו על שוני עמוק ביניהם - את הגויים עתיד הקב"ה לכלות, אולם לעם ישראל הוא מבטיח קיום נצחי. המדרש עומד על סיבת ההבדל העמוק הזה. בשעת הקציר מקיים החקלאי הישראלי את מצוות הפאה ומותיר את פאת שדהו ואינו קוצר אותה, "ישראל אין מכלין" שדותיהם. אומות העולם, לעומת זאת, אינם נוהגים כך אלא קוצרים את כל השדה, "מכלין שדותיהם", ולכן הכליה היא מנת חלקם.

לכאורה הדברים אינם ברורים, וכי אי קיום מצווה ספציפית על ידי אומות העולם מהווה סיבה מספקת לכיליונם?! אולם לאור מה שראינו לעיל המדרש מתבאר נכוחה. מצוות הפאה איננה מעשה חיצוני גרידא, היא מבטאת את מדרגתו הפנימית של האדם מישראל,

שאיננו מרוכז רק בעצמו וגם בקניינו הפרטי הוא חושב על האחר. גם בזמן קציר התבואה, שבה השקיע את מרצו ואת כוחותיו, הוא חושב על העניים, דואג למחסורם, ומשאיר בשבילם חלק בשדהו לצורך מחייתם. בכך הוא מחבר עצמו למעגל חיים רחב יותר, לכלל ישראל, ולמעגל זה אין כליה וחידלון, כמאמר הכתוב "נֵצַח יִשְׂרָאֵל לֹא יְשַׁקֵּר וְלֹא יִנָּחֵם" (שמואל א׳ טו, כט). אומות העולם, לעומת זאת, אינם משאירים פאה בשדותיהם, והדבר מבטא את העובדה שהם עסוקים באופן עקרוני רק בעצמם. עיסוק עצמי בלי נתינה לאחר משייך אותם באופן מהותי למדרגה החומרית, וכדרכו של החומר, שאין לו עמידה נצחית, בסופו של דבר הם מתכלים מאליהם כדין שדותיהם.

על פי דברי ה׳שם משמואל׳ נראה שעבודת האדם בראש השנה היא לחשוב ׳בגדול׳; לא רק על עצמו אלא בעיקר על כלל ישראל, על הקב"ה, ועל צער השכינה. כשיתפלל אדם מתוך מחשבה כזו, יוכל הוא להוסיף גם בקשות שנוגעות לענייניו האישיים המכוונים להטבה לכלל, וכך יצא זכאי בדין, ועימו כל העולם כולו.

שבת שובה: תשובת השבת

בַּגְּמָרָא (ראש השנה לא ע״ב) ״בָּרִאשׁוֹנָה הָיוּ קוֹשְׁרִין לָשׁוֹן שֶׁל זְהוֹרִית עַל פֶּתַח אוּלָם מִבַּחוּץ, הִלְבִּין הָיוּ שְׂמֵחִין לֹא הִלְבִּין הָיוּ עֲצֵבִין וכו׳ הִתְקִינוּ שֶׁיְּהוּ קוֹשְׁרִין אוֹתוֹ חֶצְיוֹ בַּסֶּלַע וְחֶצְיוֹ בֵּין קַרְנָיו שֶׁל שָׂעִיר הַמִּשְׁתַּלֵּחַ״.

וְיֵשׁ לְהָבִין לָמָּה הִתְקִינוּ, אַדְּרַבָּה לִכְאוֹרָה יוֹתֵר נָכוֹן שֶׁיֵּדְעוּ שֶׁלֹּא הִתְכַּפְּרוּ וּלְשִׂמְחָה מַה זּוֹ עוֹשָׂה.

אַךְ הַפֵּרוּשׁ ׳לֹא הִלְבִּין הָיוּ עֲצֵבִין׳ הַיְנוּ שֶׁנָּפְלָה רוּחָם עֲלֵיהֶם לְגַמְרֵי (״זיי זענען געפאלען ביי זיך אינגאנצען״), וְזֶה גָּרוּעַ מֵהַכֹּל.

שֶׁצָּרִיךְ הָאָדָם לְהִתְחַזֵּק וְלַעֲשׂוֹת תְּשׁוּבָה, וְלֹא לִהְיוֹת בְּעֶצֶב, רַק לְהַתְחִיל מֵחָדָשׁ בְּכָל הַיְכֹלֶת, וְהָבֵן.

סליחות זכור ברית שנה תע״ר-תרע״א

...עִנְיַן שַׁבָּת שׁוּבָה. דְּהִנֵּה שַׁבָּת הִיא אַהֲבָה וְרָצוֹן, **מַתָּנָה מִן הַשָּׁמַיִם אֲפִלּוּ לְבִלְתִּי רְאוּיִים וּמְתֻקָּנִים לוֹ, וְעַל כֵּן אֲפִלּוּ עַם הָאָרֶץ אֵימַת שַׁבָּת עָלָיו.**

וּבָזֶה יֵשׁ לְפָרֵשׁ ׳מוֹשְׁבוֹת׳ דִּכְתַב רַחֲמָנָא בְּשַׁבָּת - ״שַׁבָּת הִוא לַה׳ בְּכֹל מוֹשְׁבֹתֵיכֶם״, הַיְנוּ בְּכָל עִנְיָן שֶׁיִּהְיֶה מוֹשַׁב יִשְׂרָאֵל, אֲפִלּוּ ח״ו בְּמַצָּב מוּזָר מְאֹד, מִכָּל מָקוֹם מְאִירָה מִדַּת שַׁבָּת לְיִשְׂרָאֵל בְּצַד מָה עַל כָּל פָּנִים.

וְכַמַּיִם פָּנִים אֶל פָּנִים אִי אֶפְשָׁר שֶׁלֹּא יִהְיֶה קוֹל דּוֹדִי דוֹפֵק עַל מֵיתְרֵי לֵב יִשְׂרָאֵל בְּאַהֲבָה. **וְאִם כֵּן הַתְּשׁוּבָה שֶׁבְּשַׁבָּת זוֹ בְּהֶכְרֵחַ שֶׁהִיא תְּשׁוּבָה שְׁלֵמָה מֵאַהֲבָה.** וַאֲפִלּוּ מִי שֶׁהַכְּבִישָׁה שֶׁל עֲווֹנוֹת עֲדַיִן לֹא גָּרְמָה לוֹ תְּשׁוּבָה מֵאַהֲבָה, זוֹכֶה בְּשַׁבָּת זוֹ לִתְשׁוּבָה מֵאַהֲבָה וְהָעֲווֹנוֹת נֶהֶפְכוּ לִזְכֻיּוֹת.

שבת שובה שנת תרפ״א

בגמרא (ראש השנה לא ע"ב) "בראשונה **בתחילה** היו קושרין לשון של זהורית על פתח אולם מבחוץ, הלבין היו שמחין לא הלבין היו עצבין וכו' התקינו שיהו קושרין אותו חציו בסלע וחציו בין קרניו של שעיר המשתלח".

ויש להבין למה התקינו **נשאלת השאלה, למה שינו חכמים ממה שהיה נהוג וקבעו שלשון הזהורית תמוקם במקום נסתר**. אדרבה לכאורה יותר נכון שידעו שלא התכפרו ולשמחה מה זו עושה.

אך הפירוש 'לא הלבין היו עצבין' היינו שנפלה רוחם עליהם לגמרי ("זיי זענען געפאלען ביי זיך אינגאנצען") וזה גרוע מהכל.

שצריך האדם להתחזק ולעשות תשובה, ולא להיות בעצב, רק להתחיל מחדש בכל היכולת, והבן **ולכן התקינו שלשון הזהורית תמוקם רחוק מעיני בני אדם, כדי שלא תיפול רוחם אם היא לא תלבין ויתייאשו מעשיית תשובה**.

סליחות זכור ברית שנה תע"ר-תרע"א

...ענין שבת שובה. דהנה שבת היא אהבה ורצון, מתנה מן השמים אפילו לבלתי ראויים ומתוקנים לו **גם למי שלא תיקן את דרכיו**, ועל כן אפילו עם הארץ אימת שבת עליו.

ובזה יש לפרש 'מושבות' דכתב רחמנא בשבת **וכך ניתן להבין את משמעות המילה 'מושבות' שכתובה בתורה לגבי השבת**, **בפסוק** "שַׁבָּת הִוא לַה' בְּכֹל מוֹשְׁבֹתֵיכֶם" (ויקרא כג, ג), היינו בכל ענין שיהיה מושב ישראל, אפילו חס וחלילה במצב מוזר **ירוד** מאד, מכל מקום מאירה מדת שבת לישראל בצד מה על כל פנים.

וכמים פנים אל פנים אי אפשר שלא יהיה קול דודי דופק על מיתרי לב ישראל באהבה.

ואם כן התשובה שבשבת זו בהכרח שהיא תשובה שלימה מאהבה.

ואפילו מי שהכבישה של עוונות עדיין לא גרמה לו תשובה מאהבה, זוכה בשבת זו לתשובה מאהבה והעוונות נהפכו לזכויות.

שבת תשובה שנת תרפ"א

תשובת השבת

עבודת הכהן הגדול ביום הכיפורים טמירה היא ואפופת סוד. היא כוללת בתוכה עבודות ייחודיות שנוכל למוצאן רק ביום הכיפורים, כמו כניסה לקודש הקודשים, לבישת בגדי לבן, הקטרת הקטורת בסדר מיוחד ועוד. נראה שאחת העבודות המפליאות בסדר העבודה היא עבודת שני השעירים. וכך מצווה אותנו התורה בעניינם:

> וְלָקַח אֶת שְׁנֵי הַשְּׂעִירִם, וְהֶעֱמִיד אֹתָם לִפְנֵי ה׳ פֶּתַח אֹהֶל מוֹעֵד. וְנָתַן אַהֲרֹן עַל שְׁנֵי הַשְּׂעִירִם גֹּרָלוֹת, גּוֹרָל אֶחָד לַה׳ וְגוֹרָל אֶחָד לַעֲזָאזֵל. וְהִקְרִיב אַהֲרֹן אֶת הַשָּׂעִיר אֲשֶׁר עָלָה עָלָיו הַגּוֹרָל לַה׳, וְעָשָׂהוּ חַטָּאת. וְהַשָּׂעִיר אֲשֶׁר עָלָה עָלָיו הַגּוֹרָל לַעֲזָאזֵל יָעֳמַד חַי לִפְנֵי ה׳ לְכַפֵּר עָלָיו, לְשַׁלַּח אֹתוֹ לַעֲזָאזֵל הַמִּדְבָּרָה... וְסָמַךְ אַהֲרֹן אֶת שְׁתֵּי יָדָיו עַל רֹאשׁ הַשָּׂעִיר הַחַי, וְהִתְוַדָּה עָלָיו אֶת כָּל עֲוֹנֹת בְּנֵי יִשְׂרָאֵל וְאֶת כָּל פִּשְׁעֵיהֶם לְכָל חַטֹּאתָם, וְנָתַן אֹתָם עַל רֹאשׁ הַשָּׂעִיר וְשִׁלַּח בְּיַד אִישׁ עִתִּי הַמִּדְבָּרָה. וְנָשָׂא הַשָּׂעִיר עָלָיו אֶת כָּל עֲוֹנֹתָם אֶל אֶרֶץ גְּזֵרָה, וְשִׁלַּח אֶת הַשָּׂעִיר בַּמִּדְבָּר.

הכהן הגדול מצווה לקחת מכספי ההקדש שני שעירים ולהטיל ביניהם גורל - לה׳ או לעזאזל. חז״ל מוסיפים ללמד, שהגורל צריך להיות הדבר

היחיד שיבדיל בין השניים, שכן הם צריכים להיות שווים במראה, בקומה ובמחיר ששילמו עליהם. השעיר שיצא בגורל לה׳ יישחט בבית המקדש, ובדמו ישתמש הכהן הגדול להזאות בקודש הקודשים ובהיכל. ואילו השעיר שעלה בגורל לעזאזל יישלח למדבר כשהוא נושא עליו את עוונות בני ישראל, שם ימצא את מותו על ידי שידרדרו אותו מראש צוק, וכך יתכפרו עוונותיהם של ישראל.

סודות עליונים טמונים בעבודת שני השעירים הללו. הגורל הייחודי, שילוח השעיר למדבר, הריגתו על ידי הדחיפה ממקום גבוה, כל אלה שייכים לסדר עבודה מיוחד במינו שאין דומה לו בשאר עבודות המקדש. עבודה זו, כמה שתיראה לנו מוזרה, חייבת להיעשות בדייקנות גבוהה, ורק אז תביא היא לתוצאה הרצויה - כפרה לעם ישראל.

מדברי חז״ל (יומא ו, ח) אנו למדים שאת תוצאת עבודת השעיר ניתן היה לדעת בסמוך מאד לביצועה, וזאת על ידי סימן מיוחד שהיה לעם ישראל:

> לשון של זהורית היה קשור על פתחו של היכל, וכשהגיע שעיר למדבר היה הלשון מלבין, שנאמר: ״אִם יִהְיוּ חֲטָאֵיכֶם כַּשָּׁנִים כַּשֶּׁלֶג יַלְבִּינוּ״.

חתיכת בד אדום הייתה קשורה במקום גבוה ובולט לעין, בפתח ההיכל, וברגע שצבעה הפך באורח פלא ללבן, ידעו הכול שתשובתם לפני המקום התקבלה ושאכן הם נקיים וזכים מכל חטא ועוון. ידיעה זו הביאה עימה שמחה גדולה שהפכה את יום הכיפורים לאחד משני הימים השמחים ביותר בשנה (עיינו תענית ד, ח).

מברייתא שמובאת במסכת ראש השנה (לא ע״ב) עולה שמקומה של הלשון של זהורית עבר מספר תמורות:

> תניא: בראשונה היו קושרין לשון של זהורית על פתח אולם מבחוץ. הלבין - היו שמחין, לא הלבין - היו עצבין. התקינו שיהו

> קושרין אותו על פתח אולם מבפנים, ועדיין היו מציצין ורואין, הלבין - היו שמחין, לא הלבין - היו עצבין. התקינו שיהו קושרין אותו חציו בסלע וחציו בין קרניו של שעיר המשתלח.

הברייתא מלמדת אותנו שבתחילה אכן נקשרה הלשון מחוץ לאולם, כפי שראינו לעיל. אך כעבור זמן שינו את מקומה והעבירו אותה אל צדו הפנימי של פתח האולם. בתקופה מאוחרת יותר, הוסרה הלשון כליל מבית המקדש והייתה גלויה רק לעינו של מי שהיה משלח את השעיר, שקשר את חציה אל הסלע ממנו נדחף השעיר ואת חציה השני בין קרניו. תמורות אלה נגרמו מכך שהלשון של זהורית לא החליפה את צבעה בכל פעם, דבר שהביא לעצב ולעגמת נפש לעם.

שינויי מקום אלה מעוררים שאלה. מצד אחד, הרי יש אפשרות שהאדום אכן ייהפך ללבן, ועל הצד שכך יקרה, מדוע למנוע שמחה גדולה זו מעם ישראל. ומנגד, אם לא יתחלף הצבע, הרי עובדה זו תהווה סימן לכך שתהליך עומק של תיקון ותשובה הוא הכרחי. אומנם קיים חשש שעם ישראל ייעצב, אבל נראה שיותר ראוי לפרסם מציאות עגומה זו בריש גלי, ולקרוא לעם שישוב בתשובה ביתר שאת! האם אין בהסתרת הלשון של זהורית מעין 'בריחה' מהכרת המציאות לאשורה?

שאלה זו שואל ה'שם משמואל': "ויש להבין למה התקינו, אדרבה לכאורה יותר נכון שידעו שלא התכפרו, ולשמחה מה זו עושה?". ותשובתו על כך עקרונית וחשובה.

שינוי צבע הלשון מהווה כאמור 'אישור אלוקי' לקבלת תשובתם של ישראל. אישור זה הוא מתנה גדולה שאין להקל בחשיבותה, ודווקא בשל כך היא עלולה לעיתים, לעמוד לעם לרועץ.

אי שינוי צבע הלשון מלמד על מצב רוחני גרוע, שמחייב טיפול מיידי. אולם יש דבר גרוע יותר, שבכוחו לדרדר את עם ישראל לשאול תחתיות - הייאוש. חכמים חששו שכאשר בני ישראל יגלו ביום הקדוש והנורא שתשובתם לא התקבלה, הם יתעצבו עצבות כה גדולה וכבר יעמדו על סף ייאוש. או אז, במקום שישקיעו את מיטב כוחם ומרצם בחשבון נפש ובתשובה, הם 'ירימו ידיים' ויוותרו על התיקון. אם אכן

כך יקרה, יהיה הדרדור מטה מהיר וכואב. כדי למנוע תרחיש שכזה, העדיפו חכמים להסתיר את הלשון של זהורית, על אף הפוטנציאל החיובי שטמון בה.

במקומות אחרים בספרו, מרחיב ה'שם משמואל' אודות הנזקים העצומים הנגרמים בעטיו של הייאוש, וטורח להסביר שייאוש הוא מחשבת טעות. עצם המחשבה שהכול אבוד ושישנם דברים שאי אפשר לתקן, בטעות יסודה. על האדם להזכיר לעצמו שכל דבר הוא בר תיקון! כך לדוגמה הוא כותב בפרשת שלח (שנת תרע"ד):

> שזה הוא לימוד לכל אדם שבל יתיאש אף בעבירות שנאמר עליהן שאין להן תקנה בתשובה, הוא יעשה את שלו, והתשובה תביאנו להתחיל מחדש כגר שנתגייר וכקטן שנולד, ויזכה להאמר לו (תהלים ב, ז) "בְּנִי אַתָּה אֲנִי הַיּוֹם יְלִדְתִּיךָ".

הבנת שקר הייאוש מהווה בסיס איתן לעולמה של תשובה, בכל ימות השנה ובמיוחד בעשרת ימי תשובה. כאשר אדם מבין ומפנים את העובדה שיכול הוא לתקן את אשר קלקל, גם את הנוראים שבמעשים, הוא נמלא בשמחה גדולה וברגשי תודה ואהבה לבורא עולם על מתנת התשובה ועל כך שלא עזבו מעולם.

בהקשר זה מהווה שבת שובה כוח דוחף חשוב ביותר בתהליך התשובה. בשבת מתגלה אהבה עצומה בין הקב"ה לעם ישראל, אהבה שמכסה על כל הפשעים, ובכוחה לתת מקום גם למי שבימות החול לא התנהג כמצופה ולקשר גם אותו אל הקודש. בשבת יכול כל אחד מעם ישראל לטעום את טעמה המתוק של קרבת ה', ולהיכנס בתחושה טובה ונעימה אל שערי הקדושה. אחרי שהוא ייכנס פנימה הוא כבר לא ירצה לצאת.

כוח זה שיש לשבת מוצא ה'שם משמואל' במילות התורה "שַׁבָּת הִוא לַה' בְּכֹל מוֹשְׁבֹתֵיכֶם" (ויקרא כג, ג). הוא מחדש שאת המילים 'בכל מושבותיכם' לא נכון להבין רק כתיאור מקום, שנועד להחיל את מצוות השבת על כל יהודי בכל מקום שבו הוא שוהה, אלא גם למעמד

הרוחני שבו מצוי האדם, וכלשונו: ״בכל עניין שיהיה מושב ישראל, אפילו ח״ו במצב מוזר מאד, מכל מקום מאירה מידת שבת לישראל, בצד מה על כל פנים״.

בכל שנה בעשרת ימי תשובה, על האדם להזכיר לעצמו שהוא ראוי ויכול להרים ראש ולתקן. תזכורת זו מקבלת משנה תוקף בשבת שובה. בשבת זו על האדם לחדש את האהבה הגנוזה שבינו לבין הבורא יתברך, לספוג את רעננותה, ולהתחמש בכוחות רוחניים לקראת יום הכיפורים הממשמש ובא. כך ייכנס הוא אל היום הקדוש מתוך הארת פנים ומתוך בטחון התשובה.

ערב יום הכיפורים: כיצד מתכוננים ליום הכיפורים?

בַּגְּמָרָא (ראש השנה ט) "כָּל הָאוֹכֵל וְשׁוֹתֶה בַּתְּשִׁיעִי מַעֲלֶה עָלָיו הַכָּתוּב כְּאִלּוּ הִתְעַנָּה תְּשִׁיעִי וַעֲשִׂירִי".

פֵּרֵשׁ הריטב"א בְּשֵׁם הר' יוֹנָה שֶׁהוּא כְּדֵי לְהַרְאוֹת שֶׁקָּדוֹשׁ הַיּוֹם לַאֲדוֹנֵנוּ וְרָאוּי לֶאֱכֹל בּוֹ מַמְתַּקִּים כְּמוֹ בְּרֹאשׁ הַשָּׁנָה, אֶלָּא שֶׁגְּזֵרַת הַכָּתוּב הִיא לִפְרֹשׁ בּוֹ בַּיּוֹם מִתַּאֲווֹת גּוּפָנִיּוֹת שֶׁנִּהְיֶה כְּמַלְאָכִים, עכ"ל.

וְנִרְאֶה לִכְאוֹרָה מִלָּשׁוֹן זֶה שֶׁהַסְּעוּדָה הִיא סְעוּדַת תַּשְׁלוּמִין. וְיֵשׁ לְהָבִין הֲלוֹא לְתַשְׁלוּמִין הָיָה רָאוּי לְאַחֵר וְלֹא לְהַקְדִּים, כְּמוֹ שֶׁאָמְרוּ בַּיְרוּשַׁלְמִי (פ"א דמגילה ה"ד) בְּרֹאשׁ חֹדֶשׁ שֶׁחָל לִהְיוֹת בְּשַׁבָּת, הוּבָא בָּר"ן (פ"ק דמגילה) לְעִנְיַן פּוּרִים שֶׁחָל לִהְיוֹת בְּשַׁבָּת שֶׁמְּאַחֲרִין הַסְּעוּדָה לְאַחַר הַשַּׁבָּת.

וְנִרְאֶה לְפָרֵשׁ דְּלָאו מֵחֲמַת תַּשְׁלוּמִין אָתוּ עֲלָהּ אֶלָּא עַל פִּי דִּבְרֵי הַכָּתוּב (תהלים מה, טז) "תּוּבַלְנָה בִּשְׂמָחֹת וָגִיל תְּבֹאֶינָה בְּהֵיכַל מֶלֶךְ", הַיְנוּ שֶׁהַשִּׂמְחָה תִּתָּכֵן רַק קֹדֶם עָמְדוֹ לִפְנֵי הַמֶּלֶךְ, אֲבָל בִּשְׁעַת עֲמִידָתוֹ לִפְנֵי הַמֶּלֶךְ אֵין מָקוֹם לְשִׂמְחָה אֶלָּא לַעֲמֹד בְּאֵימָה וּבְיִרְאָה, וּבִתְפִלַּת יוֹצֵר שֶׁנִּזְכֶּרֶת שִׁירַת הַמַּלְאָכִים לֹא מָצִינוּ לְשׁוֹן שִׂמְחָה אֶלָּא אֵימָה וְיִרְאָה.

וְזֶהוּ שֶׁאָמַר הָר"י (=רַבֵּנוּ יוֹנָה) שֶׁמֵּהָרָאוּי הָיָה לִשְׂמֹחַ בּוֹ כְּדֵי לְהַרְאוֹת שֶׁקָּדוֹשׁ הַיּוֹם לַאֲדוֹנֵנוּ, וּכְמוֹ שֶׁנֶּאֱמַר בְּרֹאשׁ הַשָּׁנָה (נחמיה ח, יב) "וַיֵּלְכוּ כָל הָעָם לֶאֱכֹל וְלִשְׁתּוֹת וּלְשַׁלַּח מָנוֹת וְלַעֲשׂוֹת שִׂמְחָה גְדוֹלָה", אֶלָּא שֶׁגְּזֵרַת הַכָּתוּב לִפְרֹשׁ בּוֹ בַּיּוֹם מִתַּאֲווֹת גּוּפָנִיּוֹת שֶׁנִּהְיֶה כְּמַלְאָכִים, וְעַל כֵּן לֹא תִּתָּכֵן אָז שִׂמְחָה.

וְהַשִּׂמְחָה שַׁיֶּכֶת רַק מִקֹּדֶם עַל הוּבָלָה לְהֵיכַל מֶלֶךְ, שֶׁיָּשִׂים כָּל אִישׁ אֶל לִבּוֹ שֶׁלְּמָחָר יַעֲמֹד לִפְנֵי מֶלֶךְ הַכָּבוֹד כְּמַלְאָךְ, וְהוּא מֵכִין אֶת לְבָבוֹ לְיוֹם הַמָּחֳרָת, כְּעִנְיַן הַכָּתוּב "תּוּבַלְנָה בִּשְׂמָחֹת וָגִיל", וְהַהוּבָלָה הִיא בְּעֶרֶב יוֹם הַכִּפּוּרִים עַל כֵּן שַׁיֶּכֶת אָז הַשִּׂמְחָה.

יום הכפורים שנת תרע"ג

בגמרא (ראש השנה ט ע"א) "כל האוכל ושותה בתשיעי מעלה עליו הכתוב כאילו התענה תשיעי ועשירי".

פירש הריטב"א בשם הר' יונה שהוא **הסיבה שישנה חשיבות גדולה לאכילה בערב יום הכיפורים היא** כדי להראות שקדוש היום לאדונינו וראוי לאכול בו ממתקים כמו בראש השנה, אלא שגזירת הכתוב היא לפרוש בו ביום מתאוות גופניות שנהיה כמלאכים, עכ"ל **עד כאן לשונו**. ונראה לכאורה מלשון זה שהסעודה היא סעודת תשלומין **סעודה שמשלימה את הסעודה החסרה ביום הכיפורים**.

ויש להבין: הלוא לתשלומין היה ראוי לאחר ולא להקדים, כמו שאמרו בירושלמי (פרק א דמגילה הלכה ד) לענין פורים שחל להיות בשבת, שמאחרין הסעודה לאחר השבת **מכאן שסעודת תשלומין היא אחרי היום הקדוש ולא לפניו, ואם כך, לא נכון להחשיב את הסעודה המפסקת שנערכת לפני היום כסעודת תשלומין**.

ונראה לפרש דלאו מחמת תשלומין אתו עלה **שלא מהסיבה של תשלומין אנו מחויבים בסעודה זו** אלא עפ"י דברי הכתוב (תהלים מה, טז) "תּוּבַלְנָה בִּשְׂמָחֹת וָגִיל תְּבֹאֶינָה בְּהֵיכַל מֶלֶךְ", היינו שהשמחה תיתכן רק קודם עמדו לפני המלך, אבל בשעת עמידתו לפני המלך אין מקום לשמחה אלא לעמוד באימה וביראה, ובתפילת יוצר (בברכת יוצר אור לפני קריאת שמע של שחרית) שנזכרת שירת המלאכים לא מצינו לשון שמחה אלא אימה ויראה.

וזהו שאמר הרבינו יונה שמהראוי היה לשמוח בו כדי להראות שקדוש היום לאדונינו, וכמו שנאמר בראש השנה (נחמיה ח, יב) "וַיֵּלְכוּ כָל הָעָם לֶאֱכֹל וְלִשְׁתּוֹת וּלְשַׁלַּח מָנוֹת וְלַעֲשׂוֹת שִׂמְחָה גְדוֹלָה", אלא שגזירת הכתוב לפרוש בו ביום מתאוות גופניות שנהיה כמלאכים, ועל כן לא תיתכן אז שמחה.

והשמחה שייכת רק מקודם, על הובלה להיכל מלך **כשמטרת השמחה באותה שעה היא**, שישים כל איש אל לבו שלמחר יעמוד לפני מלך הכבוד כמלאך, והוא מכין את לבבו ליום המחרת, כענין

הכתוב ״תובלנה בשמחות וגיל״, וההובלה היא בערב יום הכיפורים על כן שייכת אז השמחה.

יום הכפורים שנת תרע״ג

כיצד מתכוננים ליום הכיפורים?

בפרשת אמור מרוכזים הציוויים על כל מועדי השנה ובכללם יום הכיפורים. התורה מצווה אותנו לשבות ממלאכה ולהתענות "בֶּעָשׂוֹר לַחֹדֶשׁ הַשְּׁבִיעִי". לסיכום הציווי בעניין היום הקדוש אומרת התורה כך: "שַׁבַּת שַׁבָּתוֹן הוּא לָכֶם וְעִנִּיתֶם אֶת נַפְשֹׁתֵיכֶם בְּתִשְׁעָה לַחֹדֶשׁ בָּעֶרֶב מֵעֶרֶב עַד עֶרֶב תִּשְׁבְּתוּ שַׁבַּתְּכֶם". ציון משך התענית בניסוח הזה מצריך שימת לב. הכלל הידוע בתורה הוא "ויהי ערב ויהי בוקר", דהיינו בדיני התורה מתחילים הימים, הן ימות החול והן השבתות והימים הטובים, בערב אחרי צאת הכוכבים. כאשר מציינת התורה תאריך של מועד כלשהו, תמיד תהיה הכוונה לתחילת הלילה. אם כן יש להבין, מדוע מגדירה התורה את זמן תחילת התענית במילים "תשעה לחודש בערב", וזאת לאחר שכבר נקטה בתאריך באופן הרגיל - "בעשור לחודש"? מה באו מילים אלה להוסיף?

על נקודה זו עומדת הגמרא במסכת יומא (פא ע"ב) ומלמדת אותנו הלכה מחודשת שיוצאת מאותן מילים, והיא שיש עניין מיוחד לאכול בערב יום הכיפורים, בתשיעי לחודש, עד כדי כך ש"כל האוכל ושותה בתשיעי, מעלה עליו הכתוב כאילו התענה תשיעי ועשירי".

ההלכה המחייבת אכילה בערב יום הכיפורים מפתיעה היא. ביום הכיפורים אנחנו מצווים בחמישה איסורים - אכילה ושתייה (שנספרים כאחד), סיכה, רחיצה, נעילת הסנדל ותשמיש המיטה - שמטרתם להרחיק אותנו מעיסוק בגוף ובצרכיו החומריים לטובת ריכוז מאמץ בצורכי הנשמה. הימנעות זו מצורכי הגוף מאפשרת לנו להידמות למלאכי השרת ליום אחד בשנה. לאור זאת, ניתן היה לחשוב שההכנה היותר ראויה ליום הכיפורים תהיה הכנה רוחנית רוויה בתשובה ובחרטה עמוקה. איך משתלבת אכילה מרובה בהכנות לקראת יום כה נשגב ועוד תופסת את החלק המרכזי שבהן? תמיהה זו אף גוברת למקרא ההלכה שאכילה ושתייה בערב יום כיפור עדיפות אפילו על לימוד תורה. כך לדוגמה כותב ה'משנה ברורה' (סימן תרד ס"ק א): "ויש לאדם למעט בלימודו בערב יום הכיפורים כדי לאכול ולשתות".

טעמים רבים נאמרו בעניינה של האכילה בערב יום הכיפורים. רבנו יעקב בעל הטורים (טור אורח חיים סימן תרד) פירש שמטרת האכילה להקל על בני ישראל, העתידים לצום ביום המחרת. ב'שבלי הלקט' (כלל יא אות קא) לעומת זאת מובא פירוש הפוך, שמטרת האכילה להקשות על העמידה בצום המתקרב, שהרי ההיפוך המיידי מאכילה מרובה לצום גמור הוא קשה מאוד, מה שהופך את מעלתו של הצם לגדולה באופן מיוחד, שכן "לפום צערא אגרא".

בספרו 'שערי תשובה' (שער ד סימן ט) מביא רבנו יונה כיוון נוסף לפשר מצוות האכילה בערב יום הכיפורים. לדעתו יום הכיפורים הוא יום טוב ומשמח! ביום הכיפורים אנחנו מצליחים להיפטר מהלכלוכים ומהחטאים שהעיקו על נפשנו. ביום זה 'מתכבסים' עוונותינו, ורוח של כפרה וטהרה עוטפת את העולם, בחסד ה' עלינו. ביום זה אנו מתנקים ומתיישרים, מצליחים בסייעתא דשמיא להתחדש ולשוב אל המקור האלוקי. ביום טוב שכזה, מסביר רבנו יונה, היה ראוי שנערוך סעודת מצווה, כמו בשאר חגי ישראל, מתוך שבח והודאה לבורא על כל אשר גמלנו. אלא שמצוות ה' מונעת מאיתנו את האכילה בעיצומו של יום, ולכן אנו מצווים לקיים את סעודת המצווה יום קודם לכן. וכך הוא כותב:

בשאר ימים טובים אנחנו קובעים סעודה לשמחת המצוה, כי יגדל וישגא מאד שכר השמחה על המצוות... ונאמר "תחת אשר לא עבדת את ה' אלקיך בשמחה ובטוב לבב", ומפני שהצום ביום הכפורים, נתחייבו לקבוע סעודה על שמחת המצוה בערב יום הכפורים.

לפי רבנו יונה, האכילה בערב יום הכיפורים מהווה תחליף מוקדם לסעודת המצווה של יום הכיפורים, והיא משמשת למעשה כסעודת תשלומין.

על הסבר זה של רבנו יונה מקשה ה'שם משמואל'. המושג 'תשלומין', כך הוא אומר, מתאים יותר לפעולה שנעשית אחרי המועד המקורי ולא לפניו. כך אנו מוצאים בעניין תפילת תשלומין, למשל, אותה מתפלל אדם רק לאחר שהפסיד את התפילה המקורית. לפיכך מציע ה'שם משמואל' הסבר משלו, נפלא ממש, בהשראת פסוקים ממזמור מ"ה בתהילים.

מזמור זה נכתב לכבודו של מלך (שהוא משל לקב"ה או לתורה, עיינו במפרשים על אתר), ומוזכרות בו תחושותיהן הנשגבות של בנות שעומדות להיכנס פנימה, אל היכל המלך: "כָּל כְּבוּדָּה בַת מֶלֶךְ פְּנִימָה מִמִּשְׁבְּצוֹת זָהָב לְבוּשָׁהּ. לִרְקָמוֹת תּוּבַל לַמֶּלֶךְ בְּתוּלוֹת אַחֲרֶיהָ רֵעוֹתֶיהָ מוּבָאוֹת לָךְ. תּוּבַלְנָה בִּשְׂמָחֹת וָגִיל תְּבֹאֶינָה בְּהֵיכַל מֶלֶךְ" (פסוקים יד-טז). לא כל אחד זוכה למעמד מיוחד שכזה. אפשר לעצום עיניים ולדמיין את קריאות הגיל והשמחה המלוות את הבנות הנרגשות. השמחה הגדולה והאושר המתפרץ בהחלט מתקבלים על הדעת. ה'שם משמואל' מפנה את תשומת לבנו לעובדה שהשמחה מוזכרת רק בחלק הראשון של הפסוק, עת נערכות הבנות לקראת המפגש. כשהן באות כבר פנימה, סביר להניח שפניהן מרצינות נוכח המעמד המרומם, ואווירה של יראת כבוד מדריכה את צעדיהן.

פסוקים אלה הם המודל, אומר ה'שם משמואל', לעבודת יום הכיפורים המורחבת. יום הכיפורים הוא למעשה יום של שהות

ממושכת בהיכלו של מלך. בספר תהילים נאמר: "יָמִים יֻצָּרוּ ולא [וְלוֹ] אֶחָד בָּהֶם" (קלט, טז). בפסוק זה יש קרי וכתיב. פירושו לפי הכתיב הוא שיש יום אחד בשנה שנוצר באופן שונה משאר הימים, ואילו על פי הקרי המובן הוא שמתוך כל ימות השנה יום אחד שייך במיוחד לקב"ה. את משמעות הדברים מלמדים אותנו חז"ל ב'תנא דבי אליהו' (רבא פרק א):

> "ימים יוצרו ולו אחד" - זה יום הכיפורים לישראל, שהוא שמחה גדולה לפני מי שאמר והיה העולם, שנתנו באהבה רבה לישראל.

הקב"ה יצר את ימי השנה וטבע בהם חוקיות ברורה. אולם ישנו יום אחד בשנה שיש לו חוקיות משלו - יום הכיפורים. יום זה חריג הוא בין ימות השנה בכך שלא ניתנת רשות לשטן לקטרג במהלכו, "ולא אחד בהם". ביום זה רוח של טהרה עוטפת את העולם, ועיצומו של יום מכפר, במובנים הרבה, לבני ישראל. ביום זה זוכים ישראל לזכות עצומה השמורה רק להם, הם נכנסים לתוך היכלו של מלך העולם, ועצם המפגש המיוחד משנה אותם ללא היכר, "ולו אחד בהם".

על פי ה'שם משמואל' זוהי הסיבה לחובת האכילה בערב יום הכיפורים. אכילה זו היא ביטוי מוחשי לשמחה שממלאת את עם ישראל נוכח הזכות הגדולה לה יזכו ביום המחרת. מחר, בעת המפגש עם המלך, לא יהיה מקום לגילויי שמחה, שכן באופן טבעי אוירה נוראת הוד תמלא את הלבבות, ולכן דווקא כעת, טרם המפגש עצמו, זה הזמן המתאים ביותר לבטא אותה.

האכילה בערב יום הכיפורים שופכת אור לא רק על יום הכיפורים עצמו, אלא על כלל הימים הנוראים. ה' חפץ בקרבתנו אליו ולכן הכין עבורנו ימים המסוגלים לסייע לנו לזכך את מעשינו ולדייק את מחשבותינו. זיכוך המעשים ודיוק המחשבות אינם קלים כלל ועיקר, אבל לחשיבותם אין שיעור. עלינו להעריך ימים אלו, לנצל אותם ולשמוח בהם עד מאוד.

יום הכיפורים: סוד הקטורת

עִקַּר עֲבוֹדַת יוֹם הַכִּפּוּרִים הִיא הַקְּטֹרֶת כַּיָּדוּעַ, **וּקְטֹרֶת הִיא מִלְּשׁוֹן קִשּׁוּר.** וְיֵשׁ בָּהּ י״א סַמָּנִים, עֲשָׂרָה טוֹבִים וְחֶלְבְּנָה, וַעֲשָׂרָה הַטּוֹבִים הַמַּעֲלִים רֵיחַ טוֹב הֵם רוֹמְזִים לְעֶשֶׂר כִּתּוֹת יִשְׂרָאֵל הַמְּפֹרָשִׁין בְּרֵישׁ פָּרָשַׁת נִצָּבִים, וְהֵם נַעֲשִׂים דַּקָּה מִן הַדַּקָּה, שֶׁהַכֹּל נַעֲשֶׂה אֶחָד מַמָּשׁ, וְאָז גַּם הַחֶלְבְּנָה יְכוֹלָה לָבוֹא עִמָּהֶם בַּאֲגֻדָּה לִפְנַי וְלִפְנִים.

אֲבָל כָּל עוֹד שֶׁאֵין הִתְאַחֲדוּת לְגַמְרֵי בֵּין כְּשֵׁרֵי יִשְׂרָאֵל, בִּלְתִּי אֶפְשָׁר לְצָרֵף עִמָּהֶם אֶת הַחֶלְבְּנָה, כִּי גּוֹרֵם עוֹד יוֹתֵר לַעֲשׂוֹת פֵּרוּד בֵּין הַדְּבָקִים, וְזֶה יָדוּעַ וּמְפֻרְסָם.

וְהִנֵּה מַחְזִירִים אוֹתָם לַמַּכְתֶּשֶׁת בְּעֶרֶב יוֹם הַכִּפּוּרִים כְּדֵי לִהְיוֹת דַּקָּה מִן הַדַּקָּה וְהוּא רוֹמֵז שֶׁלַּעֲשׂוֹת הִתְאַחֲדוּת בֵּין הַכְּלָל הוּא רַק עַל יְדֵי כְּתִישָׁה, שֶׁכָּל אֶחָד כּוֹתֵשׁ אֶת עַצְמוֹ וּמֵסִיר מִמֶּנּוּ אֶת קְלִפַּת הַגַּסּוּת רוּחַ, וּכְעֵין שֶׁאִיתָא בַּזֹּהַר הַקָּדוֹשׁ: ״הַאי אָעָא דְּלָא סָלִיק בֵּיהּ נְהוֹרָא מְבַטְּשִׁין לֵיהּ, גּוּפָא דְּלָא סָלִיק בֵּיהּ נְהוֹרָא דְּנִשְׁמְתָא מְבַטְּשִׁין לֵיהּ״, וְעַל יְדֵי הַבִּטּוּשׁ וְהַכְּתִישָׁה מֵאִיר אוֹר הַנְּשָׁמָה וְשָׁם בָּאֱמֶת כָּל יִשְׂרָאֵל הַכֹּל אֶחָד.

אַךְ כָּל זֶה הִיא הַהִתְאַחֲדוּת בֵּין כְּשֵׁרֵי יִשְׂרָאֵל, שֶׁיִּכְשַׁר בְּעֵינָיו דַּרְכּוֹ שֶׁל רֵעֵהוּ וּמַעֲשָׂיו, וּמוּבָן שֶׁזֶּה לֹא יִתָּכֵן בְּחֶלְבְּנָה לְהַחְלִיק בְּעֵינָיו מַעֲשָׂיו ח״ו, אַדְּרַבָּה צָרִיךְ לְהַמְאִיס בְּעֵינָיו הַמַּעֲשִׂים שֶׁלֹּא טוֹבִים בְּתַכְלִית הַמָּאוּס וְלֹא יִתָּכֵן כָּאן שׁוּם וְתוּר:

אַךְ הָעֵצָה הַיְּעוּצָה לְהַמְשִׁיל בְּעֵינָיו אֶת הַחֶלְבְּנָה לְאִישׁ שֶׁהָיָה לוֹ אוֹהֵב נֶאֱמָן דָּבֵק מְאֹד, וַיְהִי הַיּוֹם וְהִנֵּה אוֹתוֹ הָאוֹהֵב חָלָה וְיָצָא מִדַּעְתּוֹ ח״ו וְהוּא מַכֶּה לְכָל הַקָּרוֹב אֵלָיו וְשׁוֹבֵר אֶת הַחַלּוֹנוֹת, הֲיִתָּכֵן לְהָאִישׁ לִשְׂנֹא אוֹתוֹ אוֹ לִדְרֹשׁ רָעָתוֹ אוֹ בִּזְיוֹנוֹ, אַדְּרַבָּה הֲלֹא מִתְמַלֵּא עָלָיו רַחֲמִים וּמִשְׁתַּדֵּל בְּכָל עֹז לִמְנֹעַ מִמֶּנּוּ הַבִּזָּיוֹן, וּלְהַבְרִיא אוֹתוֹ בְּכָל מַה דְּאֶפְשָׁר.

כֵּן יִהְיֶה בְּעֵינֵי אִישׁ הַנִּלְבָּב כָּל הַחוֹטֵא, כְּאָמְרָם ז״ל ״אֵין אָדָם חוֹטֵא אֶלָּא אִם כֵּן נִכְנַס בּוֹ רוּחַ שְׁטוּת״, וְהוּא מַמָּשׁ כְּמוֹ הַיּוֹצֵא מִדַּעַת

ח"ו, וְהוּא הוּא אִישׁ יִשְׂרְאֵלִי אוֹהֵב דָּבֵק מְאֹד לְכָל הַכְּלָל כֻּלּוֹ, וְעוֹד הַיּוֹם כְּשֶׁיָּשׁוּב יִתְרַפֵּא כִּי לֹא יִדַּח מִמֶּנּוּ נִדָּח, עַל כֵּן יֵשׁ לְעוֹרֵר עוֹד בִּלְבָבוֹ רַחְמָנוּת עָלָיו, וְאִם הִרְחִיק לָלֶכֶת מִכְּלַל יִשְׂרָאֵל הַקְּדוֹשִׁים עוֹד יוֹתֵר תִּגְדַּל הָרַחְמָנוּת עָלָיו.

וּבֶאֱמֶת זֶה עֵצָה נְכוֹנָה לָבוֹא לְאַהֲבַת יִשְׂרָאֵל, אֲפִלּוּ לְאִישׁ שֶׁהוּא עוֹשֶׂה לוֹ רָעָה בְּפֹעַל מַמָּשׁ בְּגוּפוֹ אוֹ בְּמָמוֹנוֹ, כִּי יָשׂוּם אֶל לִבּוֹ שֶׁזֶּה הוּא עִנְיַן שִׁגָּעוֹן מַמָּשׁ שֶׁיּוֹצֵא מִדַּעְתּוֹ לַעֲשׂוֹת רָעָה לְאָחִיו הַיִּשְׂרְאֵלִי, וְהוּא כְּמוֹ הנ"ל שֶׁיָּצָא מִדַּעְתּוֹ ח"ו וְשׁוֹבֵר אֶת הַחַלּוֹנוֹת שֶׁל אוֹהֲבוֹ בְּנֶפֶשׁ, וְיֵשׁ לְעוֹרֵר רַחְמָנוּת עָלָיו אַף בְּעֵת וּבְעוֹנָה שֶׁהוּא עוֹשֶׂה עִמּוֹ רָעָה ח"ו, וְהַדְּבָרִים נְכוֹנִים לַמֵּבִין.

יום כיפור שנת תרע"ג

בְּעִנְיַן קְטֹרֶת שֶׁל לִפְנַי וְלִפְנִים יֵשׁ לְהִתְבּוֹנֵן, דִּבְכָל מָקוֹם בָּא הַקְּטֹרֶת אַחַר הַקָּרְבָּן, וּמִשְׁנָה שְׁלֵמָה שָׁנִינוּ בְּשַׁ"ס יוֹמָא: "קְטֹרֶת שֶׁל שַׁחַר הָיְתָה קְרֵבָה בֵּין דָּם לְאֵבָרִים, שֶׁל בֵּין הָעַרְבַּיִם בֵּין אֵבָרִים לִנְסָכִים", וְלָמָּה לִפְנַי וְלִפְנִים הִתְחִיל בַּקְּטֹרֶת וְהָיְתָה קְרֵבָה עוֹד קֹדֶם מַתַּן דַּם הַפָּר.

וְנִרְאֶה דְּהִנֵּה הַתְּמִידִין מְכַפְּרִים, כְּאָמְרָם ז"ל: "תָּמִיד שֶׁל שַׁחַר הָיָה מְכַפֵּר עַל עֲבֵרוֹת שֶׁל לַיְלָה, וְשֶׁל עֶרֶב עַל עֲבֵרוֹת שֶׁל יוֹם", **וְהִנֵּה 'קְטֹרֶת' הִיא לְשׁוֹן קִשּׁוּר, שֶׁמְּקַשֶּׁרֶת נַפְשׁוֹת יִשְׂרָאֵל לְשָׁרְשָׁם**, וְעַל כֵּן נִצְרָךְ שֶׁתִּהְיֶה הַכַּפָּרָה מִקֹּדֶם, שֶׁיִּהְיוּ הַנְּפָשׁוֹת רְאוּיוֹת לְהִתְקַשֵּׁר לְמַעְלָה, וּכְעִנְיַן "כִּי אֵין לָבוֹא אֶל שַׁעַר הַמֶּלֶךְ בִּלְבוּשׁ שָׂק", וְעַל כֵּן יֵשׁ לוֹמַר טַעַם הַשִּׁנּוּי שֶׁבֵּין קְטֹרֶת שֶׁל שַׁחַר לְשֶׁל עֶרֶב, דִּיָדוּעַ דְּהַדָּם הוּא הַנֶּפֶשׁ מְכַפֵּר עַל הַנֶּפֶשׁ, וְאֵבָרִים מְכַפְּרִים עַל אֵבְרֵי הָאָדָם, וּמְעַכֵּב הַכַּפָּרָה הוּא הַדָּם שֶׁהָעִקָּר הוּא כַּפָּרַת הַנֶּפֶשׁ וְהָאֵבָרִים טְפֵלִים לְהַנֶּפֶשׁ, וְהוּא עַצְמוֹ שֶׁלֹּא הִקְטִירוּ הָאֵבָרִים כָּשֵׁר, מִשּׁוּם שֶׁכָּל חֲשִׁיבוּת הָאֵיבָרִים שֶׁהֵם מְחֻבָּרִים לְהַנֶּפֶשׁ וְכָל הַמְחֻבָּר לוֹ הֲרֵי הוּא כָּמוֹהוּ, וְעַל כֵּן בַּבֹּקֶר זְמַן שְׁלִיטַת הַחֲסָדִים תֵּכֶף שֶׁנִּתְכַּפְּרוּ הַנְּפָשׁוֹת בַּדָּם שׁוּב נִתְקַבְּלוּ גַּם אֵיבְרֵי

הָאָדָם הַמְּחֻבָּרִין עִמּוֹ, אֲבָל בֵּין הָעַרְבַּיִם זְמַן דִּין צְרִיכִין גַּם אֵיבְרֵי הָאָדָם לְהִתְכַּפֵּר בָּרִאשׁוֹנָה, וְעַל כֵּן נִקְטָר הַקְּטֹרֶת אַחַר הָאֵיבָרִים.

אַךְ כָּל זֶה הוּא בִּשְׁאָר יְמוֹת הַשָּׁנָה, אֲבָל בְּיוֹם הַכִּפּוּרִים שֶׁנִּתְגַּלָּה לִבֵּן הָעֶלְיוֹן אֵין שָׁם תַּעֲרֹבֶת דִּין כְּלָל, וְאָז נִתְגַּלָּה בְּחִירַת יִשְׂרָאֵל לְמַעְלָה מִן הַטַּעַם, וּכְמוֹ שֶׁהִגִּיד כ"ק אָבִי אדמו"ר זצללה"ה שֶׁזֶּהוּ עִנְיַן הַהַגְרָלָה לְעוֹרֵר בְּחִירַת יִשְׂרָאֵל לְמַעְלָה מִן הַטַּעַם עַד כָּאן דְּבָרָיו, וְעַל כֵּן בְּיוֹם הַכִּפֻּרִים כְּתִיב: "וְכֵן יַעֲשֶׂה לְאֹהֶל מוֹעֵד הַשֹּׁכֵן אִתָּם בְּתוֹךְ טֻמְאֹתָם", וְאָמְרוּ ז"ל "אַף עַל פִּי שֶׁהֵם טְמֵאִים שְׁכִינָה שְׁרוּיָה בֵּינֵיהֶם", וְאַף שֶׁזֶּהוּ נָמֵי בְּכָל יְמוֹת הַשָּׁנָה, מִכָּל מָקוֹם מִדִּכְתִיב זֶה בְּיוֹם הַכִּפֻּרִים נִרְאֶה שֶׁאָז נִתְגַּלָּה זֶה הָעִקָּר, וּכְבָר הִגַּדְנוּ שֶׁזֶּהוּ עִנְיַן כַּפָּרַת יוֹם הַכִּפֻּרִים, שֶׁהֲרֵי יִשְׂרָאֵל יִהְיוּ אֵיךְ שֶׁיִּהְיוּ מִתְקָרְבִין לְשָׁרְשָׁם בְּיוֹם הַכִּפֻּרִים, וְשׁוּב הָווּ כְּמוֹ שֶׁאָמְרוּ ז"ל: "מַיִם שֶׁנִּטְמְאוּ מַשִּׁיקָן וְהֵם טְהוֹרִים", כִּי הַטֻּמְאָה בְּהֶכְרֵחַ פּוֹרַחַת מֵהֶם אַחַר שֶׁנִּתְחַבְּרוּ לִכְלַל טַהֲרָה, כֵּן הִיא בְּנַפְשׁוֹת יִשְׂרָאֵל אַחַר שֶׁנִּתְחַבְּרוּ לְשָׁרְשָׁם, **אִם כֵּן בְּיוֹם הַכִּפֻּרִים הַחִבּוּר וְהַדִּבּוּק לְשָׁרְשָׁם הוּא קֹדֶם הַכַּפָּרָה,** אַדְּרַבָּה כָּל הַכַּפָּרָה נִסְתַּעֲפָה מִן הַדִּבּוּק, עַל כֵּן לְהוֹרוֹת עַל עִנְיָן זֶה הִקְדִּים הַכָּתוּב קְטֹרֶת לִפְנַי וְלִפְנִים קֹדֶם כַּפָּרַת הַדָּם.

אחרי מות שנת תרפ"א

עיקר עבודת יום הכיפורים היא **הקטרת** הקטורת בקודש הקודשים כידוע, וקטורת היא מלשון קישור **שהיא מקשרת בין מרכיבים שונים**. ויש בה י"א **אחד־עשר** סמנים, עשרה טובים וחלבנה, ועשרה הטובים המעלים ריח טוב הם רומזים לעשר כתות ישראל המפורשין בריש פרשת נצבים (דברים כט, ט-י), והם נעשים דקה מן הדקה **טחונים היטב**, שהכל נעשה אחד ממש, ואז גם החלבנה יכולה לבוא עמהם באגודה לפני ולפנים.

אבל כל עוד שאין התאחדות לגמרי בין כשרי ישראל **האנשים הכשרים בעם ישראל**, בלתי אפשר לצרף עמהם את החלבנה, כי גורם עוד יותר לעשות פירוד בין הדבקים, וזה ידוע ומפורסם.

והנה מחזירים אותם **את אחד־עשר סמני הקטורת** למכתשת בערב יוה"כ כדי להיות דקה מן הדקה, והוא רומז שלעשות התאחדות בין הכלל הוא רק ע"י כתישה, שכל אחד כותש את עצמו ומסיר ממנו את קליפת הגסות רוח, וכעין שאיתא בזוהר הקדוש: "האי אעא דלא סליק ביה נהורא מבטשין ליה, גופא דלא סליק ביה נהורא דנשמתא מבטשין ליה" **עץ שלא נשרף באש בגלל עוביו - שוברים אותו וכך הוא נשרף. כך גם גוף האדם שלא מאירה בו הנשמה כראוי - יש לשבר אותו**. וע"י הביטוש והכתישה מאיר אור הנשמה ושם באמת כל ישראל הכל אחד.

אך כל זה היא ההתאחדות בין כשרי ישראל, שיוכשר בעיניו דרכו של רעהו ומעשיו, ומובן שזה לא יתכן בחלבנה **שאליה נמשלו רשעי ישראל להחליק בעיניו מעשיו שמעשי הרשע ימצאו חן בעיני הכשר** ח"ו, אדרבה צריך להמאיס בעיניו המעשים שלא טובים בתכלית המיאוס ולא יתכן כאן שום ויתור.

אך העצה היעוצה להמשיל בעיניו את החלבנה לאיש שהיה לו אוהב נאמן דבק מאח, ויהי היום והנה אותו האוהב חלה ויצא מדעתו ח"ו והוא מכה לכל הקרוב אליו ושובר את החלונות, היתכן להאיש לשנוא אותו או לדרוש רעתו או בזיונו?! אדרבה הלוא מתמלא עליו רחמים ומשתדל בכל עוז למנוע ממנו הביזיון, ולהבריא אותו בכל מה דאפשר.

כן יהיה בעיני איש הנלבב כל החוטא, כאמרם ז"ל (סוטה ג ע"א) "אין אדם חוטא אלא אם כן נכנס בו רוח שטות", והוא ממש כמו היוצא מדעת ח"ו, ו**באמת** הוא הוא איש ישראלי אוהב דבק מאח לכל הכלל כולו, ועוד היום כשישוב יתרפא כי לא ידח ממנו נדח, על כן יש לעורר עוד בלבבו רחמנות עליו, ואם הרחיק ללכת מכלל ישראל הקדושים עוד יותר תגדל הרחמנות עליו.

ובאמת זה עצה נכונה לבוא לאהבת ישראל, אפילו לאיש שהוא עושה לו רעה בפועל ממש בגופו או בממונו, כי יָשׂום אל לבו שזה הוא ענין שיגעון ממש שיוצא מדעתו לעשות רעה לאחיו הישראלי, והוא כמו הנ"ל שיצא מדעתו ח"ו ושובר את החלונות של אוהבו בנפש, ויש לעורר רחמנות עליו אף בעת ובעונה שהוא עושה עמו רעה ח"ו, והדברים נכונים למבין.

יום כיפור שנת תרע"ג

בענין קטורת של לפני ולפנים **הקטורת שהוקטרה בקודש הקודשים** יש להתבונן.

דבכל מקום בא הקטורת אחר הקרבן **בכל ימות השנה מוקטרת הקטורת רק לאחר העבודה העיקרית של קורבן התמיד, דהיינו זריקת הדם**, ומשנה שלימה שנינו בש"ס יומא (ג, ה): "קטרת של שחר היתה קריבה בין דם לאברים, של בין הערבים בין אברים לנסכים". **וכמו שאומרת המשנה במפורש, שבבוקר הוקטרה הקטורת אחרי זריקת דם התמיד ולפני הקרבת האיברים, ובין הערביים נעשה הדבר לאחר הקרבת האיברים ולפני הקרבת הנסכים של קורבן התמיד.**

ולמה לפני ולפנים התחיל בקטורת והיתה קריבה עוד קודם מתן דם הפר **ונשאלת השאלה מדוע בקודש הקודשים מוקטרת הקטורת לפני הזאַת דם הפר, בשונה משאר ימות השנה.**

ונראה דהנה התמידין מכפרים, כאמרם ז"ל (במדבר רבה פרשה כא פסקא כא): "תמיד של שחר היה מכפר על עבירות של לילה, ושל ערב על עבירות של יום".

והנה ׳קטרת׳ **בארמית** היא לשון קישור, שמקשרת נפשות ישראל לשורשם, ועל כן נצרך שתהיה הכפרה מקודם, **בשלב הראשון, כדי** שיהיו הנפשות ראויות להתקשר למעלה, וכענין (אסתר ד, ב) ״כִּי אֵין לָבוֹא אֶל שַׁעַר הַמֶּלֶךְ בִּלְבוּשׁ שָׂק״ **כמו שמרדכי היהודי לא הגיע אל שער המלך בלבוש שק, כך עם ישראל אינם יכולים להתעלות ולהיות קשורים לשורשם הרוחני כשיש בידיהם עברות, ולכן דרושה כפרה לפני עבודת הקטורת.**

ועל כן יש לומר טעם השינוי שבין קטורת של שחר לשל ערב. דידוע **שהרי ידוע** ד״הַדָּם הוּא הַנָּפֶשׁ״ (דברים יב, כג). **ולכן הוא** מכפר על הנפש, ואברים מכפרים על איברי האדם, ומעכב הכפרה הוא הדם שהעיקר הוא כפרת הנפש והאברים טפלים להנפש, והוא עצמו שלא הקטירו האברים כשר (עיינו, זבחים ה ע״ב), משום שכל חשיבות האיברים שהם מחוברים להנפש וכל המחובר לו הרי הוא כמוהו **כלומר, שלאיברים אין חשיבות מצד עצמם, וכל חשיבותם נובעת מהיותם מחוברים לנפש.**

ועל כן בבוקר, זמן שליטת החסדים, תיכף שנתכפרו הנפשות בדם שוב **מיד** נתקבלו גם אברי האדם המחוברין עמו, אבל בין הערבים **הוא** זמן דין **ולכן** צריכין גם איברי האדם להתכפר בראשונה, ועל כן נקטר הקטורת אחר האיברים.

אך כל זה הוא בשאר ימות השנה, אבל ביום הכיפורים שנתגלה לובן העליון **חסד עליון שלא תלוי במעשי האדם** אין שם תערובת דין כלל, ואז נתגלה בחירת ישראל למעלה מן הטעם **מעבר להיגיון האנושי**, וכמו שהגיד כ״ק אבי אדמו״ר זצללה״ה **כבוד קדושת אבי אדוני מורי ורבי זכר צדיק לברכה לחיי העולם הבא שזהו ענין ההגרלה הגורל שעושים בין שני השעירים - לה׳ ולעזאזל** לעורר בחירת ישראל למעלה מן הטעם, עד כאן דבריו.

ועל כן ביום הכיפורים כתיב (ויקרא טז, טז): ״וְכֵן יַעֲשֶׂה לְאֹהֶל מוֹעֵד הַשֹּׁכֵן אִתָּם בְּתוֹךְ טֻמְאֹתָם״, ואמרו ז״ל (יומא נו ע״ב): ״אעפ״י שהם טמאים שכינה שרויה ביניהם״, ואף שזהו נמי **גם** בכל ימות השנה, מכל מקום מדכתיב זה ביום הכיפורים נראה שאז נתגלה זה העיקר.

וכבר הגדנו שזהו ענין כפרת יום הכיפורים, שהרי ישראל יהיו איך שיהיו **בכל מצב רוחני שבו הם נתונים** מתקרבין לשורשם ביום הכיפורים, ושוב הוו כמו שאמרו ז"ל (עיינו, ביצה ב, ג): "מים שנטמאו משיקן והם טהורים" **וחוזרים לעצמיותם הטהורה כמו מים טמאים שנטהרים על ידי מגע במי מקווה,** כי הטומאה בהכרח פורחת מהם אחר שנתחברו לכלל טהרה, כן היא בנפשות ישראל אחר שנתחברו לשורשם.

אם כן ביום הכיפורים החיבור ודיבוק לשורשם הוא קודם הכפרה, אדרבה כל הכפרה נסתעפה מן הדיבוק **ביום הכיפורים נובעת הכפרה מכך שעם ישראל מתחבר לשורשו הטהור**.

על כן להורות על ענין זה הקדים הכתוב קטורת לפני ולפנים קודם כפרת הדם.

אחרי מות שנת תרפ"א

סוד הקטורת

אין ספק שאחת העבודות המיוחדות בבית המקדש הייתה הקטרת הקטורת על ידי הכהן הגדול בקודש הקודשים. ניחוח של מסתורין אופף אותה. היא מתבצעת רק פעם אחת בשנה, עת נכנס הכהן הגדול לפני ולפנים. הוא ניצב שם לבדו ומבצע את העבודה מבלי שמישהו יוכל לעקוב אחריו ולבדוק אותו. הדיוק בעבודה זו כה חשוב עד שסנהדרין נזקקים להשביע אותו בערב יום הכיפורים שלא ישנה מכל מה שלימדו אותו.

בקטורת אנו פוגשים לא רק ביום הכיפורים, היא מלווה את עבודת המקדש במשך כל השנה. פעמיים ביום בכל ימות השנה היו מקטירים את הקטורת על גבי המזבח הפנימי, כחלק מסדר קורבן התמיד. כתוצאה מכך, ריחה המיוחד של הקטורת, שהייתה עשויה מאחד עשר צמחים ריחניים, אפף את ירושלים וסביבותיה כדרך של קבע, עד שכלה בירושלים לא הייתה זקוקה להתבשם לפני חתונתה (יומא לט ע״ב). אולם העובדה שביום הכיפורים מוקטרת הקטורת פעם נוספת, והפעם לא על המזבח הפנימי אלא בקודש הקודשים, מלמדת שיש פה עניין גדול שראוי לעמוד עליו. הבנת עניינה של הקטורת שופכת אור על סדר עבודת יום הכיפורים בפרט ועל ענינו של היום המקודש בכלל.

ההקטרה הייחודית ליום הכיפורים נבדלת מההקטרה השגרתית במספר תחומים. הבולטים שבהם הם, כאמור, העובדים והמיקום. בעוד שביום רגיל יכולה ההקטרה להתבצע על ידי כל אחד מן הכהנים, ביום כיפור האדם היחיד הכשר להיכנס אל קודש הקודשים ולהקטיר בו הלוא הוא הכהן הגדול, כידוע. הבדלים אלה יוצרים גם הבדל בדרך ההקטרה עצמה.

הציווי על עבודת הקטורת ביום הכיפורים נאמר בתורה כך (ויקרא טז, יב–יג):

> וְלָקַח מְלֹא הַמַּחְתָּה גַּחֲלֵי אֵשׁ מֵעַל הַמִּזְבֵּחַ מִלִּפְנֵי ה׳ וּמְלֹא חָפְנָיו קְטֹרֶת סַמִּים דַּקָּה וְהֵבִיא מִבֵּית לַפָּרֹכֶת. וְנָתַן אֶת הַקְּטֹרֶת עַל הָאֵשׁ לִפְנֵי ה׳ וְכִסָּה עֲנַן הַקְּטֹרֶת אֶת הַכַּפֹּרֶת אֲשֶׁר עַל הָעֵדוּת וְלֹא יָמוּת.

את ההקטרה בכל ימות השנה ניתן לבצע בשלבים ועל ידי מספר כהנים. כהן אחד ייקח גחלים מהמזבח החיצון ויניח אותם על גבי המזבח הפנימי, ולאחר מכן ייכנס כהן אחר ויניח את הקטורת על הגחלים הלוחשות. ביום כיפור מוטלת עבודת ההקטרה על כל שלביה על הכהן הגדול, ועליו לבצע אותה בשלמות בכניסה אחת בלבד לקודש הקודשים. כיצד התבצע הדבר?

עוד בעומדו מחוץ לאולם, ליד המזבח החיצון, היה הכהן הגדול לוקח מלוא חופניו קטורת ומניח אותה בתוך כלי המיועד לכך, כף הקטורת. בנוסף, הוא היה לוקח מחתה המיוחדת ליום כיפור וממלא אותה בגחלים מהמזבח החיצון. כששני כלי הקודש בידיו, המחתה בימינו והכף בשמאלו, היה פוסע הכהן הגדול לתוך ההיכל ונכנס לקודש הקודשים. את המחתה הוא היה מניח על הרצפה בין בדי ארון הברית (ובבית המקדש השני, שאז היה הארון גנוז, על אבן השתייה), ואז התפנה להקטיר את הקטורת. עבודה זו הייתה מהעבודות הקשות שבמקדש והיא הצריכה זהירות ודיוק מרביים, שכן היה על הכהן הגדול להעביר את כל כמות הקטורת שבכף חזרה לתוך חופניו, וזאת מבלי לאבד ולו פירור אחד. לשם כך הוא היה אוחז בכף הקטורת בראשי אצבעותיו או בשיניו ומטה אותה לעבר כפות ידיו, במיומנות שסיגל

לעצמו מן הסתם בתרגולים במהלך שבעת הימים הקודמים, שבהם הוא התכונן לעבודה. את הקטורת שמילאה כעת את חופניו, היה מפזר הכהן הגדול בזהירות על הגחלים שבמחתה, וכך נוצר ענן של קטורת שעלה והתפזר עד שמילא את חללו של בית המקדש.

עד כאן עסקנו בהבדלים הגדולים שבין ההקטרה היומיומית לבין זו שביום כיפור, אולם היו גם מספר הבדלים "קטנים", שאינם כה ניכרים ובולטים לעין. נציין כמה מהם.

ההבדל הראשון - רמת שחיקת הקטורת: הכנת הקטורת התבצעה פעם בשנה, בכמות גדולה שתספיק לכל ימות השנה. כל סממן מאחד עשר הסממנים היה נשחק היטב בפני עצמו, ולאחר מכן היו מערבבים את כל הסממנים יחד וכך התקבלה אבקה דקה, כמצוות התורה: "וְשָׁחַקְתָּ מִמֶּנָּה הָדֵק" (שמות ל, לו). ביום הכיפורים ציוותה התורה לקחת "קטורת סמים דקה", הווה אומר יותר דקה מהקטורת הרגילה, ומכאן למדו חכמים שאת הקטורת של יום כיפור יש לחזור ולכתוש בשנית, ולעשות אותה 'דקה מן הדקה'.

ההבדל השני - עיתוי ההקטרה: בכל המקרים, נעשית עבודת הקטורת בסמוך להקרבת קורבן בהמה מסוים - בכל ימות השנה כחלק מסדר קורבן התמיד, כאמור לעיל, וביום כיפור באמצע שלבי עבודת הפר של כהן גדול. אלא שפה ההבדל. בסדר קורבן התמיד באה הקטורת רק לאחר זריקת דם התמיד - בתמיד של שחר לפני הקרבת האיברים, ובתמיד של בין הערביים בין הקרבת האיברים לנסכים. ביום כיפור לעומת זאת, היה הכהן הגדול שוחט את פרו אולם לא היה זורק את דמו מיד, אלא פונה להקטיר את הקטורת בקודש הקודשים, כשבמקביל אחד הכהנים ממרס-מערבב את דם הפר כדי שלא יקרוש.

ההבדל השלישי - הכמות: בהקטרה ביום הכיפורים ישנה הקפדה על כמות הקטורת, שתהיה מלוא חופניו של הכהן הגדול. זאת אומרת שהכמות משתנה בהתאם לגודל כפות ידי הכהן הגדול. ההקפדה על הכמות הייתה הן בשלב לקיחת הקטורת לקודש הקודשים והן בשלב העברתה מן הכף חזרה לידי הכהן הגדול. כפי שתיארנו

לעיל, היה על הכהן הגדול לעשות זאת בזהירות המרבית, מבלי לאבד ולו פירור קטן.

מעניין לראות שה'שם משמואל', כשהוא צולל אל מעמקי עניינה של הקטורת, מצליח לשלות מרגליות יקרות דווקא מבין צִדְפֵּי אותם הבדלים "קטנים".

את המילה 'קטורת' מפרש ה'שם משמואל' מלשון קישור, שכן השורש ק.ט.ר. בארמית משמעותו קשר (עיינו למשל בבא מציעא כג ע"ב - "בקטרא דציידא"). שחיקת הסממנים והפיכתם לאבקה אחת אחידה קושרות אותם למעשה בקשר שאינו ניתן להפרדה.

ה'שם משמואל' מבאר, שסממני הקטורת מבטאים את חלקי האומה הישראלית על גווניה השונים. עשרה סממנים מקבילים לעשר קבוצות המרכיבות באופן שלם את עם ישראל, כפי שמונה התורה בתחילת פרשת ניצבים, והסממן האחד עשר - החלבנה שריחה רע - מכוון כנגד פושעי ישראל, המבאישים במעשיהם את אוויר העולם. ה'חידוש' של הקטורת הוא שריחה של החלבנה הוא רע רק כאשר היא עומדת בפני עצמה, אולם כאשר היא מצטרפת לשאר הסממנים הרי שלא רק שהיא אינה פוגמת את ריחם אלא היא אף משביחה אותו. כאשר פושעי ישראל מתקשרים עם שאר חלקי האומה ומתכללים בהם, הם מיתַקנים ומתמתקים, והריח הרוחני שנולד כתוצאה מהחיבור הכולל הוא ריח נעים שאין כמותו. הכהן הגדול, שנכנס לקודש הקודשים ועומד לפני ה', לא עושה זאת מכוח אישיותו הפרטית, חכמתו או צדיקותו, אלא מכוח כלל ישראל הקשורים ומחוברים זה לזה בקשר פנימי בל יינתק. מעמדה כזו יכול הכהן הגדול להיכנס לפני ולפנים כשהוא נושא אתו את הקטורת, את החיבור הגדול שבין חלקי האומה, וכך לכפר על עם ישראל ולטהרם לפני אביהם שבשמיים. לאור הבנה זו נוכל לתת פשר לשלושת ההבדלים שמנינו.

בכל ימות השנה הקטורת היא דקה, אחדות ישראל מהווה נדבך בסיסי שבלעדיו אין קיום לאומה, לא קיום פיזי ולא קיום רוחני. אולם ביום הכיפורים חייבת הקטורת להיות 'דקה מן הדקה', בשעה שעם ישראל בא להתחטא לפני המקום ולבקש ממנו שייתן את עיניו בנשמה

המהותית שהיא העיקר ולא במעשים ברי החלוף, חובה להדק עוד יותר את האחדות, לזקק ולזכך אותה. ההלכה המפורסמת ש"עבירות שבין אדם לחבירו - אין יום הכיפורים מכפר עד שירצה את חבירו" (יומא ח, ט), מלמדת אותנו שאי אפשר להיטהר במובן רוחני אם הקומה האנושית, הבין אדם לחברו, אינה מתוקנת דיה.

> והנה מחזירים אותם (=את סממני הקטורת) למכתשת בערב יום הכיפורים כדי להיות דקה מן הדקה, והוא רומז שלעשות התאחדות בין הכלל הוא רק ע"י כתישה, שכל אחד כותש את עצמו ומסיר ממנו את קליפת הגסות רוח.

הכתישה החוזרת של הקטורת בערב יום כיפור, אומר ה'שם משמואל', מהווה קריאה לכל יהודי באשר הוא לבצע כתישה גם בנפשו ולרכך את הגסות האנושית שבו, שמאיימת להפריד בין הדבקים ולפרק את האחדות הרצויה.

גם התזמון של ההקטרה אל מול זריקת הדם מתבאר כדבעי. תפקיד הדם הוא לכפר. בקורבן התמיד פועלים ראשית כול את הכפרה ומתוך כך אפשר לגשת אל עבודת הקטורת, כי ביום יום אחדות ישראל מורגשת יותר רק כשאין עבירות שחוצצות ביניהם. אולם ביום כיפור מגלה הקב"ה הנהגת חסד מיוחדת שבוחנת את עם ישראל משורשם, ומבררת שבחירת ישראל היא מעל לכל טעם וסיבה. במצב כזה נכון יותר להקדים את הקטורת לעבודת הדם, אחדות ישראל מתגלה ביום זה בטהרתה, והיא אינה תוצאה של הכפרה ונובעת ממנה אלא הפוך, היא התשתית לכפרתן ולטהרתן של ישראל! רק אחרי הקטורת תבוא זריקת הדם שתעשה את הכפרה המעשית, וכלשון ה'שם משמואל':

> ביום הכיפורים, שנתגלה לובן העליון, אין שם תערובת דין כלל, ואז נתגלה בחירת ישראל למעלה מן הטעם... **אם כן ביום הכיפורים החיבור ודיבוק לשורשם הוא קודם הכפרה, אדרבה**

כל הכפרה נסתעפה מן הדיבוק, על כן להורות על עניין זה הקדים הכתוב קטורת לפני ולפנים קודם כפרת הדם.

ההבדל השלישי מובן גם הוא היטב. הכהן הגדול, שליח הציבור של כלל ישראל, חופן בשתי ידיו את הקטורת ומבטא בכך את הקשר הבלתי אמצעי של האומה עם אלוקיה. אותה אחדות עמוקה בין ישראל לבין עצמם ובינם לבין אביהם שבשמיים מוקטרת ועולה לריח ניחוח. הקפדה מיוחדת נדרשת כדי לכלול את כל האומה במעמד נשגב שכזה, מבלי לאבד ולו נשמה אחת מעם ישראל, "לְבִלְתִּי יִדַּח מִמֶּנּוּ נִדָּח". על הקטורת להיות מוקטרת בשלמות, צרור לא ייפול ארץ. החיבור בין כל חלקי האומה מתקן את כלל ישראל, ולכן אין לוותר על אף אחד.

אחדות ישראל ברמה כה גבוהה היא פסגה קשה לטיפוס. כשכוללים בעניין גם את פושעי ישראל הנדמים לחלבנה נראה הדבר כיעד בלתי ניתן להשגה. ה'שם משמואל' לא מסתפק באמירת דברים גבוהים, אלא נותן גם עצה מעשית כיצד להתגבר על הנפרדות שבין איש לרעהו, למרות השוני, ולהתאחד אפילו עם הרשע והחוטא. את הכעס, אומר ה'שם משמואל', יש להמיר ברחמים, את השנאה בחמלה. הכיצד? עלינו לדמות את הרשע לאח אהוב שחלה ויצא מדעתו, והשיגעון גורם לו להכות ולשבור את כל הנקרה בדרכו. כל מי שמכיר אותו באמת, בוודאי יתמלא רחמים נוכח התנהגותו העכשווית. האח האוהב לא ישנא את אחיו החולה ובוודאי שלא יבקש את רעתו, אדרבה, הוא ישתדל בכל מאודו לצמצם את בזיונו. כך גם ראוי להתייחס לרשעים. במקום לבזותם ולהנכיח את קלקוליהם, עלינו לזכור מי הם באמת ולרחם עליהם בשל מצבם הירוד והתנהגותם הקלוקלת. כך יתאפשר לנו לא להשלים עם מעשיהם, ויחד עם זאת לא לנתקם מאחדות האומה.

החיבור לה', מלמדנו ה'שם משמואל', מתרחש מתוך חיבור בין כלל חלקי עם ישראל. לכן, במיוחד בימינו, עת בית המקדש חרב, על עם ישראל לדבוק זה בזה, בבחינת קטורת הניתנת לפני ולפנים. לאור דבריו נראה שקישור וחיבור לעם ישראל על שלל מרכיביו, מהווים הכנה חשובה לקראת יום הכיפורים הממשמש ובא. כוחנו באחדותנו.

מוצאי יום הכיפורים: לא מספיק להתפעל

כְּתִיב (ישעיה מד, כב) "מָחִיתִי כָעָב פְּשָׁעֶיךָ וְכֶעָנָן חַטֹּאותֶיךָ, שׁוּבָה אֵלַי כִּי גְאַלְתִּיךָ".

יֵשׁ לְפָרֵשׁ עַל פִּי דִּבְרֵי בַּעַל הָעֲקֵדָה: "בַּמֶּה שֶּׁאָמְרוּ ז"ל (נזיר ב ע"א) 'כָּל הָרוֹאֶה סוֹטָה בְּקִלְקוּלָהּ יַזִּיר עַצְמוֹ מִן הַיַּיִן', הַיְנוּ בִּרְאוֹת אָדָם נֵס מְפֻרְסָם נִתְפָּעֵל, וְכִמְדֻמֶּה לוֹ שֶׁאֵין צָרִיךְ עוֹד לְהִתְרַחֲקוּת יְתֵרָה, עַל כֵּן נֶאֱמַר שֶׁאָז יַזִּיר עַצְמוֹ מִן הַיַּיִן".

לִי נִרְאֶה לוֹמַר בְּלָשׁוֹן אַחֵר. שֶׁרַבִּים מִסְתַּפְּקִים עַצְמָם בְּהִתְפַּעֲלוּת לְבַד, עַל זֶה הִזְהִירוּ שֶׁיֵּדַע כָּל אָדָם **שֶׁהַהִתְפַּעֲלוּת לְבַדָּהּ אֵינָהּ כְּלוּם, אֶלָּא שֶׁהִיא הֲכָנָה לְקַבֵּל עָלָיו אָז אַזְהָרוֹת וְהַרְחָקוֹת** כנ"ל.

וּכְמוֹ כֵן נֶאֱמַר בִּזְמַנִּים הַמְקֻדָּשִׁים, שֶׁכָּל נֶפֶשׁ בְּיִשְׂרָאֵל מַרְגֶּשֶׁת הֶאָרַת הַקְּדֻשָּׁה, הַמַּשְׂכִּיל לֹא יִסְתַּפֵּק בָּזֶה אֶלָּא יֵדַע הֵיטֵב שֶׁאֵין זֶה כְּלוּם, **אֶלָּא הָעִקָּר הוּא אָז, בַּאֲשֶׁר הוּא מֻגְבָּהּ מְעַט מִכְּבֵדוּת הַחֹמֶר, לְקַבֵּל עַל עַצְמוֹ לְהֵטִיב מַעֲשָׂיו וּלְקַבֵּל עָלָיו עֹל תּוֹרָה וְעֹל מִצְוֹת בְּיֶתֶר שְׂאֵת.**

וְזֶהוּ 'שׁוּבָה אֵלַי כִּי גְאַלְתִּיךָ', הַפֵּרוּשׁ הוּא אַף עַל פִּי שֶׁגְּאַלְתִּיךָ, כְּמוֹ שֶׁפֵּרֵשׁ הָאִבְן עֶזְרָא (שמות לד, ט) בַּפָּסוּק "כִּי עַם קְשֵׁה עֹרֶף הוּא", דּוֹמֶה לַכָּתוּב (תהלים מא, ה) "רְפָאָה נַפְשִׁי כִּי חָטָאתִי לָךְ", שֶׁפֵּרוּשׁוֹ אַף עַל פִּי שֶׁחָטָאתִי לָךְ. וְכֵן נַמִּי יֵשׁ לוֹמַר שׁוּבָה אֵלַי לְקַבֵּל עַל עַצְמְךָ עֹל תּוֹרָה וּמִצְוֹת בְּיֶתֶר שְׂאֵת, **אַף עַל פִּי שֶׁגְּאַלְתִּיךָ וּמָחַלְתִּי עֲוֹנְךָ אַל תִּסְתַּפֵּק בָּזֶה**, אֶלָּא תֵּדַע שֶׁזֶּה רַק הֲכָנָה כנ"ל, וְיִצְדַּק זֶה מְאֹד אַחַר יוֹם הַכִּפּוּרִים.

יום הכיפורים שנת תרע"ג

כתיב (ישעיה מה, כב) "מָחִיתִי כָעָב פְּשָׁעֶיךָ וְכֶעָנָן חַטֹּאותֶיךָ, שׁוּבָה אֵלַי כִּי גְאַלְתִּיךָ".

יש לפרש עפ"י דברי בעל העקידה (ספר במדבר שער שלשה ושבעים) במה שאמרו ז"ל (נזיר ב ע"א) "כל הרואה סוטה בקלקולה יזיר עצמו מן היין", היינו בראות אדם נס מפורסם נתפעל **הדבר עושה עליו רושם**, וכמדומה לו שאין צריך עוד להתרחקות יתירה, על כן נאמר שאז יזיר עצמו מן היין.

לי נראה לומר בלשון אחר. שרבים מסתפקים עצמם בהתפעלות לבד **חושבים שהם יוצאים ידי חובה בהתרגשות הלב**, על זה הזהירו שידע כל אדם **שההתפעלות לבדה אינה כלום אין היא משמעותית כשלעצמה, אלא שהיא הכנה לקבל עליו אז אזהרות והרחקות** כנ"ל.

וכמו כן נאמר בזמנים המקודשים, ש**אז** כל נפש בישראל מרגשת הארת הקדושה, המשכיל לא יסתפק בזה אלא ידע היטב שאין זה כלום, **אלא העיקר הוא אז, באשר הוא מוגבה מעט מכבדות החומר, עליו לקבל על עצמו להטיב מעשיו ולקבל עליו עול תורה ועול מצוות ביתר שאת.**

וזהו "שובה אלי כי גאלתיך", הפירוש הוא אעפ"י שגאלתיך, כמו שפירש האבן עזרא (שמות לד, ט) בפסוק "כִּי עַם קְשֵׁה עֹרֶף הוּא", דומה לכתוב (תהלים מא, ה) "רְפָאָה נַפְשִׁי כִּי חָטָאתִי לָךְ", שפירושו אעפ"י שחטאתי לך.

וכן נמי **גם** יש לומר "שובה אלי" - לקבל על עצמך עול תורה ומצות ביתר שאת, **אעפ"י ש"גאלתיך" ומחלתי עונך אל תסתפק בזה**, אלא תדע שזה רק הכנה כנ"ל.

ויצדק זה מאד אחר יום הכיפורים.

יום הכיפורים שנת תרע"ג

לא מספיק להתפעל

בסוף סדר העבודה שבפרשת אחרי מות מלמדת אותנו התורה את מעלת יום הכיפורים: "כִּי בַיּוֹם הַזֶּה יְכַפֵּר עֲלֵיכֶם לְטַהֵר אֶתְכֶם, מִכֹּל חַטֹּאתֵיכֶם לִפְנֵי ה' תִּטְהָרוּ" (ויקרא טז, ל). עיון מדוקדק בפסוק מראה שסדר המילים בו טעון בירור. במקורות רבים מובא שעם ישראל צריך לשוב בתשובה על מנת שהוא יהיה ראוי לקרבת ה'. לדוגמה "שׁוּבוּ אֵלַי וְאָשׁוּבָה אֲלֵיכֶם אָמַר ה' צְבָ־אוֹת" (מלאכי ג, ז), "פתחו לי פתח כפתחו של מחט ואני אפתח לכם פתח כפתחו של אולם" (עיינו שיר השירים רבה פרשה ה פיסקא ב) ועוד, ואילו בפסוק המדובר מופיע הציווי לישראל - "תטהרו" - לאחר שהם זכו כבר לכפרה ולטהרה משמיים, והדבר אומר דרשני.

שאלה זו נכונה גם ביחס לפסוק אחד מספר ישעיהו, שבו פונה ה' לעם ישראל ואומר להם: "מָחִיתִי כָעָב פְּשָׁעֶיךָ וְכֶעָנָן חַטֹּאותֶיךָ, שׁוּבָה אֵלַי כִּי גְאַלְתִּיךָ". בפסוק זה מופיעה תביעת תשובה מישראל - "שובה אלי כי גאלתיך" - רק בסוף הפסוק, אף שבראשיתו הם התבשרו שה' כבר מחל להם על מעשיהם הרעים - "מחיתי כעב פשעיך וכענן חטאותיך". הנה לנו שגם בפסוק זה סדר הדברים מצריך ביאור.

ביאורם של שני פסוקים אלה משמעותי לעבודת יום הכיפורים, שכן שניהם נאמרים בזה אחר זה בכל תפילות העמידה שבמהלך היום,

מה שמעיד על מרכזיותם ועל חשיבות הרעיון שעומד בבסיסם. וכך נוסח התפילה:

אֱלֹקֵינוּ וֵאלֹקֵי אֲבוֹתֵינוּ מְחֹל לַעֲוֹנוֹתֵינוּ בְּיוֹם הַכִּפּוּרִים הַזֶּה, מְחֵה וְהַעֲבֵר פְּשָׁעֵינוּ וְחַטֹּאתֵינוּ מִנֶּגֶד עֵינֶיךָ, כָּאָמוּר: "אָנֹכִי אָנֹכִי הוּא מוֹחֶה פְשָׁעֶיךָ לְמַעֲנִי וְחַטֹּאתֶיךָ לֹא אֶזְכֹּר", וְנֶאֱמַר: "מָחִיתִי כָעָב פְּשָׁעֶיךָ וְכֶעָנָן חַטֹּאתֶיךָ שׁוּבָה אֵלַי כִּי גְאַלְתִּיךָ", וְנֶאֱמַר: "כִּי בַיּוֹם הַזֶּה יְכַפֵּר עֲלֵיכֶם לְטַהֵר אֶתְכֶם, מִכֹּל חַטֹּאתֵיכֶם לִפְנֵי ה' תִּטְהָרוּ".

רבי שמחה זיסל זיו, ה'סבא מקלם', תלמידו של רבי ישראל מסלנט, עומד על נקודה זו בספרו 'חכמה ומוסר' (חלק ב סימן קמא):

ענין נפלא מאד, מצינו ביום הכיפורים "כי ביום הזה יכפר עליכם מכל חטאתיכם לפני ה' תטהרו". לכאורה הלא מקודם צריך האדם לטהר את עצמו ואח"כ מכפר הקדוש ברוך הוא, וגם הכתוב "מחיתי כעב פשעיך וכענן חטאותיך שובה אלי כי גאלתיך" קשה כנ"ל. מקודם היה צריך להיות "שובה" ואח"כ "מחיתי כעב" וכולי.

בהמשך דבריו שם מבאר ה'סבא מקלם' שפסוק זה מתבסס על ההנחה שביום הכיפורים זוכים ישראל לסייעתא דשמיא אלוקית שלא 'כסדר' הרגיל. בדרך כלל זוכה עם ישראל לעזר אלוקי ולסייעתא דשמיא רק לאחר שהוא משכיל לבחור בטוב, אך ביום הכיפורים, לגודל היום, זוכים ישראל לעזר אלוקי עוד קודם שהם עושים את המעשה הראוי והנכון. לפי הסבר זה הפסוקים מתבהרים באופן נפלא. ראש הפסוק מדבר על ה'עזר האלוקי' בדמות כפרה, טהרה ומחיית העוונות, הניתן לישראל ביום כיפור ללא קשר לפועלם ולמעשיהם. בסוף הפסוק מצוינת התביעה מעם ישראל להיות 'שותפים עם אל' באופן אקטיבי נוכח מתנת השמיים לה הם זכו.

ה'שם משמואל' מציע ה'סבא' שונה, מרתק במיוחד, לסדר המילים בפסוק "מחיתי כעב פשעיך וכו'". לדידו, פסוק זה מלמד

אותנו לא רק על מעלת יום הכיפורים, אלא גם על מעלתם של הימים שלאחריו. וכך מתבארים שני חלקי הפסוק: החלק הראשון - "מחיתי כעב פשעיך וכענן חטאותיך" מתייחס ליום הכיפורים ולמתרחש בו. ביום זה זוכים עם ישראל למחיית חטאיהם ופשעיהם מכוח תשובתם. החלק השני - "שובה אלי כי גאלתיך" - מתייחס לימים שלאחר יום הכיפורים, שבהם ישנה תביעה מהאדם לבנות קומה נוספת בקשר שבינו לבין אלוקיו ולא להסתפק בהישג שהגיע אליו עד כה.

ביום הכיפורים זוכה האדם לקרבת ה' מיוחדת. הוא מזדכך ומיטהר, וזוכה כתוצאה מכך לחידוש הקשר עם הקדוש ברוך הוא. ההתפעלות הגדולה שהוא חש מן הסתם נוכח ההתחדשות הגדולה אותה הוא חווה, מסבה לו קורח רוח נעימה. יש מי שיחשוב שתחושה זו היא פסגה רוחנית שאין למעלה הימנה. פסוק זה מלמדנו שאין זה נכון. ההתפעלות חשובה, הרגשת הרוממות בהחלט נפלאה, אבל הן אינן העיקר. חשוב שההתפעלות אותה חש האדם במוצאי יום הכיפורים תהווה עבורו הכנה לקראת יעד רוחני נוסף, יעד הנרמז במילים "שובה אלי כי גאלתיך". רוצה לומר שבמיוחד באלו הרגעים על האדם להשתדל בכל מאודו לבנות קומה רוחנית נוספת, ו"**לקבל על עצמו להיטיב מעשיו ולקבל עליו עול תורה ועול מצוות ביתר שאת**".

לפי הסבר זה סדר המילים בפסוק נכון ומדויק. הפסוק מתחיל בתיאור פעולתו של הקב"ה ביום הכיפורים - "מחיתי כעב פשעיך וכענן חטאותיך" - ומסתיים בימים שלאחר מכן, אז נדרשת עבודתו של האדם - "שובה אלי כי גאלתיך". ביום הכיפורים זוכה האדם לכפרה וטהרה, שמהוות עבורו משב רוח מרענן של גאולה. מכוח זה הוא מתבקש לשוב אל ה' באופן יותר גבוה ונעלה, ככל שליבו וחוכמתו יישאו אותו.

אמר פעם יהודי חכם, שההבדל בין אדם צעיר לאדם זקן הוא לא הבדל גילאי אלא הבדל בתפיסת החיים. מי שמסתכל לאחור ומסכם את שנעשה עד כה בערגה הוא בבחינת זקן, לעומתו מי שמתבונן כל הזמן קדימה ושואל עצמו מהי השאיפה הבאה שלו ומהי מגמתו הבאה, הרי הוא בבחינת צעיר. יש אנשים שהגיעו לגיל מופלג והם בבחינת

צעירים, מלאי מרץ נעורים להתקדמות ועשייה. לעומתם, ישנם נערים רכים בשנים שחלומותיהם מהם והלאה, והם בבחינת זקנים. פיסקה זו מלמדת אותנו את החשיבות הגדולה שיש בתביעה המתמדת של האדם מעצמו להתקדם, להשתכלל ולהסתער בעוז על היעד הבא המונח לפתחו. הוא רק צריך לבחור לעשות כך.

סוכות

סוכות

הושענא רבה

שמיני עצרת

שמחת תורה

סוכות: את מי קולטת הסוכה?

בפייט (בסילוק ליום ב'): "וְאָנֹכִי הַיּוֹדֵעַ וָעֵד כִּי עַמִּי קִיְּמוּ מִצְוֹתֶיהָ" [עַל מִצְוַת סֻכָּה].

וְיֵשׁ לְהָבִין הֲלוֹא מִצְוַת סֻכָּה הִיא בְּגָלוּי וּבְפַרְהֶסְיָא וְהַכֹּל רוֹאִין וְהַכֹּל יוֹדְעִין וְאֵין מִי שֶׁיָּכוֹל לְהַכְחִישׁ, וַאֲפִלּוּ אֻמּוֹת הָעוֹלָם יוֹדְעִין מִזֶּה וּמְפֻרְסָם בֵּינֵיהֶם, וְלָמָּה צְרִיכִין שֶׁהַקָּדוֹשׁ בָּרוּךְ הוּא יָעִיד בָּזֶה.

וְנִרְאֶה כִּי אַף שֶׁבְּפֹעַל כֻּלָּם מְקַיְּמִים מִצְוַת סֻכָּה בְּשָׁוֶה, אֲבָל אֵין הַסֻּכָּה קוֹלֶטֶת אֶת כֻּלָּם בְּשָׁוֶה.

וְהִיא כְּדִמְיוֹן תֵּבַת נֹחַ שֶׁכָּל הָרָאוּי לְהִכָּנֵס לַתֵּבָה הַתֵּבָה קוֹלַטְתּוֹ וְכָל שֶׁאֵינוֹ רָאוּי אֵין הַתֵּבָה קוֹלַטְתּוֹ.

וְהִיא כְּמוֹ אֶרֶץ יִשְׂרָאֵל שֶׁנֶּאֱמַר בָּהּ (ויקרא יח, כח) "כַּאֲשֶׁר קָאָה אֶת הַגּוֹי אֲשֶׁר לִפְנֵיכֶם", שֶׁאֶרֶץ יִשְׂרָאֵל אֵינָהּ מְקַיֶּמֶת עוֹבְרֵי עֲבֵרָה, אֶלָּא שֶׁשָּׁם הוּא בְּפֹעַל וְכָאן הוּא בִּפְנִימִיּוּת.

וְעַל כֵּן בָּאָה מִצְוַת סֻכָּה אַחַר יוֹם הַכִּפּוּרִים, שֶׁנִּטְהֲרוּ נַפְשׁוֹת יִשְׂרָאֵל בְּהֶכְרֵחַ, בְּרֹב אוֹ בִּמְעַט, וְאָז אֶפְשָׁר לַסֻּכָּה לִקְלֹט אוֹתָם.

וְהַסִּימָן לָזֶה כִּי מִי שֶׁהַסֻּכָּה קוֹלַטְתּוֹ הוּא מוֹצֵא קוֹרַת רוּחַ מְאֹד מְאֹד בַּסֻּכָּה, וּלְהִפּוּךְ ח"ו מִי שֶׁאֵין הַסֻּכָּה קוֹלַטְתּוֹ אֵינוֹ מוֹצֵא בָּהּ קוֹרַת רוּחַ.

וְזֶה לָאו לְכָל אָדָם בְּשָׁוֶה, אֶלָּא מִי שֶׁמּוֹצֵא בָּהּ קוֹרַת רוּחַ בְּיוֹתֵר, הוּא לְעֵד שֶׁקּוֹלַטְתּוֹ בְּיוֹתֵר.

וּבַאֲשֶׁר זֶה תָּלוּי בְּמַחְשֶׁבֶת הַלֵּב אֵינוֹ גָּלוּי וְיָדוּעַ אֶלָּא לְהַיּוֹדֵעַ תַּעֲלוּמוֹת, וְהוּא הַיּוֹדֵעַ וְעֵד בָּזֶה.

וּבָזֶה יֵשׁ לְפָרֵשׁ דִּבְרֵי הַשַּׁ"ס עֲבוֹדָה זָרָה (ג ע"א), שֶׁלֶּעָתִיד יֹאמְרוּ אֻמּוֹת הָעוֹלָם תְּנָה לָנוּ מֵרֹאשׁ וְנַעֲשֶׂנָּה, יֹאמַר לָהֶם מִצְוָה קַלָּה יֵשׁ לִי וְסֻכָּה שְׁמָהּ, וְהַקָּדוֹשׁ בָּרוּךְ הוּא מוֹצִיא חַמָּה מִנַּרְתִּיקָהּ וְהֵם מְבַעֲטִין בְּסֻכָּתָן וְיוֹצְאִין. כִּי זֶה עַצְמוֹ הוּא נִסָּיוֹן טוֹב, כִּי בְּאִם הָיְתָה קוֹלַטְתָּן הָיוּ מוֹצְאִין בָּהּ קוֹרַת רוּחַ, וְהָיוּ צְרִיכִין לְהִצְטַעֵר עַל שֶׁנֶּעֶדְרָה קוֹרַת הָרוּחַ, כְּאָדָם שֶׁנֶּאֱבַד מִמֶּנּוּ כָּל הוֹנוֹ וּרְכוּשׁוֹ.

וְהַבִּעוּט מוֹרֶה הִפּוּךְ זֶה, וְהוּא לְעֵד שֶׁאֵין הַסֻּכָּה קוֹלַטְתָּן, מֵחֲמַת שֶׁאֵינָם רְאוּיִין לָהּ, וְהֵם רְחוֹקִים מֵהַשֵּׁ"י וְתוֹרָתוֹ.

סוכות שנת תרע"ג

בפייט **בפיוט "כי אקח מועד" בשחרית ליום שני של סוכות נאמר:** "ואנכי היודע ועד. כי עמי קיימו מצותיה" [על מצות סוכה].

ויש להבין הלוא מצות סוכה היא בגלוי ובפרהסיא והכל רואין והכל יודעין ואין מי שיכול להכחיש, ואפילו אומות העולם יודעין מזה ומפורסם ביניהם, ולמה צריכין שהקב"ה יעיד בזה **נשאלת השאלה: לשון הפיוט 'ואנכי היודע', שכביכול רק הקב"ה יודע על קיום מצוות הסוכה, אינה מתאימה למצווה שנעשית בגלוי לעיני כולם**.

ונראה כי אף שבפועל כולם מקיימים מצוות סוכה בשוה, אבל אין הסוכה קולטת את כולם בשוה.

והיא כדמיון תיבת נח שכל הראוי להכנס לתיבה התיבה קולטתו וכל שאינו ראוי אין התיבה קולטתו.

והיא כמו ארץ ישראל שנאמר בה (ויקרא יח, כח) "כַּאֲשֶׁר קָאָה אֶת הַגּוֹי אֲשֶׁר לִפְנֵיכֶם", שארץ ישראל אינה מקיימת עוברי עבירה, אלא ששם הוא בפועל **מי שאינו ראוי למעלת ארץ ישראל, נפלט ממנה באופן מעשי** וכאן הוא בפנימיות **ובסוכה, מי שאינו ראוי לה נפלט ממנה במובן הרוחני**.

ועל כן באה מצות סוכה אחר יום הכפורים, שנטהרו נפשות ישראל בהכרח, ברב או במעט, ואז אפשר לסוכה לקלוט אותם.

והסימן לזה כי מי שהסוכה קולטתו הוא מוצא קורת רוח מאד מאד בסוכה, ולהיפוך ח"ו מי שאין הסוכה קולטתו אינו מוצא בה קורת רוח.

וזה לאו לכל אדם בשוה, אלא מי שמוצא בה קורת רוח ביותר, הוא לעֵד שקולטתו ביותר.

ובאשר זה תלוי במחשבת הלב אינו גלוי וידוע אלא להיודע תעלומות, והוא היודע ועד בזה.

ובזה יש לפרש דברי הש"ס עבודה זרה (ג ע"א), שלעתיד יאמרו אומות העולם **לקב"ה** תנה לנו מראש **תן לנו את התורה מעכשיו** ונעשנה, יאמר להם מצוה קלה יש לי וסוכה שמה, והקב"ה מוציא חמה מנרתיקה והם מבעטין **בועטים** בסוכתן ויוצאין. כי זה עצמו הוא נסיון טוב **בדיקה טובה**, כי באם היתה קולטתן היו מוצאין בה קורת

רוח, והיו צריכין להצטער על שנעדרה קורת הרוח, כאדם שנאבד ממנו כל הונו ורכושו. והביעוט מורה היפוך זה **הבעיטה בסוכה מלמדת שהגויים לא מצאו בה שום קורת רוח, אחרת הם היו מצטערים אבל לא בועטים**, והוא לעֵד שאין הסוכה קולטתן, מחמת שאינם ראויין לה, והם רחוקים מהשם יתברך ותורתו.

סוכות שנת תרע"ג

את מי קולטת הסוכה?

במסכת אבות (ה, ב) מדריך אותנו התנא בן עזאי בעניין שמירת המצוות והיחס אליהן. אחד הדברים שהוא מלמד אותנו זה הכלל המפורסם ש"שכר מצוה - מצוה, ושכר עבירה - עבירה". הפרשנים התחבטו בהבנת דבריו, שהרי אנו מכירים מושגים אחרים לשכר ועונש, בין אם גשמיים בעולם הזה ובין אם רוחניים בעולם הבא. רבנו עובדיה מברטנורא הסביר שהעונג הנלווה לקיום כל מצווה נחשב לשכר בפני עצמו, המתווסף על השכר המובטח לאדם על עצם עשיית אותה מצווה. ולהבדיל, תחושת המרירות הנלווית למעשה עבירה, מתווספת לעונש אותו עתיד האדם לקבל על מעשהו הרע.

פרשנים רבים מסבירים את הדברים בצורה שונה. לדידם, מי שמקיים מצווה זוכה בשכר זאת לקיים מצווה נוספת, גדולה יותר, אך זאת בתנאי שאת המצווה הוא קיים בלב שמח, לכבודו של ה' יתברך. כך לדוגמה כותב רבי ישראל ליפשיץ, בעל ה'תפארת ישראל', בפירושו למשנה:

...זה אחד משכרי המצוה, דבעשה מצוה אחת קטנה בשמחה לכבוד ה', יגלגלו לו לעשות מצוה גדולה מהראשונה. וכמו כן תהיה אחד מעונשים היותר חמורים לחוטא, שיתנו לו מקום

לטעות ולחטוא יותר, שכשיטמא עצמו מעט מטמאין אותו הרבה, דהבא לְטהר מסייעין לו והבא לְטמא פותחין לו.

ה'תפארת ישראל' מחבר את הכלל של בן עזאי עם כלל מפורסם אחר ש"הבא ליטהר מסייעין אותו" (יומא לח ע"ב), ומבאר שאדם שבוחר להתקרב לה' בשמחה על ידי מעשים טובים, משמיים יסייעו לו שיזכה להמשיך במסלולו החיובי ואף להעצים אותו, על ידי מצוות נוספות וגדולות יותר שיונחו לפתחו. וכן להיפך.

דוגמה טובה לעיקרון חשוב זה, נמצאת בסוף פרשת אחרי מות. התורה מצווה את בני ישראל באיסורי העריות, איסורים שעמי הארץ הכנעניים היו נגועים בהם. עמי כנען שילמו מחיר כבד על אותם איסורים - הארץ הקיאה אותם מקרבה. התורה מדריכה את עם ישראל להישמר באיסורים אלה וכך לחסוך מעצמו את אותו גורל: "וְלֹא תָקִיא הָאָרֶץ אֶתְכֶם בְּטַמַּאֲכֶם אֹתָהּ כַּאֲשֶׁר קָאָה אֶת הַגּוֹי אֲשֶׁר לִפְנֵיכֶם" (ויקרא יח, כח). רש"י על הפסוק מביא משל המדמה את פעולתה של ארץ הקודש לדרך פעולתו של גוף האדם:

משל לבן מלך שהאכילוהו דבר מאוס, שאין עומד במעיו אלא מקיאו, כך ארץ ישראל אינה מקיימת עוברי עבירה... מריקה עצמה מהם.

מערכת העיכול היא אחת התופעות הפלאיות שבגוף האדם. היא 'יודעת' לקלוט את המזון, לפרק אותו למרכיביו, להשאיר בגוף את החלקים המזינים הנצרכים לו, דוגמת חלבונים ומינרלים, ולפלוט את החלקים המיותרים. המערכת יודעת גם לזהות מצבים שעלולים לגרום נזק לגוף, כגון מזון מקולקל או עומס מיותר על הקיבה, והיא ערוכה להקיא את אותם גורמים מזיקים, לפלוט אותם החוצה ולמנוע מהם להשתקע בגוף.

כשם שבגוף האדם שתל הבורא מנגנון סילוק מזיקים טבעי, כך לארץ ישראל יש מנגנון רוחני שמסוגל לסלק מזיקים רוחניים המרעילים את אווירה הטהור. ארץ ישראל איננה 'סובלת' מציאות

רוחנית מקולקלת, לכן היא פולטת את מי שאינו מתאים לחוקיות הרוחנית שלה. כך תיאר את פעולתה הרב ירוחם הלוי, 'המשגיח ממיר', בספרו 'דעת חכמה ומוסר' (חלק ב):

> וזה סוד של "ולא תקיא הארץ אתכם", הדברים כפשוטם, הארץ מצד רוחניותה וקדושתה אינה סובלת בשום אופן שום פגם ותיעוב. למה נחרב סדום הלא היו עוד ארצות שהיו מקולקלות, וכתב הרמב"ן מפני שהיתה בארץ ישראל וארץ ישראל אינה סובלת עבירות בשום אופן.

הקאת החוטאים מארץ הקודש יכולה להתבצע במספר דרכים. הדרך הראשית, שכתובה במפורש בתורה, היא 'הקאה המונית' - **גלות**. התנהגות קלוקלת של המוני יחידים באומה יוצרת מצב רוחני לאומי שלילי, שלא מאפשר את הישארות העם בארץ. המשנה במסכת אבות (ה, ט) מונה ארבע סיבות אפשריות לכך ש"גלות באה לעולם", גילוי עריות היא אחת מהן.

אולם ישנה גם הקאה מסוג אחר, הקאה שקטה ופרטנית. אדם מחליט יום אחד לעזוב את ארץ ישראל, מתוך מחשבה שבחו"ל יהיה לו טוב יותר, מבחינה כלכלית או חברתית, ולעיתים אפילו מבחינה רוחנית. עלינו לדעת שהחלטה זו, שהתקבלה לכאורה מתוך בחירה ושיקול דעת אנושיים, נעוצה לעיתים בדרך עמוקה ונסתרת **במחשבת שמיים**, שגמרה אומר להרחיק אותו מארץ ישראל. למעשה זוהי תוצאה של מעשיו המקולקלים, שגרמו לכך שהוא אינו ראוי לחיות בארץ ה'. האדם סבור שהוא 'החליט' בעצמו לעזוב את הארץ, אבל באמת, הארץ היא שמקיאה אותו מקרבה, שכן אין היא מסוגלת לסבול את מעשיו שאינם מתאימים לאווירה המקודש. כך נגרמים לו לאדם כל מיני מצבים לא נעימים בארץ, הכול נראה בעיניו באור שלילי, עד שאין הוא מוצא פה את מקומו ועוקר לארץ אחרת. ההחלטה בגלוי היא שלו, אך המניע הנסתר הוא חוסר ההתאמה הרוחנית לארץ (עיינו חסד לאברהם מעיין ג נהר יב).

הקאת אנשים מארץ ישראל היא ביטוי חריף לכלל שטבע בן עזאי: "שכר עבירה - עבירה". בשלב הראשון עובר אדם עבירות כאלה ואחרות, וכתוצאה מכך הוא 'נפלט' מארץ ישראל. כעת הוא מוצא את עצמו בחוצה לארץ, אולם אין זה רק שינוי מקום. הוא מאבד את האפשרות לקיים את המצוות התלויות בארץ, וגם שאר כל המצוות שיקיים מקבלות ערך פחות בהרבה מאשר לו היה מקיימן בארץ ישראל. אבל מצבו הרוחני לא מסתכם בכך, בהיותו דר בחוצה לארץ נחשב הוא אף "כמי שאין לו א־לוה" (כתובות קי ע"ב). שכר עבירה - עבירה.

קווי דמיון רבים מקשרים בין ארץ ישראל למצוות הסוכה. הגאון מווילנה מצא לכך יסוד בפסוק "וַיְהִי בְשָׁלֵם סֻכּוֹ וּמְעוֹנָתוֹ בְצִיּוֹן" (תהילים עו, ג). על פי ה'שם משמואל', מהווה הנושא שלנו קו דמיון נוסף. הוא מסביר, שאותו עיקרון של קליטה ופליטה שיש בארץ ישראל קיים גם בסוכה. גם הסוכה 'יודעת' לקלוט אנשים מצד אחד, ומנגד 'יודעת' גם להקיא אותם, אולם בהבדל אחד בולט. בארץ ישראל ההקאה היא גופנית, האדם עוזב את הארץ, ואילו ההקאה של הסוכה היא נפשית, וכניסוחו של ה'שם משמואל': "שם (=בארץ ישראל) הוא בפועל, וכאן (=בסוכה) בפנימיות". ונבאר דבריו.

תחושות והרגשות שונות מתעוררות באדם בעת שהוא מקיים מצוות. התלהבות או אדישות, שמחה או מרירות, חופש או מועקה, ועוד. ה'שם משמואל' מלמד אותנו שאופי הרגשות המתעוררים באדם בעת עשיית מצווה כלשהי, יכול ללמד אותנו על מעלתו הרוחנית. שמחה וקורת רוח פנימית הנלוות לאדם בעת קיום מצוות סוכה נובעות מכך שהסוכה רוצה בו, היא מוכנה 'לקלוט' אותו מפאת מעלתו הרוחנית. במילים אחרות, הסוכה, בדומה לארץ ישראל, הינה מרחב רוחני מיוחד, שבו לא כל אחד ראוי להימצא. רק מי שרמתו הרוחנית נאותה, ראוי להיכנס לסוכה ולשהות בה. תחושה של אושר וקורת רוח הנלווית לקיום מצוות סוכה מעידה על החש כך שהוא רצוי בה, ולהיפך, תחושת מועקה המלווה את היושב בסוכה, מעידה שאין הוא רצוי בה.

בשנים עברו היה נהוג בחלק מקהילות ישראל, בעיקר בארצות אשכנז, להוסיף פיוטים במהלך התפילות בחגים ובשבתות מיוחדות במהלך השנה. באחד הפיוטים לכבוד חג הסוכות (פיוט 'כי אקח מועד', שחרית ליום שני), שכתוב כדיבור כביכול של הקב"ה בשבחם של ישראל בקשר למצוות הסוכה, נכתב כך: "ואנכי היודע ועד, כי עמי קיימו מצותיה". משמעות משפט זה היא, שעל קיום מצוות סוכה על ידי עם ישראל יכול להעיד באמת רק הקב"ה. דברים אלה דורשים הסבר, שהרי מצוות סוכה נעשית מחוץ לבית, במקום פתוח וגלוי לעין, וכל אחד יכול לראות האם קיימו ישראל מצווה זו או לא, ומדוע יש צורך שהקב"ה יעיד על כך?

הכלל שחידש ה'שם משמואל' משמש אותו גם להבנת דברי הפיוט. אפשר לקיים את המצוות מתוך תחושה של הכרח, ולחילופין אפשר וגם ראוי לקיימן מתוך הזדהות פנימית ותחושה עמוקה של זכות גדולה שנפלה בחלקנו. התחושה הנלווית לעשיית המצוות אינה ניכרת כלפי חוץ, רק בפני בוחן כליות ולב היא גלויה. הקב"ה הוא היחיד שבאמת יכול להעיד שעם ישראל קיימו את מצוות הסוכה, לא רק ברמה הטכנית אלא גם בחפץ לב, מתוך שמחה פנימית, וזוהי מעלה גדולה.

לאור דברים אלו מתבארת גם גמרא במסכת עבודה זרה (ב ע"א) המתארת מעמד מיוחד שיתרחש לעתיד לבוא:

> דרש ר' חנינא בר פפא ואיתימא ר' שמלאי: לעתיד לבא מביא הקדוש ברוך הוא ספר תורה ומניחו בחיקו ואומר: כל מי שעסק בה יבא ויטול שכרו. מיד מתקבצין ובאין אומות העולם... אמרו לפניו: ריבונו של עולם תנה לנו מראש ונעשנה. אמר להן הקב"ה: שוטים שבעולם! מי שטרח בערב שבת יאכל בשבת, מי שלא טרח בערב שבת - מהיכן יאכל בשבת? אלא, אף על פי כן, מצוה קלה יש לי, וסוכה שמה. לכו ועשו אותה... מיד כל אחד ואחד נוטל והולך ועושה סוכה בראש גגו, והקדוש ברוך הוא מקדיר עליהם חמה בתקופת תמוז, וכל אחד ואחד מבעט בסוכתו ויוצא.

הגמרא מספרת שבאחרית הימים יבואו אומות העולם ויתבעו לקבל שכר אך לא יימצאו להם זכויות. הקב"ה בחסדו נותן להם הזדמנות אחרונה בדמות מצוות הסוכה, אולם מעמיד אותם בניסיון של ישיבה בה בזמן ששורר בעולם חום קיצוני. תגובתם של הגויים לא מאחרת לבוא, וכל אחד ממהר לצאת מן הסוכה ולהיכנס לביתו, לא לפני שהוא דואג לבעוט בסוכה ולבזות אותה.

ויש להבין את דברי הגמרא, והגמרא עצמה מקשה כך בהמשך. והרי יציאת הגויים מהסוכה נעשתה לפי כללי המצווה, שהרי לימדונו חכמינו שהמצטער פטור מן הסוכה, דהיינו מי שהישיבה בסוכה גורמת לו לסבל אינו חייב לשבת בה. חום כבד כל כך, יותר מגדר הרגיל, מהווה בהחלט סיבה מוצדקת לכך שהגויים ייחשבו מצטערים ויצאו מהסוכה. ואף עם ישראל עצמם, אם היה מתרגש עליהם מזג אוויר שכזה, היו נפטרים מן המצווה. אם כן מה מקום יש לביקורת הנמתחת על הגויים? כך שואלת הגמרא, והיא גם עונה: נקודת הכשל של הגויים נעוצה לא בעובדה שהם יצאו מהסוכה, אלא ביחס אותו הם הפגינו כלפיה. ודאי הוא שגם עם ישראל היו מצטערים בסוכה בחום שכזה, אולם עם ישראל לא היו יוצאים תוך כדי בעיטה בסוכה.

על פניו נראה, שחוסר ההתאמה של הגויים למצוות הסוכה נובע מהבעיטה המבזה שלהם. ה'שם משמואל' משתמש בעיקרון שראינו לעיל, ומלמד אותנו שההיפך הוא הנכון. הבעיטה אינה הגורם לחוסר ההתאמה, אלא התוצאה שלו. מי שמוצא קורת רוח בישיבתו בסוכה אך נאלץ מסיבות כאלה ואחרות לצאת ממנה, יעשה זאת בוודאי מתוך צער וכאב. הגויים אינם מוצאים קורת רוח נעימה בישיבה בסוכה, וממילא אין הם מצטערים כשהם 'נאלצים' לצאת ממנה. הם אומרים 'ברוך שפטרנו' ומקנחים בבעיטה. ומדוע אין הם מוצאים קורת רוח בסוכה? מפני שהם אינם ראויים לה! הסוכה היא מרחב רוחני עדין, והגויים, בגסותם, לא שייכים אליה. הם חושבים מן הסתם שהם אלה ש'בועטים' בסוכה, אבל באמת הסוכה היא ש'בועטת' אותם החוצה.

את העיקרון של ה'שם משמואל' אפשר לקחת כמדד לחיים. אדם יכול למדוד את חיבורו הפנימי למצווה על פי היחס הנפשי

שלו לקיומה. אם חש הוא קושי נפשי בעת קיומה של מצווה כלשהי, סימן הדבר שהוא אינו מחובר אליה כיאות וראוי לו שיעשה 'טיפול שורש' רוחני. עליו להשתדל להעמיק בלימוד ענייני המצווה ובהבנת משמעותה, וכן בבירור הקשיים האישיים שלו נוכח עשייתה. גם תפילה לקב"ה, שיזכה אותו להתרגל במצווה ושהיא תהיה טבעית ורגילה אצלו, לא תזיק. כך יוכל להעצים את הרגשותיו ולשפרן. ההרגשה שיש לאדם יותר חפץ במצווה ויותר חשק לקיימה, תהיה לו לסימן שאכן הוא יותר ראוי לאותה מצווה, ולכן גם היא רוצה אותו יותר וקוראת לו בקול פנימי לקיים אותה.

סוכות: יהודי של סוכות

בַּזֹּהַר הַקָּדוֹשׁ (ח"ג, רפג ע"א) בַּפָּסוּק "אֵלֶּה מוֹעֲדֵי ה'... אֲשֶׁר תִּקְרְאוּ אֹתָם בְּמוֹעֲדָם": "דְּאִיהוּ עוֹנָתָהּ כְּמוֹ מוֹעֲדֵי, הָכִי בְּגַוְנָא דָּא מַצָּה בָּהּ מְזַמְּנִין לְשִׁבְעָה יוֹמִין דְּפֶסַח, מְזַמְּנִין לְשִׁבְעָה יוֹמִין דְּסֻכּוֹת בְּשִׁבְעָה מִינֵי, דְּאִנּוּן לוּלָב וְאֶתְרוֹג ג' הֲדַסִּים וּב' בַּדֵּי עֲרָבָה, שָׁבוּעוֹת קְרָאָן לוֹן בְּאוֹרַיְיתָא, רֹאשׁ הַשָּׁנָה יוֹמָא דְּדִינָא, כָּל חַד בְּמִינֵיהּ כָּל מַאן דִּקְרָא כָּל דַּרְגָּא בְּמִינֵיהּ יִתְקַיֵּם בֵּיהּ 'אָז תִּקְרָא וַה' יַעֲנֶה'".

רֹאשׁ הַשָּׁנָה יוֹמָא דְּדִינָא הִיא מִצְוַת הַשּׁוֹפָר לְעוֹרֵר הַלְּבָבוֹת גְּנוּחֵי גָּנַח יְלוּלֵי יְלֵיל. וּכְעִנְיָן שֶׁאָמְרוּ ז"ל בְּשַׁ"ס מְגִלָּה (טו ע"ב) "'וּלְרוּחַ מִשְׁפָּט' - זֶה הַדָּן אֶת יִצְרוֹ", וּפֵירַשׁ"י: "דָּן אֶת יִצְרוֹ - כּוֹפֵהוּ לָשׁוּב בִּתְשׁוּבָה". וְהִנֵּה שׁוֹפָר הוּא מִפְּנִימִיּוּת הַלֵּב, וּמַאן דְּנָפַח מִתּוֹכוֹ נָפַח, וְהוּא מְעוֹרֵר אֶת הַקְּדֻשָּׁה, כְּעִנְיָן (בראשית ב, ז) "וַיִּפַּח בְּאַפָּיו נִשְׁמַת חַיִּים", וּכְבָר דִּבַּרְנוּ מִזֶּה. וְהוּא שֶׁכְּעֵין הַמִּצְוָה שֶׁמַּמְשִׁיכִין בָּהּ אֶת קְדֻשַּׁת הַיּוֹם טוֹב, בְּאוֹתוֹ סִגְנוֹן הִיא הַקְּדֻשָּׁה הַנִּמְשֶׁכֶת, וְהִיא קְדֻשָּׁה לַנְּקֻדָּה הַפְּנִימִית שֶׁבְּלִבּוֹ.

וּלְפִי זֶה יֵשׁ לוֹמַר שֶׁהַקְּדֻשָּׁה הַנִּמְשֶׁכֶת בְּיוֹם הַכִּפּוּרִים בְּוַדַּאי דְּמַשְׁכִין לָהּ בְּמִצְוַת הָעִנּוּי שֶׁהִיא מִצְוַת הַיּוֹם מַמְשִׁיךְ נָמֵי דְּגַוְמָתָהּ, וּכְמוֹ שֶׁהַצּוֹם נִקְרָא עִנּוּי נֶפֶשׁ, כֵּן מַמְשִׁיךְ נָמֵי קְדֻשָּׁה לַנֶּפֶשׁ, וְהוּא יוֹתֵר מֵרֹאשׁ הַשָּׁנָה שֶׁאֵין הֶמְשֵׁכָה אֶלָּא לְתוֹךְ הַנְּקֻדָּה הַפְּנִימִית, וְזֶה הוּא בְּכָל חֶלְקֵי הַנֶּפֶשׁ.

סֻכּוֹת הוּא עוֹד יוֹתֵר, שֶׁהַהַמְשָׁכָה הִיא עַל יְדֵי מִצְווֹת הַנַּעֲשׂוֹת בַּיָּדַיִם מַמְשִׁיךְ נָמֵי קְדֻשָּׁה אֲפִלּוּ לְחִיצוֹנִיּוּת הָאָדָם, שֶׁהַיָּדַיִם הֵן הַיּוֹתֵר חִיצוֹנִים שֶׁבַּגּוּף כְּאָמְרָם ז"ל (נדה מג ע"א) "מַה יָּדָיו מֵאַבְרַאי", וְהִיא עוֹד נַעֲלָה מִמַּצָּה בְּפֶסַח, אַף שֶׁהִיא נָמֵי עֲשִׂיָּה גַּשְׁמִית וּמְקַדֶּשֶׁת אֶת גֶּשֶׁם הָאָדָם, מִכָּל מָקוֹם הֲרֵי הַמַּאֲכָל נִכְנָס בִּפְנִימִיּוּתוֹ.

אֲבָל נְטִילַת לוּלָב הִיא רַק בְּחִיצוֹנִיּוּת הַגּוּף וּמְקַדֵּשׁ אֶת כָּל אֵבָרָיו אַף הַיּוֹתֵר חִיצוֹנִים:

וְיֵשׁ לוֹמַר עוֹד שֶׁמִּצְוַת סֻכָּה שֶׁהִיא מַקֶּפֶת עַל הָאָדָם, וְנִכְנָס בָּהּ

אֲפִלּוּ בָּרְגָלִים, וּמִצְוָתָהּ אֲפִלּוּ בְּשֵׁנָה שֶׁהִיא בַּגּוּף לְבַד שֶׁאֵינוֹ נִשְׁאָר בּוֹ אֶלָּא קִיסְטָא דְּחַיּוּתָא, מְקַדֶּשֶׁת עוֹד יוֹתֵר אֶת הָאָדָם אֲפִלּוּ הַבְּחִינוֹת הָרְחוֹקוֹת מֵעֶצֶם אָדָם. וּבָזֶה יֵשׁ לְפָרֵשׁ מַה שֶּׁאָנוּ אוֹמְרִים בְּסֻכּוֹת 'זְמַן שִׂמְחָתֵנוּ', אַף שֶׁגַּם פֶּסַח וְשָׁבוּעוֹת מְחֻיָּבִין בְּשִׂמְחָה, מִכָּל מָקוֹם יֵשׁ **בְּסֻכּוֹת תּוֹסֶפֶת שִׂמְחָה שֶׁהִיא קֵרוּב רְחוֹקִים וְהִתְפַּשְּׁטוּת הַקְּדֻשָּׁה בְּיוֹתֵר.** וּכְמוֹ שֶׁהִגִּיד כ"ק זְקֵנִי זצללה"ה מִקָּאצְק שֶׁשִּׂמְחָה הִיא הִתְפַּשְּׁטוּת הַקְּדֻשָּׁה. וּמוּבָן שֶׁבְּסֻכּוֹת שֶׁהוּא זְמַן הִתְפַּשְּׁטוּת בְּיוֹתֵר, לָזֶה נָאֶה לִקְרוֹתוֹ 'זְמַן שִׂמְחָתֵנוּ'.

סוכות שנת תרע"ד

בזוהר הקדוש (ח"ג דף רפג ע"א) בפסוק "אֵלֶּה מוֹעֲדֵי ה'... אֲשֶׁר תִּקְרְאוּ אֹתָם בְּמוֹעֲדָם" (ויקרא כג, ד): "דאיהו עונתה כמו מועדי, הכי בגוונא דא מצה בה מזמנין לשבעה יומין דפסח, מזמנין לשבעה יומין דסוכות בשבעה מיני, דאינון לולב ואתרוג ג' הדסים וב' בדי ערבה, שבועות קראן לון באורייתא, ראש השנה יומא דדינא, כל חד במיניה כל מאן דקרא כל דרגא במיניה יתקיים ביה 'אָז תִּקְרָא וַה' יַעֲנֶה'" **מועדי ישראל מאופיינים במצוות שונות וייחודיות. באמצעות אותן מצוות אנו יכולים להיפגש עם האור המיוחד שבכל מועד ומועד. על ידי המצה אנו זוכים לדרגה המיוחדת של שבעת ימי חג הפסח, כדי לזכות לאורם של שבעת ימי חג הסוכות אנחנו נוטלים את ארבעת המינים, שבהם שבעה פריטים, בחג השבועות אנחנו קוראים בתורה, ובראש השנה אנו עומדים לפני ה' בדין. בכל חג וחג, מי שיקיים את מצוות החג כראוי, יתקיים בו הפסוק "אז תקרא וה' יענה"** (ישעיהו נח, ט).

המצווה המיוחדת שיש בראש השנה יומא דדינא **יום הדין** היא מצות השופר **שעניינו** לעורר הלבבות גנוחי גנח ילולי יליל **על פי הגמרא, קולות השברים והתרועה דומים לקולות גניחה ויללה. קולות אלו מסייעים בידינו לשוב בתשובה**. וכענין שאמרו ז"ל בש"ס מגילה (טו ע"ב) "'ולרוח משפט' - זה הדן את יצרו", ופירש"י: "דן את יצרו - כופהו לשוב בתשובה".

והנה שופר הוא מפנימיות הלב, ו"מאן דנפח מתוכו נפח" (ספר התניא ח"א פרק ב) **המילה נפח מזכירה ניפוח כלומר נשיפת אוויר. הביטוי "מאן דנפח מתוכו נפח", שנאמר במקור בהקשר של יצירת האדם הראשון, מציין את העובדה שמי שמוציא אוויר מתוכו החוצה, הוא כביכול מאפשר לכוחות הפנימיים שלו לשהות מחוצה לו ובכך** הוא מעורר את הקדושה, כענין **מה שכתוב ביחס לבריאת האדם** "וַיִּפַּח בְּאַפָּיו נִשְׁמַת חַיִּים" (בראשית ב, ז), וכבר דברנו מזה.

והוא שכעין המצוה שממשיכין בה **שאנו מושכים עלינו באמצעותה** את קדושת היום טוב, באותו סגנון היא הקדושה הנמשכת, והיא קדושה לנקודה הפנימית שבלבו.

ולפי זה יש לומר שהקדושה הנמשכת ביום הכיפורים בודאי

דמשכין לה **שבוודאי מושכים אותה** ב**אמצעות** מצות העינוי שהיא מצות היום ממשיך נמי **מושך גם** דוגמתה, וכמו שהצום נקרא עינוי נפש, כן ממשיך נמי **גם** קדושה לנפש, והוא יותר מראש השנה שאין המשכה אלא לתוך הנקודה הפנימית, וזה הוא בכל חלקי הנפש.

סוכות הוא עוד יותר, שההמשכה היא ע"י מצוות הנעשות בידים ממשיך נמי גם קדושה אפילו לחיצוניות האדם, שהידים הן היותר חיצונים שבגוף כאמרם ז"ל (נדה מג ע"א) "מה ידיו מאבראי" **כמו ידיו שהן מחוץ לגוף**, והיא עוד נעלה ממצה בפסח, אף שהיא **המצה** נמי עשיה גשמית ומקדשת את גשם האדם, מכל מקום הרי המאכל נכנס בפנימיותו.

אבל נטילת לולב היא רק בחיצוניות הגוף ומקדש את כל אבריו אף היותר חיצונים.

ויש לומר עוד שמצות סוכה שהיא מקפת על האדם, ונכנס בה אפילו ברגלים, ומצותה אפילו בשינה שהיא בגוף לבד שאינו נשאר בו אלא קיסטא דחיותא **רושם של חיות**, מקדשת עוד יותר את האדם אפילו הבחינות הרחוקות מעצם אדם.

ובזה יש לפרש מה שאנו אומרים בסוכות "זמן שמחתנו" (בתפילת עמידה), אף שגם פסח ושבועות מחויבין בשמחה, מכל מקום **יש בסוכות תוספת שמחה שהיא קירוב רחוקים והתפשטות הקדושה ביותר.**

וכמו שהגיד כ"ק **כבוד קדושת** זקיני זצללה"ה **זכר צדיק לברכה לחיי העולם הבא** מקאצק ששמחה היא התפשטות הקדושה. ומובן שבסוכות שהוא זמן התפשטות ביותר, לזה נאה לקרותו 'זמן שמחתנו'.

סוכות שנת תרע"ד

יהודי של סוכות

המציאות, אותה ברא הקב"ה בחכמתו, אינה אחידה. היא מורכבת מהמוני פרטים השונים אחד מהשני ומגוונת בגוונים רבים, שיוצרים עניין וחיות בעולם. השינויים בעולם לא נועדו רק ליצור עניין בחיי האדם, הם מגלים את חכמתו האינסופית של הבורא, ומשמשים לאדם ככלים לעבוד בהם את בוראו בדרכים שונות. הדבר נכון בעולם הטבע הנראה לעין והוא נכון גם במושגי הזמן, שמהווה אף הוא חלק מהבריאה. ימות השנה אינם אחידים במדרגתם הרוחנית, ושזורים ביניהם מועדים מיוחדים שבכוחם לסייע לאדם להיפגש עם בוראו בהתאם לרוח הזמן. אינה דומה עבודת ה׳ בימות החול לעבודת ה׳ בשבת קודש, ולא הרי הימים הנוראים כהרי חג הפורים.

בכל חג ישנה מצווה ייחודית, ממנה ניתן ללמוד על עניינו המיוחד של החג. בראש השנה פורט השופר בקולו המיוחד על מיתרי נפשנו, ומעוררנו להמליך את ה׳ בעולם. ביום הכיפורים, הזמן הראוי לתשובה ולתיקון הקלקולים, אנו מסתייעים בעינוי נפשנו כדי להתרחק מענייני הגוף המכשילים ולהתקרב אל ה׳. אכילת המצה בפסח מחברת אותנו ליציאת מצרים, ומחדירה בנו את ההבנה שמדובר בתהליך שהתחיל אז וממשיך עד היום. בחנוכה אנחנו מדליקים נרות, מפרסמים את ניסי המנורה והניצחון, ומקבלים כוחות להתמודד עם כל שלטון זרים עלינו, גופני ורוחני כאחד. וכן על זה הדרך בשאר מועדי השנה.

כדי להזכיר לנו שהפעולה אותה אנו עומדים לבצע אינה פעולה אנושית סתמית, אלא מעשה בעל משמעות אלוקית, פנימית ועמוקה, תיקנו חכמינו לברך ברכה מיוחדת לפני קיום המצווה. בברכה זו אנו גם מודים לקב"ה ומשבחים אותו על כך שהוא קידש אותנו במצוותיו, ונתן לנו אפשרות לקחת חלק פעיל בתיקון העולם.

נוסח ברכת המצוות הוא בעל תבנית קבועה: מן הכלל "ברוך אתה ה' אלוקינו מלך העולם, אשר קידשנו במצוותיו", אל הפרט "וציוונו" במצווה פלונית. נוסח הפרט, שמשתנה ממצווה למצווה, נקבע בהתאם לאופייה של כל מצווה. בראש השנה אנחנו מברכים "לשמוע קול שופר", בפסח - "על אכילת מצה", ובפורים מטבע הברכה הוא: "על מקרא מגילה".

בדרך כלל, מובן לנו למה תוקנה לשון הברכה במטבע שתוקנה. אולם יש ברכות שמעלות סימן שאלה, אחת מהן היא הברכה לפני מצוות נטילת ארבעת המינים. נוסח הברכה, "על נטילת לולב", דורש בירור. הרי קיום המצווה מצריך לקיחת ארבעה סוגי צמחים - אתרוג, לולב, הדס וערבה, וכלשון התורה: "פְּרִי עֵץ הָדָר כַּפֹּת תְּמָרִים וַעֲנַף עֵץ עָבֹת וְעַרְבֵי נָחַל" (ויקרא כג, מ) - ואם כן מדוע מוזכר בנוסח הברכה רק מין אחד, ומדוע מבין הארבעה נבחר דווקא הלולב?

שאלה זו הטרידה את האמורא רבי ירמיה, כמובא במסכת סוכה (לז ע"ב):

> אמר ליה רבי ירמיה לרבי זריקא: מאי טעם לא מברכינן אלא על נטילת לולב?
> - הואיל וגבוה מכולן.
> - ולגבהיה לאתרוג ולבריך! (=שיגביה את האתרוג ויברך עליו)
> - אמר ליה: הואיל ובמינו גבוה מכולן.

רבי זריקא מבאר, שהסיבה לכך שמזכירים רק את הלולב בנוסח הברכה היא העובדה שהוא המין הגבוה ביותר מבין כל המינים, כשהכוונה היא

לגובהו הטבעי (גובה העץ או גובה הלולב עצמו, עיינו בפרשנים על אתר) ולא למיקומו היחסי בתוך האגודה האחוזה בידי האדם.

בספרי חסידות עמדו על גמרא זו, וביארו את דבריה בעמקות נפלאה. כך כתב לדוגמה הרב צבי אלימלך מדינוב, ה׳בני יששכר׳, בספרו ׳אגרא דפרקא׳ (אות של):

> ...הנה מברכין על נטילת לולב דייקא, הנה כבר אמרנו רמז לדבר "אמרתי אעל"ה בתמ"ר" רוצה לומר אעל"ה ר"ת אתרוג ערבה לולב הדס, וזהו ׳אמרתי אעלה׳ - אמירתי וברכתי על כל הד׳ מינים הוא בתמ"ר דייקא, היינו לולב ׳כפת תמרים׳, והטעם "אוחזה בסנסיניו", הוא עפ"י מה שרמזו רז"ל באמרם על שהוא גבוה מכולם. והנה מה היה חסר אם היינו מברכין ׳על נטילת ארבעה מינים׳, אך הוא להורות הכוונה שהלולב הוא רמז ליסוד כנודע, **והנה הוא הנמוך מכולם אבל הוא הגבוה מכולם**, שהוא העולה בסוד הדע"ת, והוא המעורר את הכל ומביא השפע מהדעת עליון לנוה אפריון... וזהו הנרמז בפסוק "אוחזה בסנסיניו", היינו כל האיברים יש להם אחיזה בסנסיניו...

הלולב בצורתו הוא הגבוה מכולם וגם הנמוך מכולם. ראשו של הלולב נוגע בעליונים, ובסיסו נטוע בתחתונים. הלולב מוריד שפע עליון לכל חלקי המציאות, הקרובים והרחוקים כאחד, ממש כשם שהדעת, שמשכנה בראש, משפיעה על כלל איברי האדם. זוהי הסיבה שאנו מברכים ׳על נטילת לולב׳. הלולב הוא שמבטא יותר משאר המינים את תפקידו של האדם בעולמו. להיות נטוע בעולמות של מעלה, ומתוך כך לתקן עולמות של מטה.

ה׳שם משמואל׳ מבאר, שעיקרון ׳המשכת השפע מלמעלה למטה׳ הוא עיקרון שמלווה את האדם בתהליך הרוחני אותו הוא עובר בימים הנוראים, תהליך שראשיתו בראש השנה ושיאו בחג הסוכות.

בראש השנה נפגש האדם, בסיועו של קול השופר החודר, עם הנקודה הפנימית שבקרבו. ביום זה, יום בריאתו של האדם, מתבררת

השאלה היותר מהותית לשם מה נברא העולם ומהו תפקידם של בני האדם. מצוות היום פועלת על האדם להשכין את השכינה בעולמו הפנימי, בלבו, וכלשון ה'שם משמואל': "והנה שופר הוא מפנימיות הלב... והיא קדושה לנקודה הפנימית שבליבו". ביום הכיפורים מענה האדם את נפשו, ובכך הוא מרחיב את מעגלי ההשפעה הרוחנית גם על חלקי הנפש. ואז מגיע חג הסוכות שהשפעתו היא **"עוד יותר, שההמשכה היא ע"י מצוות הנעשות בידיים ממשיך נמי** (=גם) **קדושה אפילו לחיצוניות האדם"**. בחג הסוכות נתבע האדם להחיל קדושה לא רק בחלקי הרוח שבו אלא גם בעולמות של חומר, במישורים ארציים. תביעה זאת ניכרת במצוות החג, ארבעת המינים וישיבה בסוכה.

בניגוד לשמיעת קול השופר ועינוי הנפש, שהן מצוות שמתקיימות באופן פאסיבי, ובשונה מאכילת מצה הנבלעת בתוך האדם, הרי שנטילת הלולב מתבצעת בידיים של האדם. הידיים מייצגות את חיצוניות האדם. הן מפגישות את האדם עם מה שמחוץ לו ויכולות להגיע גם למה שרחוק ממנו. הן מבטאות את התפשטות הקדושה החוצה. מצוות הישיבה בסוכה פועלת באופן רחב עוד יותר. לסוכה נכנס האדם עם כל גופו, לא רק עם הידיים אלא גם עם הרגלים ושאר האיברים. בנוסף, אדם מחויב לישון בסוכה ולקיים בכך את המצווה במלואה, אף שבאותה שעה דעתו מסולקת הימנו, מה שמעיד שמצווה זו "מקדשת עוד יותר את האדם, אפילו הבחינות הרחוקות מעצם אדם". הווה אומר, ש'יהודי של יום כיפור' הוא יהודי שזוכה לנתק עצמו מהארץ ולעלות לשמיים, ו'יהודי של סוכות' הוא יהודי שזוכה להעלות איתו השמיימה גם את הארץ.

לאור דברי ה'שם משמואל' אפשר להבין היטב הנהגה מפורסמת במוצאי יום הכיפורים, אותה כותב הרמ"א (אורח חיים סימן תרכד סעיף ה): "והמדקדקים מתחילים מיד במוצאי יום כיפור בעשיית הסוכה, כדי לצאת ממצוה אל מצוה". ביום הכיפורים נדמים בני האדם למלאכים - לא אוכלים, לא שותים, מתנתקים מעולמות של חומר, נוגעים בשמי מרומים. במוצאי היום הקדוש, יכול מאן דהו לחשוב בטעות שראוי ונכון להתכנס בעולמות של רוח, להמשיך להידמות,

עד כמה שאפשר, למלאכי עליון. זוהי מחשבת טעות. האדם נתבע לקחת את הקדושה הגדולה לה זכה וליישם אותה במציאות. עליו ללכת לביתו, לאכול ולשתות בשמחה, ומיד לאחר מכן לקחת פטיש ומסמר ולהתחיל בבניית הסוכה. בעשותו כך הרי הוא מכריז ואומר: 'הריני מתכוון להמשיך את שפע קדושת יום הכיפורים לימות השנה, לרומם ולתקן את המציאות, הפנימית והחיצונית, כי לשם כך נוצרתי'.

ראוי לשים לב לנקודה נוספת, חשובה ועקרונית. יש מי שמגדיר את תקופת 'הימים הנוראים' כימים שראשיתם בראש השנה (עם חודש אלול המהווה הכנה אליו) ואחריתם ביום הכיפורים. מפיסקה זו, כמו גם ממקורות אחרים, עולה שימי חג הסוכות הם הם החותמים את תקופת החגים, ולא בכדי. ראש השנה ויום הכיפורים, עם כל קדושתם וחשיבותם, אינם התחנה האחרונה. במידה רבה משמשים הם כשלב הכרחי וחיוני לקראת חג הסוכות, שבו נוכחת השמחה בשיא עוצמתה, אז זוכה האדם לעבוד את ה' עם כל איבריו, ומתוך כך הוא ראוי ומסוגל לתקן את העולם על שלל רבדיו.

הושענא רבה: חותם בתוך חותם

הִנֵּה בְּדִבְרֵי הָאר"י ז"ל שֶׁחוֹתָם שֶׁבִּנְעִילָה הוּא חוֹתָם אוֹתִיּוֹת חוֹמַת צִיּוֹן בִּפְנִימִיּוּת, וּבְהוֹשַׁעְנָא רַבָּא הַחוֹתָם הוּא חוֹמַת יְרוּשָׁלַיִם בְּחִיצוֹנִיּוּת. וְהַדְּבָרִים סְתוּמִים.

וְיֵשׁ לוֹמַר דְּהִנֵּה בְּמִדַּת הָאֱמֶת שֶׁהוֹפִיעָה בְּיוֹם הַכִּפּוּרִים נִתְבָּרֵר שֶׁבַּפְּנִימִיּוּת יִשְׂרָאֵל הֵם זַכָּאִין וְכוּ"ל. **אַךְ עֲדַיִן יֵשׁ קִטְרוּג עַל חִיצוֹנִיּוּת יִשְׂרָאֵל שֶׁעַל כָּל פָּנִים הַחִיצוֹנִיּוּת נִתְקַלְקְלָה, וְאֵינָם רְאוּיִין לְחַדְתּוּתֵי בִּרְכָאן וְקִדּוּשִׁין.**

אַךְ כְּשֶׁיִּשְׂרָאֵל יוֹשְׁבִין בַּסֻּכָּה בְּצִלָּא דִּמְהֵימָנוּתָא כָּל יְמֵי הַסֻּכּוֹת, וִישִׁיבָה זוֹ הִיא גַּם בְּחִיצוֹנִיּוּת הַגּוּף, וְלֹא עוֹד אֶלָּא עִקַּר הַמִּצְוָה הִיא בְּחִיצוֹנִיּוּת הַגּוּף, שֶׁהֲרֵי עִקַּר הַמִּצְוָה הִיא כְּשֶׁהֵם יְשֵׁנִים בַּסֻּכָּה, וְכִלְשׁוֹן הַשַּׁ"ס בִּישִׁיבַת סֻכָּה 'יְשֵׁנִים תַּחְתָּיו' אוֹ 'אֵין יְשֵׁנִים תַּחְתָּיו', שֶׁבְּעֵת הַשֵּׁנָה הַמּוֹחִין נִסְתַּלְּקִין וְלֹא נִשְׁאַר אֶלָּא קִיסְטָא דְּחַיּוּתָא, וְנִתְקַיֵּם גַּם בְּחִיצוֹנִיּוּת הָאָדָם "הֱבִיאַנִי הַמֶּלֶךְ חֲדָרָיו".

וְהִנֵּה הוֹשַׁעְנָא רַבָּא הוּא יוֹם כ"א מִבְּרִיאַת הָאָדָם, וּבְסֵפֶר כַּד הַקֶּמַח שֶׁאָז מֵאִיר שֵׁם אֶהְיֶה גִּמַטְרִיָּא כ"א, וּבַאֲשֶׁר הוּא יוֹם הַשְּׁבִיעִי שֶׁהוּא כּוֹלֵל כָּל שִׁבְעַת יְמֵי הֶחָג, עַל כֵּן מוֹפִיעַ שֵׁם זֶה בְּהִתְכַּלְלוּת הַיְנוּ אֶהְיֶה פְּעָמִים אֶהְיֶה, גִּמַטְרִיָּא אֱמֶת.

וְכַאֲשֶׁר מוֹפִיעָה מִדַּת הָאֱמֶת **בְּהוֹשַׁעְנָא רַבָּא נִתְגַּלֶּה שֶׁגַּם בַּחִיצוֹנִיּוּת יִשְׂרָאֵל רְאוּיִים וְזַכָּאִים**, הֵפֶךְ אֻמּוֹת הָעוֹלָם שֶׁאֵינָן יְכוֹלִין לֵישֵׁב בַּסֻּכָּה, וּכְבַשַּׁ"ס (רֵישׁ עבודה זרה) "מִצְוָה קַלָּה יֵשׁ לִי וְסֻכָּה שְׁמָהּ וכו' מְבָעֲטִין בְּסֻכָּתָן וְיוֹצְאִין".

וּבְכֵן נַעֲשָׂה אָז גְּמַר וְחוֹתָם שֶׁיִּשְׂרָאֵל גַּם בְּחִיצוֹנִיּוּתָן הֵם רְאוּיִים וְזַכָּאִין וְנִשְׁתַּתֵּק הַקָּטֵגוֹר מִכֹּל וָכֹל.

וְזֶהוּ שֶׁיֵּשׁ לְפָרֵשׁ בְּדִבְרֵי הָאֲרִיזַ"ל שֶׁבִּנְעִילַת יוֹם הַכִּפֻּרִים הוּא חוֹתָם הַפְּנִימִי חוֹמַת צִיּוֹן שֶׁהוּא פְּנִימִיּוּת, וְחוֹתָם שֶׁבְּהוֹשַׁעְנָא רַבָּא הוּא חוֹתָם הַחִיצוֹן שֶׁהוּא יְרוּשָׁלַיִם.

וּלְפִי הָאָמוּר יֵשׁ לְפָרֵשׁ הָא דְּאֵין אִסּוּר מְלָאכָה בְּהוֹשַׁעְנָא רַבָּא.

דְעִנְיַן מְלָאכָה מִתְיַחֶסֶת לְחִיצוֹנִיּוּת הָאָדָם, וְכָל עַצְמוֹ שֶׁל הַחוֹתָם בְּהוֹשַׁעְנָא רַבָּא הוּא בְּחִיצוֹנִיּוּת הָאָדָם, וּמוֹרֶה עַל זֶה הֶתֵּר מְלָאכָה, שֶׁיִּשְׂרָאֵל אַף בְּעָסְקָם בִּמְלָאכָה שֶׁהִיא בְּחִיצוֹנִיּוּת נָמֵי הֵם רְאוּיִים וְזַכָּאִים.

הושענא רבה שנת תרע"ט

הנה בדברי האר"י ז"ל שחותם שבנעילה הוא חותם אותיות חומת ציון בפנימיות, ובהושענא רבה החותם הוא חומת ירושלים בחיצוניות **תפילת נעילה ויום הושענא רבה הם זמנים של חיתום הדין, הם ה'חותם' של הדין, שאותיותיו הן אותיות המילה 'חומת'. החותם שבתפילת נעילה קשור לחומת ציון והחותם שבהושענא רבה קשור לחומת ירושלים**. והדברים סתומים.

ויש לומר דהנה במדת האמת שהופיעה ביום הכיפורים נתברר שבפנימיות ישראל הם זכאין וכנ"ל. אך עדיין יש קטרוג על חיצוניות ישראל שעל כל פנים, החיצוניות נתקלקלה, ואינם ראויין לחדתותי ברכאן וקדושין **לחדש ברכות וקדושות**.

אך כשישראל יושבין בסוכה בצלא דמהימנותא **בצל האמונה** כל ימי הסוכות, וישיבה זו היא גם בחיצוניות הגוף, ולא עוד אלא עיקר המצוה היא בחיצוניות הגוף, שהרי עיקר המצוה היא כשהם ישנים בסוכה, וכלשון הש"ס בישיבת סוכה "ישנים תחתיו" או "אין ישנים תחתיו" (סוכה יט ע"א), שבעת השינה המוחין נסתלקין **האדם אינו פועל על פי המוח והדעת** ולא נשאר אלא קיסטא דחיותא **רושם של חיות**, ונתקיים גם בחיצוניות האדם "הֱבִיאַנִי הַמֶּלֶךְ חֲדָרָיו" (שיר השירים א, ד).

והנה הושענא רבא הוא יום כ"א **העשרים ואחד** מבריאת האדם, ובספר כד הקמח (ערך 'ערבה') **מובא** שאז מאיר שם אהיה גמטריא כ"א **ביום זה התגלות הקב"ה בעולם היא על ידי מידה המיוצגת בשם 'א-ה-י-ה', שערכו המספרי בגימטריא הוא 21**, ובאשר הוא יום השביעי שהוא כולל כל שבעת ימי החג, על כן מופיע שם זה בהתכללות, היינו אהיה פעמים אהיה גימטריא אמת **היום האחרון משלים את הימים שקדמו לו והופך אותם לכלל אחד, ליחידה אחת, ולכן המידה המופיעה בו היא בעצם כפולה - כנגד הפרט וכנגד הכלל, והיא מיוצגת בשם כפול 'א-ה-י-ה פעמים א-ה-י-ה', 21 פעמים 21, שזה 441 - הגימטריא של המילה אמת**.

וכאשר מופיעה מדת האמת **בהושענא רבא נתגלה שגם** בחיצוניות ישראל ראויים וזכאים, היפוך אומות העולם שאינן יכולין

לישב בסוכה, **כדברי הגמרא המובאים בש"ס בתחילת מסכת עבודה זרה שלעתיד לבוא יבקשו אומות העולם מהקב"ה שייתן גם להם תורה ומצוות, וכדי לבדוק אותם יאמר להם הקב"ה** "מצוה קלה יש לי וסוכה שמה וכו'", **הם הולכים ועושים סוכות והקב"ה מוציא חמה מנרתיקה ובגלל החום הם** מבעטין **בועטים** בסוכתן ויוצאין".

ובכן נעשה אז גמר וחותם שישראל גם בחיצוניותן הם ראויים וזכאין ונשתתק הקטיגור מכל וכל.

וזהו שיש לפרש בדברי האריז"ל שבנעילת יום הכיפורים הוא חותם הפנימי חומת ציון שהוא פנימיות, וחותם שבהושענא רבה הוא חותם החיצון שהוא ירושלים **ביום הכיפורים מה שמקבל אישור וחתימה זו מדרגתם הפנימית של ישראל, ובהושענא רבה האישור והחותם מתייחסים אפילו למדרגתם החיצונית, שגם מצידה הם קשורים לאמת**.

ולפי האמור יש לפרש הא **את העובדה** דאין **שאין** איסור מלאכה בהושענא רבא **למרות שדרגת הקדושה שלו גבוהה**. דענין מלאכה מתיחסת לחיצוניות האדם, וכל עצמו של החותם בהושענא רבא הוא בחיצוניות האדם, ומורה על זה היתר מלאכה, שישראל אף בעסקם במלאכה שהיא בחיצוניות נמי **גם** הם ראויים וזכאים.

הושענא רבה שנת תרע"ט

חותם בתוך חותם

מיוחד הוא יום הושענא רבה משאר ימי חג הסוכות. ביום זה מסבבים את ספר התורה שבע פעמים ולא רק פעם אחת כבשאר ימי החג, מרבים באמירת ה'הושענות', מה שהעניק ליום את שמו המיוחד, וכמובן נוטלים ערבות מיוחדות בנוסף לארבעת המינים וחובטים אותן. המנהגים אותם אנו נוהגים מהווים זכר למקדש, שם סובבו הכהנים ביום זה שבע פעמים את המזבח המעוטר בענפי ערבה גבוהים (יותר מ־5 מ' אורכם), תוך שהם תוקעים ומריעים בחצוצרות וקוראים "אני והו הושיעה נא". זקיפת הערבות בצדי המזבח הייתה חובה מדאורייתא, שנלמדה בהלכה למשה מסיני, דהיינו ללא כל מקור מפורש בתורה שבכתב.

האמת ניתנת להיאמר, שהחובה מהתורה בעניין הערבה נוגעת לכל ימי חג הסוכות באופן שווה, ואכן בכל יום היו מביאים לבית המקדש ענפי ערבה טריים ומסבבים את המזבח פעם אחת. ואם כן נשאלת השאלה, מה ראו חז"ל להבדיל בין הושענא רבה לשאר ימי החג? גם חבטת הערבות, שהיא מנהג שהונהג על ידי הנביאים חגי זכריה ומלאכי, תוקנה דווקא ביום זה. מה ייחודו של יום זה?

בתורה שבכתב לא נודעת חשיבות מיוחדת להושענא רבה, מלבד היותו היום שסוגר את חג הסוכות, אולם בתורה שבעל פה, ובפרט בספרות הקבלה, נחשפת מעלתו הנסתרת מן העין. חז"ל מגלים לנו

שדינו של האדם, שנכתב בראש השנה ונחתם ביום הכיפורים, מגיע לחיתומו הסופי דווקא ביום זה. כך לשונו של הזוהר הקדוש (פרשת צו, ח"ג, לא ע"ב):

> ביומא שביעאה דחג, הוא סיומא דדינא דעלמא, ופתקין נפקין מבי מלכא... בהאי יומא פקיד מלכא למיהב פתקין לסנטירא ומסתיימי' דינין ואסתים לישנא בישא מעלמא. ביומא קדמאה דירחא שירותא דדינא הוא, וסיומא הוא בהאי יומא...
>
> תרגום: ביום השביעי של החג (=סוכות) הוא סיום הדין של העולם, והפתקים יוצאים מבית המלך... ביום זה מצווה המלך לתת פתקים לממונה ומסתיימים הדינים ונסתם לשון הרע (=הקטרוג) מהעולם. ביום הראשון של החודש (=חודש תשרי) הוא תחילת הדין, והסיום הוא ביום הזה.

גם אחרי חתימת הדין, ישנו שלב של מסירת גזר הדין למוציאים לפועל. שלב זה הוא השלב המכריע והסופי בדין והוא מתרחש בהושענא רבה. זוהי הסיבה שרבים מאחלים זה לזה בהושענא רבה: 'פיתקא טבא', 'גוט קוויטעל'. כך אנו מברכים האחד את השני שייחתם דיננו ביום זה לטובה גמורה.

ה'שם משמואל' מביא את דברי האר"י הקדוש, שעומד על עניינו המיוחד של הושענא רבה. האריז"ל מציין שביום הכיפורים החותם הוא על הפנימיות, ואילו בהושענא רבה החותם הוא על החיצוניות. דברי האריז"ל סתומים הם, וה'שם משמואל' נדרש לבאר את עומק כוונתו, ואנו נצעד בעקבותיו. לשם הבנת הדברים עלינו להקדים ולעמוד על המתרחש ביום הכיפורים ובימים שלפניו.

ימי הרחמים והסליחות, החל מראש חודש אלול, עבור דרך ראש השנה ועשרת ימי תשובה ועד ליום הכיפורים, הינם ימים המיוחדים לתיקון ולתפילה. בימים אלה ניזונים אנו מעולמה של התשובה ומקבלים ממנה חיות. שלב אחר שלב אנו משילים מעלינו את הקליפות העוטפות אותנו, עקב טרדות השגרה, ומגלים את הצדדים

היותר פנימיים שבנו, מזככים את נקודת הרצון. בכל תפילות יום הכיפורים, ובמיוחד בתפילת הנעילה של היום הקדוש והנורא, אנחנו זועקים מקירות ליבנו אל ה׳, ומבקשים ממנו שיטהר את ליבנו למען נוכל לעבוד אותו באמת. ואכן, במוצאי יום הכיפורים אנו חשים שהלב מזוכך והנשמה מאירה.

בניגוד למחשבה שרגע זה הוא הפסגה הרוחנית, מברר ה׳שם משמואל׳ שרגע זה הוא דווקא נקודת מוצא למסע רוחני נוסף. אך בעוד שהמסע של ימי התשובה עסק בעיקר בענייני הרוח, המסע החדש כולל עבודה רוחנית־מעשית ששותפים בה גם תחומי הגוף. עד כמה שזה יישמע מפתיע, חג הסוכות, שלכאורה אינו קשור לימי התשובה, ממלא תפקיד מרכזי ביותר במסע.

בקיום המצוות הייחודיות לחג שותפים כלל איבריו של האדם. במהלך ימי החג זוכה האדם להתקרב אל ה׳ ולעובדו גם בשתי ידיו וגם בכל גופו. ידיו של האדם, המקשרות בימי שגרה את האדם לעולם החומר, נוטלות כעת את ארבעת המינים. גופו של האדם עוסק באותם עיסוקים גשמיים המאפיינים אותו במשך כל השנה, אלא שכעת מתרוממים ומתקדשים הם על ידי הישיבה והמגורים בסוכה. או אז מתברר לאדם, שלא רק עולמו הפנימי יכול להיתקן אלא גם כל כוחותיו החיצוניים.

הושענא רבה ממוקם בסיומו של חג הסוכות, ולא במקרה. רק כעת מתוקן הוא האדם הן בפנימיותו והן בחיצוניותו, וראוי הוא להיות נידון לא רק על עולמו הפנימי, אלא גם על פעולותיו ועל מעשיו החיצוניים. על כן זכאי הושענא רבה לתואר ׳חותם החיצוניות׳, מסביר ה׳שם משמואל׳ את כוונת דברי האריז״ל.

ה׳שם משמואל׳ ממשיך לטוות את חוט מחשבתו, ומסביר מדוע אין איסור מלאכה בהושענא רבה, על אף גודלו וחשיבותו (מלבד המלאכות האסורות בכל חול המועד). ביום טוב צריך האדם להיות ממוקד בעולמו הפנימי דווקא, ולכן חל בו איסור מלאכה ש׳עוצר׳ את האדם מלפעול ומלתקן את העולם החיצוני. החידוש הגדול של הושענא רבה הוא שזה לא מספיק. אדם שלם צריך לדעת להיפגש עם

בוראו לא רק עת ספון הוא בעולמות של רוח, אלא גם באותם זמנים שבהם הוא טרוד ועסוק בעולם המעשה, גם אז נתבע הוא לעבוד את בוראו בשלמות. היתר המלאכה בהושענא רבה להורות נתן, שביום זה נמדד האדם לא רק על פי עולמו הפנימי, אלא גם ובעיקר על פי אופי המפגש שלו עם העולם החיצוני.

בפיסקה אחרת מבאר ה'שם משמואל' שבהושענא רבה נידונים ישראל לא רק על מעשיהם, אלא גם על האופן שבו הם נעשו, וכך הוא כותב (הושענא רבה שנת תרע"ג):

> ביום הכיפורים ישראל הם כמלאכי השרת, ועניין מלאכי השרת שהם בטלים אליו יתברך בתכלית הביטול ואין להם בחינה אחרת, רק לעשות שליחותם. על כן בנעילה ישראל זוכים לחומת וחותם המוח. ובהושענא רבה, שהוא גמר זמן לולב וניסוך המים, ושעל זה נאמר "מים רבים לא יוכלו לכבות את האהבה", זוכין ישראל לחומת הלב שהיא התשוקה באהבה רבה לדבר הראוי.

בימים הנוראים נעשית עבודת ה' מתוך אווירה של רצינות וכובד ראש. תחושה של 'ביטול' היא תחושה רווחת באלו הימים, ולא בכדי, שהרי בתקופה זו אנו מקבלים על עצמינו את הנהגתו של ה' ומחליטים לציית למצוותיו. אולם האם כפיפות ראש ו'ביטול' הינן תמצית עבודתנו הרוחנית? בוודאי שלא. כשם שיש זמנים שבהם מודגשת החובה לירא מפני אלוקינו ולחיות את הפער האינסופי שבינינו לבינו, כך ישנם זמנים שבהם עלינו לשמוח בחיבור העמוק עם הקב"ה ולבטא את האהבה הגדולה שבליבנו ואת התשוקה לקשר עמו. חג הסוכות הוא הבולט שבחגים בהקשר זה, כמאמר הכתוב: "וְשָׂמַחְתָּ בְּחַגֶּךָ... וְהָיִיתָ אַךְ שָׂמֵחַ" (דברים טז, יד-טו).

בהושענא רבה, החותם את חג הסוכות, אנו נידונים עד כמה הצלחנו למלא את ליבנו באהבה גדולה, או שמא נשארה בנו רק חוויה של יראה. הקב"ה משהה את הפתקים עד לאחר שתיבחן חוויית השמחה, רק לאחר מכן נמסרים הם לממונים על ביצוע גזר הדין.

כמה מאירים בהקשר זה דבריו של רבי יהודה הלוי (ספר הכוזרי מאמר שני אות נ), שקובע כי:

> ...תורתנו נחלקת בין היראה והאהבה והשמחה, תתקרב אל אלוקיך בכל אחת מהנה, ואין כניעתך בימי התענית יותר קרובה אל האלוקים משמחתך בימי השבתות והמועדים, כשתהיה שמחתך בכוונה ולבב שלם.

מדברי ה׳שם משמואל׳ נלמד שבהושענא רבה אין לנו להסתפק בעבודה רוחנית הקשורה רק לעולמנו הפנימי. ביום נשגב זה, נמדדים אנו גם על פעולות ומעשים הקשורים יותר לצדדים החיצוניים של חיינו. פעולות אלו כדאי וראוי שייעשו הפעם בלב שמח מתוך אהבה רבה. פיתקא טבא.

שמיני עצרת: אור ללא לבושים

בַּיּוֹם הַשְּׁמִינִי עֲצֶרֶת תִּהְיֶה לָכֶם, נִרְאֶה שֶׁבָּא לוֹמַר 'לָכֶם וְלֹא לַאֲחֵרִים', כְּמוֹ שֶׁכָּתוּב "לָכֶם" בְּהֶתֵּר אֹכֶל נֶפֶשׁ 'לָכֶם וְלֹא לַאֲחֵרִים' בְּבֵיצָה (כ ע"ב), וְהַיְנוּ שֶׁהַהַשְׁפָּעָה בִּשְׁמִינִי עֲצֶרֶת הִיא לְיִשְׂרָאֵל בִּלְחוֹדַיְיהוּ וְאֵין לַאֲחֵרִים בָּהּ כְּלוּם.

וְיֵשׁ לוֹמַר עַל פִּי דִּבְרֵי הַזֹּהַר הַקָּדוֹשׁ ח"ג (רפג ע"א) "בְּגַוְנָא דָּא מַצָּה בָּהּ מְזַמְּנִין לְשִׁבְעָה יוֹמִין דְּפֶסַח, מְזַמְּנִין לְשִׁבְעָה יוֹמִין דְּסֻכּוֹת בְּז' מִינֵי דְּאִנּוּן לוּלָב וְאֶתְרוֹג וְג' הֲדַסִּים וּב' בַּדֵּי עֲרָבָה, שָׁבוּעוֹת קָרְאָן לָהּ בְּאוֹרָיְיתָא, רֹאשׁ הַשָּׁנָה יוֹמָא דְּדִינָא" עכ"ל עיי"ש.

הִנֵּה מְבֹאָר שֶׁמְּקַבְּלִין קְדֻשַּׁת הֶחָג בְּאֶמְצָעוּת מִצְווֹתָיו, **אַךְ בִּשְׁמִינִי עֲצֶרֶת אֵין בּוֹ שׁוּם מִצְוָה מְיֻחֶדֶת, מוֹרֶה שֶׁמְּקַבְּלִין אוֹר קְדֻשַּׁת הֶחָג בְּלִי אֶמְצָעִי וּבְלִי לְבוּשׁ, כִּי מַעֲשֵׂה הַמִּצְווֹת הֵם לְבוּשִׁין לְהָאוֹר, וּבַאֲשֶׁר אֵין בּוֹ מִצְוָה, הֲרֵי הָאוֹר בָּא בְּלִי לְבוּשׁ, וּבַאֲשֶׁר בָּא בְּלִי לְבוּשׁ, שׁוּב אִי אֶפְשָׁר שֶׁיִּהְיֶה לְאֻמּוֹת הָעוֹלָם בּוֹ כְּלוּם** כִּי הֵם רַק לְבוּשׁ, וְכַיָּדוּעַ פֵּרוּשׁ הַבעש"ט ז"ל בְּהָא דִּלְעָתִיד יוֹצִיא הַקָּדוֹשׁ בָּרוּךְ הוּא חַמָּה מִנַּרְתִּיקָהּ צַדִּיקִים מִתְרַפְּאִים בָּהּ וּרְשָׁעִים נִדּוֹנִין בָּהּ, שֶׁבַּאֲשֶׁר הַשֶּׁמֶשׁ הִיא מֶלֶךְ הַנִּבְרָאִים כְּשֶׁיּוֹצִיאָהּ מִנַּרְתִּיקָהּ יִתְיַצְּבוּ כָּל הַנִּבְרָאִים בְּלִי לְבוּשׁ אֶלָּא בְּעֶצֶם כְּמוֹ שֶׁהֵם, וְהַצַּדִּיקִים שֶׁתּוֹכָם וְעַצְמָם טוֹב, וְאִם יֶאֱרַע לִפְעָמִים פְּחִיתוּת הוּא רַק בַּלְּבוּשׁ וְאֵינֶנּוּ נוֹגֵעַ בָּעֶצֶם, עַל כֵּן מִתְרַפְּאִין בָּהּ, וְהָרְשָׁעִים שֶׁתּוֹכָם נִחָר אֶלָּא שֶׁבַּלְּבוּשׁ הַחִיצוֹנִי יָכוֹל לִהְיוֹת נִרְאֶה בָּהֶם מְעַט טוֹב, וּכְשֶׁיִּתְעַרְטְלוּ מֵהַלְּבוּשׁ יִתְגַּלֶּה בַּהְתְתַיְיהוּ (=בָּשְׁתָּם), וְדִבְרֵי פִּי חָכָם חֵן, וְזֶהוּ נָמֵי "עֲצֶרֶת תִּהְיֶה לָכֶם", שֶׁבַּאֲשֶׁר אוֹר הַקְּדֻשָּׁה בָּא בּוֹ בְּלִי לְבוּשׁ אֵין לָהֶם בּוֹ כְּלוּם.

וּבָזֶה יֵשׁ לְפָרֵשׁ הַכָּתוּב "'וְהָיִיתָ אַךְ שָׂמֵחַ' - לְרַבּוֹת לֵילֵי יוֹם טוֹב הָאַחֲרוֹן", וְהַיְנוּ דְּ"אַךְ" מַשְׁמַע הָעֶצֶם, כְּמוֹ שֶׁהוּא, כְּמוֹ שֶׁדָּרְשׁוּ ז"ל מֵ"אַךְ אֶת הַזָּהָב" לְהַעֲבִיר אֶת הַחֲלוּדָה, הַיְנוּ שֶׁיִּשָּׁאֵר הַזָּהָב בְּעֶצֶם כְּמוֹ

שֶׁהוּא, וְכֵן נָמֵי הָכָא 'אַךְ' מַשְׁמַע שִׂמְחָה בְּעֶצֶם בְּלִי לְבוּשׁ וְזֶה אֵינֶנּוּ אֶלָּא בְּיוֹם טוֹב הָאַחֲרוֹן.

שמיני עצרת שנת תרע"ח

אַךְ בִּשְׁמִינִי עֲצֶרֶת זוֹכִין יִשְׂרָאֵל מֵעֵין לֶעָתִיד, שֶׁאָז יִהְיוּ הָעִקָּר הַכַּוָּנָה וְהַפְּנִימִיּוּת, וְעַל כֵּן יֵשׁ סוֹבְרִים (נדה סא ע"ב) **שֶׁמִּצְווֹת בְּטֵלוֹת לֶעָתִיד לָבוֹא, וְהַפֵּרוּשׁ הוּא שֶׁיִּזְכּוּ לְאוֹר הַמִּצְוָה מֻפְשָׁט מִן הַכֵּלִים.** עַל כֵּן מִצְווֹת לוּלָב וְסֻכָּה הֵן רַק בְּשִׁבְעַת יְמֵי הֶחָג, וְכָל שִׁבְעָה הוּא מִסְפַּר עוֹלָם הַזֶּה, עוֹלַם הַטֶּבַע, שֶׁנִּבְרָא בְּשִׁבְעַת יְמֵי בְּרֵאשִׁית. אֲבָל בִּשְׁמִינִי זוֹכִין לְאוֹר מֻפְשָׁט מִן הַכְּלִי, וּמִכָּל מָקוֹם מִקְרֵי בַּשַּׁ"ס (ריש יומא) 'טָפֵל לֶחָג', וְהַיְנוּ מִשּׁוּם דִּלְעִנְיַן הַקָּרְבָּנוֹת וְהָעֲשִׂיָּה הוּא טָפֵל לֶחָג. וּמַשְׁמַע דְּכָל מַה שֶּׁזּוֹכִין בֶּחָג עַל יְדֵי הַמַּעֲשֶׂה, זוֹכִין בִּשְׁמִינִי עֲצֶרֶת בְּלִי מַעֲשֵׂה הַמִּצְוֹת, וְעַל כֵּן נִקְרָא טָפֵל לֶחָג, בַּאֲשֶׁר הָעִנְיָן אֶחָד, אֶלָּא **דְּמֵחֲמַת זֶה עַצְמוֹ שֶׁהוּא מֻפְשָׁט מִן הַכְּלִי, הוּא אוֹר יוֹתֵר גָּדוֹל וּפְנִימִי בְּיוֹתֵר.** וְעַל כֵּן כְּמוֹ שֶׁבֶּחָג הוּא אֲגֻדַּת וַאֲסִיפַת יִשְׂרָאֵל עַל יְדֵי מַעֲשֶׂה, כֵּן נָמֵי בִּשְׁמִינִי עֲצֶרֶת הוּא אֲגֻדַּת יִשְׂרָאֵל וְהִתְאַחֲדוּתָם אֶלָּא בְּלִי מַעֲשֶׂה, אֶלָּא עִצּוּמוֹ שֶׁל יוֹם עוֹשֶׂה זֹאת, וְזֶהוּ מַהוּתוֹ שֶׁל יוֹם, עַל כֵּן נִקְרָא שְׁמוֹ עֲצֶרֶת, כִּי שֵׁם שֶׁל דָּבָר הוּא מַהוּתוֹ, וְזֶהוּ "עֲצֶרֶת תִּהְיֶה לָכֶם", אֲגֻדַּת וַאֲסִיפַת עַצְמְכֶם.

שמיני עצרת שנת תרע"ז

"בַּיּוֹם הַשְּׁמִינִי עֲצֶרֶת תִּהְיֶה לָכֶם" (במדבר כט, לה), נראה שבא לומר 'לכם ולא לאחרים', כמו שכתוב "לכם" (שמות יב, טז) בהיתר אוכל נפש **ודרשו חז"ל** "לכם ולא לאחרים" בביצה (כ ע"ב), והיינו שההשפעה בשמיני עצרת היא לישראל בלחודייהו **לבדם** ואין לאחרים בה כלום.

ויש לומר עפ"י דברי הזוהר הקדוש ח"ג (דף רפג ע"א) "בגוונא דא מצה בה מזמנין לשבעה יומין דפסח, מזמנין לשבעה יומין דסוכות בז' מיני דאינון לולב ואתרוג וג' הדסים וב' בדי ערבה, שבועות קראן לה באורייתא, ראש השנה יומא דדינא" **מועדי ישראל מאופיינים במצוות שונות וייחודיות. באמצעות אותן מצוות אנו יכולים להיפגש עם האור המיוחד שבכל מועד ומועד. על ידי המצה אנו זוכים לדרגה המיוחדת של שבעת ימי חג הפסח, כדי לזכות לאורם של שבעת ימי חג הסוכות אנחנו נוטלים את ארבעת המינים, שכוללים שבעה פריטים, בחג השבועות אנחנו קוראים בתורה, ובראש השנה אנו עומדים לפני ה' בדין** עד כאן לשונו עיין שם.

הנה מבואר שמקבלין **שמקבלים** קדושת החג באמצעות מצוותיו, **אך בשמיני עצרת אין בו שום מצוה מיוחדת,** מורה מה **שמעיד על כך** שמקבלין **אור קדושת החג בלי אמצעי ובלי לבוש,** כי מעשה המצוות הם לבושין להאור **כיסויים, מעטה חיצוני לאור הפנימי,** ובאשר אין בו מצוה, **הרי האור בא בלי לבוש, ובאשר בא בלי לבוש, שוב אי אפשר שיהיה לאומות העולם בו כלום כי הם** רק לבוש **הם שייכים רק לצד החיצוני.**

וכידוע פירוש הבעל שם טוב ז"ל (עיינו, כתר שם טוב חלק א סימן רמו) בהא דלעתיד **על מאמר חז"ל שלעתיד לבוא** יוציא הקב"ה חמה מנרתיקה, צדיקים מתרפאים בה ורשעים נדונין בה, שבאשר השמש היא מלך הנבראים כשיוציאה מנרתיקה יתיצבו כל הנבראים בלי לבוש אלא בעצם כמו שהם, והצדיקים שתוכם ועצמם טוב, ואם יארע לפעמים פחיתות **חיסרון** הוא רק בלבוש **כלומר, בחלקים החיצוניים שלהם** ואיננו נוגע בעצם **בפנימיותם,** על כן מתרפאין בה, והרשעים שתוכם נחר **שתוכיותם יבשה וחלולה** אלא שבלבוש החיצוני יכול להיות נראה בהם מעט טוב, וכשיתערטלו מהלבוש יתגלה בהתתייהו **בושתם,** ודברי פי חכם חן.

וזהו נמי **גם** "עצרת תהיה לכם", שבאשר אור הקדושה בא בו בלי לבוש אין להם בו כלום:

וכזה יש לפרש הכתוב "'והיית אך שמח' - לרבות לילי יו"ט האחרון" (סוכה מח ע"א), והיינו ד'אך' משמע העצם, כמו שהוא **לשון 'אך' בתורה מכוונת לדבר עצמו בלי תוספות**, כמו שדרשו ז"ל מ"אך את הזהב" להעביר את החלודה (עיינו, רש"י במדבר לא, כב), היינו שישאר הזהב בעצם כמו שהוא, **וכן נמי הכא וכך גם כאן 'אך' משמע שמחה בעצם בלי לבוש וזה איננו אלא ביו"ט האחרון.**

שמיני עצרת שנת תרע"ח

אך בשמיני עצרת זוכין ישראל מעין לעתיד, שאז יהיו העיקר הכוונה והפנימיות, ועל כן יש סוברים (נדה סא ע"ב) **שמצוות בטלות לעתיד לבוא, והפירוש הוא שיזכו לאור המצוה מופשט מן הכלים.**

על כן מצוות לולב וסוכה הן רק בשבעת ימי החג, וכל שבעה הוא מספר עולם הזה, עולם הטבע, שנברא בשבעת ימי בראשית. אבל בשמיני **שהוא מעל הטבע** זוכין לאור מופשט מן הכלי.

ומכל מקום מקרי **מכונה חג זה** בש"ס (יומא ב ע"ב) 'טפל לחג', והיינו משום דלענין הקרבנות והעשיה הוא טפל לחג.

ומשמע דכל מה שזוכין **שכל מה שזוכים** בחג ע"י המעשה, זוכין בשמיני עצרת בלי מעשה המצות, ועל כן נקרא טפל לחג, באשר הענין אחד, אלא **דמחמת זה עצמו שהוא מופשט מן הכלי, הוא אור יותר גדול ופנימי ביותר.**

ועל כן כמו שבחג הוא אגודת ואסיפת ישראל ע"י מעשה, כן נמי **גם** בשמיני עצרת הוא אגודת ישראל והתאחדותם אלא בלי מעשה, אלא עצומו של יום עושה זאת, וזהו מהותו של יום, על כן נקרא שמו עצרת, כי שם של דבר הוא מהותו, וזהו "עצרת תהיה **לכם**", אגודת ואסיפת עצמכם.

שמיני עצרת שנת תרע"ז

אור ללא לבושים

במסכת נידה (סא ע"ב) מובאת קביעה מפתיעה של רב יוסף: "מצוות בטלות לעתיד לבוא", דהיינו, בעתיד יתבטלו מצוות התורה. למסקנה זו הגיע רב יוסף מתוך הלכה בהלכות כלאיים. התורה אוסרת ללבוש בגדים העשויים מצמר ופשתן יחדיו, אולם חז"ל מלמדים אותנו שלתכריכים של מת מותר לקחת גם בגדים שיש בהם כלאיים. רואים שלאדם מת מותר 'לעבור' על המצוות ומכאן משמע שאין הוא מצווה בהן, "זאת אומרת מצוות בטלות לעתיד לבוא", כלשונו של רב יוסף.

דברי רב יוסף מצריכים ביאור במספר היבטים. ראשית, מה כוונתו במילים 'לעתיד לבוא' - עולם הנשמות? תחיית המתים? ימות המשיח? עוד יש לברר, כיצד עולים דבריו בקנה אחד עם עיקר האמונה המפורסם ש"זאת תורת משה לא תבוטל ולא תבוא תורה מאת ה' זולתה" (פירוש המשניות לרמב"ם, הקדמה לפרק חלק). ונקודה שלישית ועקרונית, מדוע בכלל שיבוטלו המצוות בעתיד.

בשאלות אלו דנו בהרחבה ראשונים ואחרונים. הרשב"א למשל טוען, שכוונתו של רב יוסף היא שהמצוות בטלות בזמן מיתתו של האדם. בזמן המוות האדם 'ערום' ממצוות ולכן אין סיבה שיימנע מלבישת בגד כלאיים. דעתו של הרשב"א שונה מדעת רבו, הרמב"ן, שבפירושו על התורה (דברים ל, ו) גורס שהכוונה לימות המשיח. באותו

זמן יגיעו בני ישראל לדרגה רוחנית כה גבוהה, עד שלגודל טהרתם וקדושתם ומכוח אהבתם את ה', לא יצטרכו הם כלל לציווי מפורש שבא מבחוץ, אלא ידעו מעצמם איך לעשות את רצון ה'. דוגמה לכך כבר מצאנו אצל אברהם אבינו, שקיים את כל התורה מתוך עצמיותו ולא מחמת הוראה חיצונית, "זימן לו הקדוש ברוך הוא שתי כליותיו כמין שני רבנים, והיו נובעות ומלמדות אותו תורה וחכמה" (בראשית רבה פרשה סא פיסקא א).

דעה שלישית מבינה שדברי רב יוסף מכוונים לתחיית המתים, עת יעמדו המתים מקברם. בזמן התחייה, יקומו המתים כשהם לבושים במלבושים איתם נקברו, גם אם עשויים הם כלאיים, מה שמלמד שהם לא יהיו חייבים אז במצוות. בגישה זו נוקט המהר"ל מפראג, והוא מסביר בצורה מרתקת מדוע ביטול המצוות אינו סותר את האמונה הוודאית שבתורה לא יחול כל שינוי (תפארת ישראל פרק נב):

> אין לומר בזה כלל שהתורה ח"ו תהיה בטלה, שאם כן היה לו לומר "זאת אומרת התורה בטלה", אבל אמר "מצות בטלות לעתיד" - שלא יהיו בסגנון זה שהם עתה, כי התורה היא סדר עולם הזה כמו שבארנו, אבל לזמן התחיה הוא עולם הבא ואין לו סדר העולם הזה ולכך מצות התורה יהיו בטלים כפי מה שהוא סדר עולם התחיה... כי מה שכתוב בתורה מצות אלו הם שייכים כמו שהוא האדם בעולם הזה עם גופו שיש לו בעולם הזה, ולזמן התחיה לפי מה שהוא סדר בעולם התחיה, לכן אף אם אנחנו מודים כי לזמן התחיה בטלים המצות כפי פשט הגמרא אין בזה שנוי אל התורה כלל בדבר מה.

המהר"ל מבאר שלכל זמן יש סדר רוחני משלו ודרישות רוחניות הנכונות לו. בעולם הזה עטוף האדם בגוף בשר ודם שנוטה לענייני החומר, והמצוות אותן הוא קיבל מתאימות למצבו הנוכחי. לעומת זאת בעתיד, עת הגוף לא יגביל את הארת הנשמה, תהיינה הדרכות רוחניות שונות שיתאימו לאותו מצב. לכן ביטול המצוות במציאות

רוחנית וגופנית שונה, איננו מערער את האמונה שהתורה לא תהא מוחלפת, לעולם.

על ידי עיקרון זה נוכל להבין את עניינו של חג שמיני עצרת. לכל חג במהלך השנה ישנה מצווה המייחדת אותו ומאפיינת את עניינו, לדוגמה: תקיעת שופר בראש השנה, אכילת מצה בפסח, הקרבת שתי הלחם בשבועות, וכדומה. לכל חג, כמעט. בחג שמיני עצרת אין שום מצווה. קרבנות מוסף ואיסורי מלאכה מצווים בו כבכל חג אחר, אולם מצווה המאפיינת ומייחדת אותו משאר הימים הטובים אין בו. אומנם שמו מעיד עליו שיש לו שייכות לחג הסוכות, אך למעשה המצוות של חג הסוכות לא חלות בו - לא יושבים בו בסוכה ולא נוטלים בו את ארבעת המינים - והוא נחשב לחג עצמאי, "רגל בפני עצמו", ואם כן יש להבין מדוע אין בו מצווה 'משלו'.

העדר מצווה ייחודית יכול לגרום למחשבה ששמיני עצרת הוא חג פחות חשוב משאר חגי ישראל. זוהי מחשבת טעות! ה'שם משמואל' מבאר שדווקא מעלתו הגדולה היא שגורמת לכך שלשמיני עצרת יהיו 'לבושים שונים' וחוקיות רוחנית שונה! וכך הוא מסביר את העניין:

> הנה מבואר שמקבלין קדושת החג באמצעות מצוותיו, **אך בשמיני עצרת אין בו שום מצווה מיוחדת, מורה שמקבלין אור קדושת החג בלי אמצעי ובלי לבוש, כי מעשה המצוות הם לבושין להאור, ובאשר אין בו מצוה, הרי האור בא בלי לבוש...**

ה'שם משמואל' מגדיר את המצוות כלבושים שבאמצעותם ניתן לקבל את האור האלוקי. לצורך הבנת דבריו נצא למסע קצר בנושא הלבושים, מקומם וחשיבותם, בחומר וברוח.

הלבוש הפציע לעולם בעקבות חטאם של אדם וחווה בגן עדן. בטרם חטאו לא היה צורך בלבושים, אדם וחווה היו אז במדרגה רוחנית כה גבוהה שבה אין סתירה בין הגוף והנשמה. הגוף וצרכיו לא רק שלא 'בלבלו' אותם ופגמו ברוחניותם, אלא היו חלק ממכלול הכלים שלהם לעבודת ה'. לאחר החטא, הרגישו אדם וחווה את הפער בין

מצבם הרוחני החדש למצבם הגופני, ומיד חיפשו משהו להתכסות בו, ואף הקב"ה בכבודו ובעצמו עשה להם בגדים, "וַיַּעַשׂ ה' אֱלֹקִים לְאָדָם וּלְאִשְׁתּוֹ כָּתְנוֹת עוֹר וַיַּלְבִּשֵׁם" (בראשית ג, כא). משלב זה והלאה תופס הגוף מקום משלו בחיי האדם, וככזה עלול הוא להסיט את מחשבת בני האדם מרוח לחומר, ולהביא אותם לידי הפסד עולמם הרוחני. תפקיד הלבוש הוא להסתיר את הגוף, ובכך לאפשר לנו 'לדלג' מעליו ולצלול למפגש אמיתי עם עולמו הפנימי של האדם העומד מולנו ולא רק עם חיצוניותו.

וכמו שהחומר עלול 'לבלבל', כך, להבדיל, יכולה הרוח 'לסנוור'. כדי ליהנות מאורן של קרני השמש מבלי להינזק יש צורך להצטייד במסנני קרינה איכותיים, וכך הדבר גם ביחס לאור רוחני חזק. כאשר הקב"ה נותן את התורה לבני ישראל הם מבינים מהר מאד שהאור האלוקי יכול להביא למותם, והם פונים אל משה רבינו ומבקשים ממנו שיתווך את מסירת התורה: "וַיֹּאמְרוּ אֶל מֹשֶׁה דַּבֵּר אַתָּה עִמָּנוּ וְנִשְׁמָעָה, וְאַל יְדַבֵּר עִמָּנוּ אֱלֹקִים פֶּן נָמוּת". כך הדבר ביחס למסירת התורה וכך גם ביחס לקיומה, עם ישראל זוכה ל'מתווכים' שבאמצעותם הוא יוכל לקלוט אורות רוחניים גבוהים. מתווכים אלו מכונים 'לבושים' שהרי הם 'מתלבשים' על האור ומכסים אותו. הלבוש מעמעם מן הסתם את עוצמתו של האור, אבל בכך הוא בעצם מאפשר לו להתגלות. רק כך מסוגלים אנו להיפגש עם האור האלוקי ולהיתרם ממנו כיאות.

לבושים מסוגים שונים בחר הקב"ה להלביש על אורו, וחלק מהם כאמור אלה הן המצוות. מצוות שבת מאפשרת לנו להיפגש עם אור קדושת השבת, מצוות השמיטה בפרט והמצוות התלויות בארץ בכלל מפגישות אותנו עם אור קדושתה של ארץ הקודש, ומצוות התפילין מסייעת בידינו להיות ניזונים מהאור הרוחני שבראש ושבלב, וכן על זה הדרך. כך הדבר גם במועדי השנה ומצוותיהם. לכל חג יש אור רוחני מיוחד שדורש לבוש מתאים שיאפשר לנו לקלוט אותו. לכן לכל חג ישנה מצווה ייחודית, שכן רק אותה מצווה מותאמת לאור הספציפי שבאותו זמן בשנה, ורק היא מסוגלת לתווך לנו אותו ולאפשר לו

לחדור לתוך הכלים האנושיים שלנו. לולא המצווה אור המועד לא היה יכול להיקלט על ידינו. אם כן, מה נשתנה שמיני עצרת מכל החגים?

לשמיני עצרת נכנס עם ישראל כשהוא טעון בחוויית ימי הדין, עטוף ברוח של רחמים, ורווי בשמחת ימי חג הסוכות. בתום תהליך רוחני מאומץ שראשיתו בראש חודש אלול, מוצא עצמו עם ישראל ביום שמיני עצרת כשהוא ניצב בדרגה רוחנית עילאית. לאור זאת, החוקיות הרוחנית כלפיו משתנה. אנו מוכשרים כעת להיפגש עם האור האלוקי בצורה בלתי אמצעית וזקוקים פחות ללבושים!

את המילים מפרשת ראה "וְהָיִיתָ אַךְ שָׂמֵחַ" (דברים טז, טו), החותמות את הציווי על חג הסוכות, דרשו חז"ל במסכת סוכה (מח ע"א): "לרבות לילי יום טוב האחרון". בפשט באים חז"ל ללמדנו שיש מצווה של שמחה גם בליל שמיני עצרת. ה'שם משמואל' מסביר שיש כאן גם ממד עמוק יותר. המילה 'אך' בכל התורה מתפרשת כביטוי שבא למעט משהו, היא מכוונת לעצם הדבר ללא תוספות. גם כאן בשמיני עצרת, באה התורה ללמדנו ששמחת היום יכולה לבוא הפעם בלי עטיפות ובלי לבושים.

מדברי ה'שם משמואל' עולה שבשמיני עצרת אנחנו זוכים לאור מיוחד, שאינו בנמצא בשגרת השנה ואף לא במועדים אחרים. בחג זה אנו נהנים מאור עליון שבכוחו להאיר את הדרך, כאור הברק המאיר את חשכת הליל. גם לאחר שחולף אור הברק נותר רישומו, ועיקולי הדרכים ברורים יותר בזכותו. כך גם בשמיני עצרת, אורו המיוחד של החג מקרין על הדרכים ועל המסילות בדרך העולה בית אל. נראה אפוא שחג שמיני עצרת - כשמו כן הוא, העבודה האופיינית לו היא העצירה וההתבוננות. לעצור מכל שטף החיים ולאפשר לעצמנו לחוש קרבת ה'. להתבונן על האור, ובאמצעותו גם על הלבושים. בכוחן של העצירה וההתבוננות להטעין אותנו בכוחות רוחניים רעננים לקראת משימות ההמשך.

חג שמח!

שמחת תורה: שמחת תורה נותנת כוח לכל השנה

"בַּיּוֹם הַזֶּה בָּאוּ מִדְבַּר סִינָי". בְּרַשִׁ"י: "מַהוּ בַּיּוֹם הַזֶּה שֶׁיִּהְיוּ דִּבְרֵי תּוֹרָה חֲדָשִׁים עָלֶיךָ כְּאִלּוּ הַיּוֹם נִתְּנוּ"...

דְּהִנֵּה בַּתּוֹרָה הַקְּדוֹשָׁה יֵשׁ שְׁנֵי דְבָרִים, אֶחָד סֵדֶר הַתּוֹרָה, שֶׁהִיא מוֹרָה הַנְהָגָה לָאָדָם הֵיאָךְ יִהְיֶה מַנְהִיג אֶת עַצְמוֹ, וְעוֹד בָּהּ חַיּוּת וּקְדֻשָּׁה וְהִתְחַדְּשׁוּת שֶׁמּוֹסֶפֶת לָאָדָם הָעוֹסֵק בָּהּ.

וְזֶהוּ שֶׁאָמְרוּ חז"ל (תנא דבי אליהו רבא פרק יח) "הַקָּדוֹשׁ בָּרוּךְ הוּא יוֹשֵׁב כְּנֶגְדּוֹ וְקוֹרֵא וְשׁוֹנֶה עִמּוֹ",

וְעַל הַמַּדְרֵגָה הַשְּׁנִיָּה בָּאָה הַבְּרָכָה נוֹתֵן הַתּוֹרָה, וְלָכֵן צְרִיכָה בְּרָכָה בְּכָל יוֹם, דְּאַף דְּלָא מִפְסְקֵי לֵילוֹת מִיָּמִים שֶׁמְּחֻיָּבִין לַהֲגוֹת בָּהּ יוֹמָם וָלַיְלָה, אִם כֵּן לִכְאוֹרָה לָמָּה יִצְטָרֵךְ בְּרָכָה בְּכָל יוֹם. **וּלְהנ"ל נִיחָא דְּהַבְּרָכָה הִיא עַל הַחַיּוּת וְהַהִתְחַדְּשׁוּת שֶׁזֶּה הוּא בְּכָל יוֹם תָּמִיד.**

וּבָזֶה יֵשׁ לְהָבִין מַאֲמָרָם ז"ל (בבא מציעא פה ע"ב) "עַל מָה אָבְדָה הָאָרֶץ - עַל שֶׁלֹּא בֵּרְכוּ בַּתּוֹרָה תְּחִלָּה", וּצְרִיכִין לְהָבִין לָמָּה בֶּאֱמֶת לֹא בֵּרְכוּ תְּחִלָּה, וּלְהנ"ל מוּבָן אַחַר שֶׁלֹּא לָמְדוּ בְּרִגְשׁוּת הַנֶּפֶשׁ וְלֹא עוֹרְרוּ כֹּחַ הַחַיּוּת וְהִתְחַדְּשׁוּת עַל כֵּן לֹא בֵּרְכוּ בְּכָל יוֹם, כִּי בְּפַעַם אַחַת שֶׁהָיוּ מְבָרְכִין הִסְפִּיק לָהֶם לְכָל חַיֵּיהֶם כנ"ל, דְּלָא מִפְסְקֵי לֵילוֹת מִיָּמִים, וְזֶה שֶׁאָמַר "עַל מָה אָבְדָה הָאָרֶץ", כִּי צוּרַת אֶרֶץ יִשְׂרָאֵל לִהְיוֹת לָהּ חַיּוּת וְהִשְׁתּוֹקְקוּת חֲדָשָׁה בְּכָל עֵת בְּסוֹד (תהלים פג, ב) "אֱלֹקִים אַל דֳּמִי לָךְ", וְכֵן הוּא בְּגַשְׁמִיּוּת שֶׁאֶרֶץ יִשְׂרָאֵל צְמֵאָה תָּמִיד לַמַּיִם כְּמוֹ שֶׁכָּתַב הָרַמְבַּ"ן, וּבְתוֹרָה וַעֲבוֹדָה בְּחַיּוּת וְרִגְשׁוּת הַנֶּפֶשׁ מַמְשִׁיךְ לָהּ גַּם כֵּן הַשְׁפָּעוֹת חֲדָשׁוֹת בְּכָל עֵת, וְזֶה קִיּוּמָהּ שֶׁל הָאָרֶץ, וְהֵם שֶׁלֹּא בֵּרְכוּ בַּתּוֹרָה תְּחִלָּה כנ"ל, שֶׁלֹּא מָשְׁכוּ לָהּ חַיּוּת חֲדָשָׁה, בִּשְׁבִילָם אָבְדָה הָאָרֶץ.

פרשת יתרו שנת תרע"א

וְנִרְאֶה דְּהַיְנוּ טַעֲמָא דְּאָנוּ עוֹשִׂין שִׂמְחַת תּוֹרָה בַּזְּמַן הַזֶּה.

כִּי עִקַּר הַחוֹמָה דִּקְדֻשָּׁה הִיא הַשִּׂמְחָה שֶׁל מִצְוָה, דְּשִׂמְחָה הִיא הִפּוּךְ הַסִּטְרָא אַחֲרָא דְּכָל עִנְיָנָם עַצְבוּת וִילָלָה [וְהַהוֹלֵלוּת שֶׁלָּהֶם אֵין לָהּ שׁוּם עִנְיָן וְהִשְׁתַּוּוּת לַשִּׂמְחָה, כַּיָּדוּעַ לַמַּעֲמִיק וּמֵבִין בְּכֹחוֹת הַנֶּפֶשׁ].

וּבַאֲשֶׁר הַשִּׂמְחָה הִיא הִפּוּךְ מַהוּתָם לְגַמְרֵי, זוֹהִי הַחוֹמָה נֶגְדָּם. כְּמוֹ חוֹמַת אֵשׁ הַשּׂוֹרֶפֶת, בַּאֲשֶׁר הִיא הִפּוּךְ מַהוּת הַנִּכְנָס, כֵּן הִיא שִׂמְחָה שֶׁל מִצְוָה נֶגֶד כֹּחוֹת הַסִּטְרָא אַחֲרָא.

וְשִׂמְחָה זוֹ נוֹתֶנֶת כֹּחַ לְכָל הַשָּׁנָה, אַף שֶׁאַחַר הַיּוֹם טוֹב זֶה פּוֹנֶה לְזֵיתוֹ וְזֶה פּוֹנֶה לְכַרְמוֹ, נִתְקָרְרָה מְעַט הַשִּׂמְחָה שֶׁל מִצְוָה, מִכָּל מָקוֹם **אִם אַךְ נִשְׁאָר רְשִׁימוּ מִן הַשִּׂמְחָה שֶׁל יוֹם טוֹב נָקֵל לוֹ אַחַר כָּךְ לַחֲזֹר וּלְהִתְעוֹרֵר**, וּלְקִבְעָא קַמָּא הָדַר.

שמחת תורה שנת תער"ב

"בַּיּוֹם הַזֶּה בָּאוּ מִדְבַּר סִינָי" (שמות יט, א). ברש"י: "מהו ביום הזה שיהיו דברי תורה חדשים עליך כאילו היום ניתנו"...

דהנה **שהרי** בתורה הקדושה יש שני דברים, אחד סדר התורה, שהיא מורה הנהגה לאדם היאך יהיה מנהיג את עצמו, ועוד בה **והדבר השני שיש בתורה הוא** חיות וקדושה והתחדשות שמוספת לאדם העוסק בה.

וזהו שאמרו חז"ל (תנא דבי אליהו רבא פרק יח) "הקדוש ברוך הוא יושב כנגדו וקורא ושונה עמו".

ועל המדרגה השניה באה הברכה "נותן התורה".

ולכן צריכה ברכה בכל יום, דאף דלא מיפסקי לילות מימים, **שלמרות שהלילות לא נפרדים מהימים מבחינת חיוב המצווה, שהרי** מחוייבין להגות בה **בתורה** יומם ולילה, אם כן לכאורה למה יצטרך ברכה בכל יום. **ולהנ"ל ניחא ולאור הבנת המדרגה השנייה מובן מדוע יש לברך את ברכות התורה כל יום מחדש** דהברכה היא על החיות **וההתחדשות שזה הוא בכל יום תמיד.**

ובזה יש להבין מאמרם ז"ל (בבא מציעא פה ע"ב) "על מה אבדה הארץ - על שלא ברכו בתורה תחילה", וצריכין להבין למה באמת לא ברכו תחילה, ולהנ"ל מובן אחר שלא למדו ברגשות הנפש ולא עוררו כח החיות והתחדשות על כן לא ברכו בכל יום, כי בפעם אחת שהיו מברכין הספיק להם לכל חייהם כנ"ל, דלא מיפסקי לילות מימים **שלא היה הפסק בין הימים ללילות.**

וזה שאמר "על מה אבדה הארץ", כי צורת **תכונת** ארץ ישראל להיות לה חיות והשתוקקות חדשה בכל עת, בסוד (תהלים פג, ב) "אֱלֹקִים אַל דֳּמִי לָךְ", וכן הוא בגשמיות שארץ ישראל צמאה תמיד למים כמו שכתב הרמב"ן (דברים יא, י), ובתורה ועבודה בחיות ורגשות הנפש ממשיך לה גם כן השפעות חדשות בכל עת, וזה קיומה של הארץ, והם שלא ברכו בתורה תחילה כנ"ל, שלא משכו לה חיות חדשה, בשבילם אבדה הארץ.

פרשת יתרו שנת תרע"א

ונראה דהיינו טעמא דאנו **שזהו הטעם שאנחנו** עושין שמחת תורה בזמן הזה **ביום שמיני עצרת**.

כי עיקר החומה דקדושה **ההגנה של הקדושה** היא השמחה של מצוה, דשמחה היא היפוך הסטרא אחרא **ההפך מ'הצד האחר', כינוי לכוחות טומאה** דכל **שכל** עניינם עצבות ויללה [וההוללות שלהם אין לה שום ענין והשתוות לשמחה, כידוע למעמיק ומבין בכוחות הנפש].

ובאשר השמחה היא היפוך מהותם לגמרי, זוהי החומה נגדם. כמו חומת אש השורפת, באשר היא היפוך מהות הנכנס, כן היא שמחה של מצוה נגד כחות הסטרא אחרא.

ושמחה זו נותנת כח לכל השנה, אף שאחר היום טוב זה פונה לזיתו וזה פונה לכרמו, נתקררה מעט השמחה של מצוה, מכל מקום אם אך נשאר רשימו **רושם** מן השמחה של יום טוב נקל **יותר קל** לו אח"כ **לחזור ולהתעורר**, ולקיבעא קמא הדר **וחוזר לקביעותו הראשונה**.

שמחת תורה שנת תער"ב

שמחת תורה נותנת כוח לכל השנה

"מאן דבעי למיהוי חסידא - לקיים מילי דברכות", מלמדת אותנו הגמרא במסכת בבא קמא (ל ע"ב). מעלת החסידות נמדדת לפי זהירותו של האדם בהלכות ברכות. הלכות אלו מלוות את האדם לאורך כל היום וכוללות פרטים רבים. הן דורשות שימת לב מיוחדת משום שהן מעמידות את האדם במין מתח רוחני מסוים. מחד, הוא צריך להקפיד לברך על כל דבר שצריך לברך עליו, ומאידך עליו להיזהר לא לברך ברכה מיותרת, שהרי בכך הוא מוציא שם שמיים לבטלה. אחד הגורמים המשפיעים על הצורך לברך ברכה פעם נוספת הוא המושג של 'הפסק'. כאשר אדם מברך ברכה כלשהי, השפעתה נמשכת כל עוד הוא עסוק בעניין עליו הוא בירך, בפועל או אפילו במחשבה. אך ברגע שהוא הפסיק את עיסוקו באותו עניין וחפץ אח"כ לשוב ולעסוק בו, חלה עליו חובה לברך שוב.

לדוגמה, אדם היושב בביתו ואוכל פירות ובאמצע האכילה הוא קם ויוצא מביתו לרחוב, הרי שהדבר מהווה הפסק לברכת 'בורא פרי העץ' שהוא בירך בתחילת אכילתו, וכשישוב לביתו וירצה להמשיך באכילה יהיה עליו לברך בשנית (עיין שולחן ערוך, אורח חיים סימן

קעה). כך גם במצוות, מי שיושב בסוכה צריך לברך "אשר קידשנו במצוותיו וציוונו לישב בסוכה". ברכה זו 'תופסת' לכל הזמן שישהה האדם בסוכה, אולם ברגע שהוא יצא מהסוכה שלא לצורך הישיבה בה (לתפילה, לטיול וכדו') יהיה עליו לשוב ולברך כשיחזור לסוכה (עיינו שולחן ערוך, אורח חיים סימן תרלט). ישנן מצוות שבהן ה'הפסק' אינו תלוי בפעולתו של האדם ובמחשבתו, אלא המציאות היא שקוטעת את הרצף. מצוות ציצית למשל אינה חלה בלילה לדעת חלק מהפוסקים, ולכן הלילה יוצר הפסק בקיום המצווה. לפי דעה זו, גם אם האדם נשאר לבוש בציצית כל הזמן, לכשיגיע הבוקר יהיה עליו לברך מחדש 'להתעטף בציצית' (עיינו שולחן ערוך, אורח חיים סימן ח סעיף טז).

גם על לימוד התורה מחויבים אנו לברך, ויש אף הסוברים שברכה זו חיובה מהתורה. בגמרא (ברכות יא ע"ב) הובאו שלוש אפשרויות לברכה ולהלכה נפסק לברך את שלושתן, כך יוצא שעל התורה אנו מברכים גם ברכת המצוות וגם ברכת השבח ויש שיאמרו אף ברכת הנהנין. ביחס להלכה של 'הפסק', יש בברכת התורה נקודה מיוחדת. כפי שראינו ברגע שאדם פוסק מלעסוק בדבר עליו הוא בירך, הוא מתחייב לברך שוב כשיחזור לעשותו. אדם המברך על לימוד התורה ומתחיל ללמוד בסמוך לברכה, סביר להניח שבשלב מסוים הוא ייאלץ להפסיק מלימודו, בין אם לצורך תפילה או אכילה או כל צורך אחר. לכאורה היה נראה לומר שכשישוב אותו אדם לתלמודו יהיה עליו לחזור ולברך, שכן היה לו הפסק בלימוד. אולם ההלכה אינה כן. ברכות התורה שאדם מברך בתחילת היום 'תופסות' לכל היום כולו, גם אם הפעם הבאה שהוא ייפגש באופן מעשי בלימוד תהיה רק בערב. אפילו אם יישן האדם במהלך היום הוא לא יצטרך לברך שוב.

את הסיבה לכך נותנים התוספות על אתר. הם מסבירים שהחיוב של לימוד התורה הוא "וְהָגִיתָ בּוֹ יוֹמָם וָלַיְלָה" (יהושע א, ח), ומפאת חשיבותה של התורה האדם נשאר מחובר אליה כל היום, גם בשעה שאין הוא עוסק בלימוד באופן מעשי, כך שאין באמת הפסק בחיבור של האדם למצווה אלא הוא שרוי בתוכה כל הזמן, ולכן אין לו לברך שנית כשהוא שב ללמוד.

ה׳שם משמואל׳ לוקח את הסבר התוספות ומשתמש בו כבחרב פיפיות לקושייה הפוכה. אם אכן חיוב לימוד התורה הוא תמידי, הן ביום והן בלילה, הרי שגם הלילה לא אמור להוות הפסק בלימוד, ואם כן לכאורה אין צורך לברך שוב את ברכות התורה בבוקר המחרת. אולם גם כאן ההלכה קובעת את ההיפך: ישנה חובה לברך את ברכות התורה בכל יום מחדש. את התשובה לכך תולה ה׳שם משמואל׳ בהבנה מעמיקה בדבר מהות לימוד התורה.

לחשיבות לימוד התורה, אומר ה׳שם משמואל׳, ניתן להתייחס במספר רבדים. ראשית, לימוד התורה נותן לאדם כלים לחיות חיים נכונים. המילה ׳תורה׳ נגזרת מהמילה ׳הוראה׳; התורה מורה לאדם את הדרך כיצד להתנהל בעולם הזה, הן במישור המעשי - קיום המעשים הרצויים לפני ה׳ והימנעות מאלה שאינם - והן במישור הרוחני, קרי: תיקון המידות והתמקדות בעיקר ולא בטפל. זהו צד מרכזי וחשוב בלימוד התורה. ניתן לומר, שעל פי רובד זה ישנה חשיבות רבה בהקפת כלל מקצועות התורה השונים, לשם הארת הדרכים והשבילים הרבים שבאדם ושבעולם.

ברובד עמוק יותר ניתן להתבונן על לימוד התורה מצד הפעולה שהיא פועלת באדם, מעבר להדרכות המעשיות שבה. התורה היא נצחית והלימוד בה מחבר את האדם לעולמות של נצח. בכך נותנת התורה לאדם ׳רעננות׳ רוחנית והתחדשות נפשית. אדם הלומד תורה הוא דבק באלוקיו, וכתוצאה מכך מקבל חיות חדשה והופך תדיר לאדם אחר, נעלה יותר. על פי מבט זה, תוכן הלימוד וסגנונו מקבלים חשיבות מופחתת, לעומת עצם הלימוד שמהווה מפגש עם דבר ה׳.

החובה לברך ברכות התורה בכל יום מחדש, מסביר ה׳שם משמואל׳, מבטאת דווקא את הרובד השני, העמוק יותר, שבלימוד התורה. לפי הרובד הראשון, פעולתה של התורה היא מתמשכת ללא הפסק ואין בה חידוש מהותי. בכל יום מוסיף האדם ידע הלכתי ומוסרי, אך מדובר בשינוי כמותי שאין בכוחו להצריך ברכה חדשה כל בוקר. דווקא הרובד השני מעלה על נס את הפעולה המתחדשת של התורה. מכוחה אנחנו מברכים את ה׳ ומודים לו על ההתחדשות

ועל החיות הרוחנית שמתעוררות בנו חדשים לבקרים על ידי לימוד התורה, "בכל יום יהיו בעיניך כחדשים" (רש"י דברים כו, טז). בברכות התורה אנחנו מודים לקב"ה על הזכות הגדולה שניתנה לנו ללמוד תורה ולהתחדש באמצעותה, להיוולד כל יום מחדש. זוהי הסיבה שאנו מצווים לברך ברכות התורה בכל בוקר, ולא להסתמך על הברכה שנאמרה בעבר.

חידוש זה משמש את ה'שם משמואל' להסביר גמרא ידועה במסכת בבא מציעא (פה ע"א), שתולה את חורבן הארץ בכך שעם ישראל לא בירכו את ברכות התורה לפני הלימוד:

> אמר רב יהודה אמר רב: מאי דכתיב "מִי הָאִישׁ הֶחָכָם וְיָבֵן אֶת זֹאת, וַאֲשֶׁר דִּבֶּר פִּי ה' אֵלָיו וְיַגִּדָהּ, עַל מָה אָבְדָה הָאָרֶץ"? דבר זה אמרו חכמים ולא פירשוהו, אמרו נביאים ולא פירשוהו, עד שפירשו הקב"ה בעצמו, שנאמר: "וַיֹּאמֶר ה' עַל עָזְבָם אֶת תּוֹרָתִי אֲשֶׁר נָתַתִּי לִפְנֵיהֶם" - אמר רב יהודה אמר רב: שלא ברכו בתורה תחילה.

בדור שלפני החורבן, אומרת הגמרא, לא הייתה בעיה של חוסר בלימוד התורה; הוא התנהל כסדרו, וייתכן שאף ברציפות ובהתמדה. הבעיה הייתה שהלומדים לא בירכו לפני הלימוד. לכאורה לא ברור מה מנע מהלומדים לברך את ברכות התורה? מה פגם מצאו הם בברכה זו? שאלות אלה הניעו פרשנים שונים להסביר את הגמרא שלא כפשטה, דהיינו שלמעשה אנשי אותו דור כן בירכו אולם הייתה בעיה בכוונת הלימוד שלהם או בברכה וכדו' (עיינו למשל במהר"ל מפראג בהקדמה לספרו תפארת ישראל).

ה'שם משמואל' מעדיף דווקא להיצמד לפשט המילים: אכן באותו דור אנשים לא בירכו ברכות התורה, וליתר דיוק לא בירכו כל יום. ומדוע? משום שגישתם ללימוד התורה הייתה לפי הרובד הראשון - לימוד שמוסיף ידע. בשביל לימוד כזה מספיק לברך פעם אחת וזה תופס לימים רבים, אין צורך בברכה כל יום, אדרבה זה עלול

להיות בגדר ברכה לבטלה. לא היה מדובר בגישה שלילית ללימוד או בהחלשתו, אולם מיעוט הברכה על התורה העיד על כך שהלימוד נעשה אצלם מתוך קביעות והרגל ולא מתוך תחושה של התחדשות, ללא רגש וללא חיות. גישה כזו מוציאה את הנשמה מהלימוד, וכשאין נשמה הארץ נחרבת.

בפיסקה הנוספת המובאת לעיל מפליג ה'שם משמואל' במעלת לימוד תורה שמכוחו צומחות התחדשות ושמחה. הוא עומד על כך שבכוחו של לימוד שכזה לחצוץ כחומה בפני כוחות טומאה ובפני כל מיני בלבולים המסיטים את האדם ממטרתו האצילית. נמצא אפוא שהתחדשות ושמחה בלימוד התורה אינן 'פינה קטנה' בעולם הדתי, אלא יסוד מוסד לכל הבניין הרוחני שלנו. אפשר לומר בזהירות שזוהי תמצית החידוש של תנועת החסידות. לעבוד את ה' זו מטרת החיים של היהודי אך יש לעשות זאת מתוך דבקות ושמחה. כלי השכל הם כלים מרכזיים בעבודה זו, אבל חשוב לא פחות לרתום למשימה גם את כלי הלב והנשמה.

זוהי הסיבה שהדגש בשמחת תורה הוא על שירים וריקודים, על הקפות ועל שמחה, ופחות על הלימוד עצמו. אנחנו מבינים שהלימוד במהלך השנה לא יימדד רק לפי אורך הזמן וההספקים. היחס הנפשי לתורה הוא קריטי, ואותו אנחנו בונים בשמחת תורה. האורות הגדולים אותם נאגור במהלך החג ישמשו אותנו להדליק את כל הלימוד ועבודת ה' שלנו, ויאירו את אפרוריותם של הימים הפשוטים בהתחדשות, בהתלהבות ובדבקות נפלאה.

דברי ה'שם משמואל' מאפשרים לנו להבין טוב יותר את הדגשים של תנועת החסידות בעבודת ה'. תנועת החסידות, על גווניה השונים, לא הסתפקה באמירה כללית בדבר חשיבותה של עבודת ה', אלא פיתחה שלל דרכים ושבילים להקנייתה, בהתחדשות מתמדת, בהתלהבות ובשמחה. נעמוד על שלוש עצות חסידיות מרכזיות:

א. הצבת מטרה. תנועת החסידות הציבה את השמחה בעבודת השם כיעד מרכזי. הצבת מטרה מסייעת רבות. כאשר יעלה אדם על נס את חשיבות ההתחדשות והשמחה, הוא יתבונן על עצמו ויזהה אילו

סיטואציות מביאות אותו לידי כך, ואילו 'מכבות' אותו. התבוננות זו תשמש אותו גם בבית המדרש, לזהות נושאי לימוד, חברותות, שיעורים שיגבירו את הלימוד המשמח והנשמתי, ולהתרחק מגורמים שיהפכו את הלימוד שלו במידה רבה לטכני בלבד.

ב. התבוננות. תנועת החסידות מדגישה במקומות רבים את הצורך בעצירה יזומה לצורך התבוננות. שטף החיים מקשה עלינו לעיתים לראות ולחוש את גודל השפע הרוחני לו אנו זוכים. אנחנו העם הנבחר, קיבלנו תורה קדושה, בורא עולם קורא לנו "בני בכורי ישראל", והוא משגיח עלינו על כל צעד ושעל. התבוננות במשמעות האדם ובגודל נשמתו המאירה, בכוחה של התורה וביופי הבריאה, מביאה את האדם לידי שמחה ורינה. זוהי עצה חשובה, שלשם מימושה יש צורך בהשקעה כפולה: הקדשת זמן מתאים לכך והרחקת מחשבות מעיקות לטובת מחשבות טובות.

ג. פיתוח כלי הרגש. לעולם הרגש ישנה שפה ייחודית וכלים המותאמים דווקא לו. על מנת שהתורה תילמד גם בכלי הרגש, יש להכין כלים מתאימים. ניגונים הפורטים על מיתרי הלב כמו גם ריקודים שבכוחם לרומם את האדם גבוה מעל הקרקע וכדומה. עצה זו מתיישמת גם בלימוד עצמו. בחירת תכני לימוד חסידיים, שבהם מובלטים גדולתו של הבורא ויקרתו של האדם העובד אותו, מסוגלת להשריש בלימוד עוצמות רגשיות חיוביות.

שלוש עצות אלו, ועוד רבות אחרות, מסייעות לעובד ה' להיפגש עם דבר ה' לא רק כחיוב סתמי ו'מצוות אנשים מלומדה', אלא גם ובעיקר כזכות מתחדשת, הנוגעת ומזעזעת את הנקודות הכי פנימיות שבו. באמצעות השימוש בעצות הללו קל יותר לאדם ללמוד תורה בהתחדשות מתמדת. ועל אף הכול, השגרה שוחקת ומשימות ההווה מאפילות לעיתים על הרצון הפנימי ועל חפץ הלב. ומה יעשה אדם נוכח מציאות זו? ה'שם משמואל' מבאר שזוהי מעלתו של חג שמחת תורה וזהו תפקידו - **להחדיר באדם שמחה והתחדשות בעצימות גבוהה במיוחד**. השמחה, הריקודים וההתלהבות שבשמחת תורה, יטביעו בוודאי את חותמם באדם וישאירו בו רושם גדול של שמחה

והתחדשות, שילוו אותו בהמשך השנה וייתנו לו כוחות גם בימות השגרה.

"נגיל ונשיש בזאת התורה, כי היא לנו עוז ואורה".

חנוכה

חנוכה: אור פנימי

יֵשׁ לְהִתְבּוֹנֵן בְּהָא דְּהִלְכְתָא כָּבְתָה אֵין זָקוּק לָהּ מַה שֶּׁלֹּא מָצִינוּ דֻּגְמָתָהּ בְּכָל הַמִּצְווֹת שֶׁבַּתּוֹרָה...

וְנִרְאֶה דְּהִנֵּה יָדוּעַ שֶׁהַיְּוָנִים הָיוּ מִתְנַגְּדִים לְכָל הַמִּצְווֹת הַמַּעֲשִׂיּוֹת וְהִכְחִישׁוּ שֶׁיֵּשׁ מַעֲשִׂים נִרְצִים לֶאֱלֹקִים, וְאָמְרוּ שֶׁכָּל שְׁלֵמוּת הָאָדָם הוּא מִדּוֹת וּמֻשְׂכָּלוֹת, וּבָזֶה הוּא מִתְדַּבֵּק לַשֵּׂכֶל הַפּוֹעֵל שֶׁהִמְצִיאוּ בְּדִמְיוֹנָם, כַּיָּדוּעַ מֵעִנְיַן הַפִּילוֹסוֹפִים שֶׁהֵם חַכְמֵי יָוָן.

וְעַל כֵּן כְּשֶׁגָּבְרוּ מַלְכוּת חַשְׁמוֹנַאי וְנִצְּחוּם, נַעֲשָׂה לָהֶם נֵס בְּמִצְוָה מַעֲשִׂית, עַל אַף שֶׁטֻּמְאָה דְּחוּיָה בְּצִבּוּר, הֶרְאָה לָהֶם חֲבִיבוּת מַעֲשֵׂיהֶם שֶׁהֵם נִרְצִים לַה׳, הִפּוּךְ מַחְשֶׁבֶת הַיְּוָנִים.

וְעַל כֵּן לְעֻמַּת נֵס הַנֵּרוֹת תִּקְּנוּ מִצְוַת נֵר חֲנֻכָּה, שֶׁהִיא בַּעֲשִׂיָּה בִּלְבַד...

שֶׁבָּאָדָם יֵשׁ מַחֲשָׁבָה דִּבּוּר וּמַעֲשֶׂה, וְנִבְחַר הַמַּעֲשֶׂה שֶׁהוּא הַחֵלֶק הַפָּחוּת שֶׁבָּאָדָם... וְהַטַּעַם הוּא מִפְּנֵי שֶׁהוּא זֵכֶר לַנֵּס שֶׁהוּא בְּמַעֲשֶׂה, וְהִפּוּךְ מַחְשֶׁבֶת הַיְּוָנִים.

וּמִשּׁוּם הָכִי נָמֵי כָּבְתָה אֵין זָקוּק לָהּ, דְּמַה שֶּׁדּוֹלֵק וְהוֹלֵךְ אַחַר כָּךְ זֶה הוּא מִמֵּילָא אֶלָּא שֶׁבָּא מִכֹּחַ מַעֲשָׂיו דְּמֵעִקָּרָא וּבְאוֹתוֹ שָׁעָה נַעֲשָׂה הַכֹּל...

חנוכה שנת תרע״ז

יש להתבונן בהא דהלכתא כבתה אין זקוק לה **בעניין מצוות הדלקת נרות חנוכה ההלכה היא ש'כבתה אין זקוק לה'. לפי הלכה זו, אם לאחר ההדלקה כבו נרות החנוכה באופן לא צפוי, אין חובה לשוב ולהדליקם, אפילו אם הם לא דלקו את הזמן המינימלי הנצרך** מה שלא מצינו דוגמתה בכל המצוות שבתורה...

ונראה דהנה ידוע שהיוונים היו מתנגדים לכל המצוות המעשיות והכחישו שיש מעשים נרצים **רצויים** לאלקים, ואמרו שכל שלימות האדם הוא מידות ומושכלות **השגות שכליות**, ובזה הוא מתדבק לשכל הפועל שהמציאו בדמיונם, כידוע מעניין הפילוסופים שהם חכמי יוון.

ועל כן כשגברו מלכות חשמונאי ונצחום, נעשה להם נס במצווה מעשית, על אף שטומאה דחויה בציבור **כאשר כל הציבור או רובו טמא בטומאת מת, מותרת הקרבת קורבנות בטומאה. בזמן נס חנוכה רוב ישראל היו טמאים, לכן הם היו רשאים להדליק את המנורה בשמנים טמאים. למרות זאת התרחש להם נס, והם זכו להדליק את המנורה בשמן טהור. על ידי כך הקב"ה** הראה להם חביבות מעשיהם שהם נרצים לה', היפוך מחשבת היוונים.

ועל כן לעומת נס הנרות תיקנו מצוות נר חנוכה, שהיא בעשיה בלבד...

שבאדם יש מחשבה דיבור ומעשה, ונבחר המעשה שהוא החלק הפחות שבאדם... והטעם הוא מפני שהוא זכר לנס שהוא במעשה, והיפוך מחשבת היוונים.

ומשום הכי נמי **גם** כבתה אין זקוק לה, דמה שדולק והולך אחר כך זה הוא ממילא אלא שבא מכח מעשיו דמעיקרא **מכוח מעשיו הראשונים** ובאותו שעה נעשה הכל...

חנוכה שנת תרע"ז

אור פנימי

באמצע תקופת בית המקדש השני נלחמה האימפריה היוונית בעם היהודי ובסמליו. לאחר מאבק ארוך ועיקש, ניצחו בני חשמונאי בסייעתא דשמיא את היוונים הארורים, והקימו מחדש את מלכות ישראל. במהלך הקרבות, כשהר הבית היה שוב בידינו, התפנו היהודים לטהר את המקדש שחולל ולחדש את העבודה בו, כחלק מהשבת העם לשגרת החיים המבורכת שלו. כשבאו להעלות את נרות המנורה התברר שאין בנמצא שמן טהור, ורק לאחר חיפוש מדוקדק נמצא פך אחד של שמן שלא נטמא. כידוע, כמות השמן הספיקה בדרך הטבע ליום אחד בלבד, אולם נעשה נס, והדליקו ממנו שמונה ימים.

נס פך השמן היה מעין הארה אלוקית לאנשי הדור ההוא, ומאז ועד היום הוא מהווה אישור משמיים לחיבה היתירה שמחבב הקב"ה את ישראל ולחשיבות מלחמתם על הקודש ועל הטהרה.

חכמי ישראל רצו להנציח את גודל הנס, וקבעו שמונת ימי חנוכה שבהם מהללים לה' ומודים על הניסים, וכן מדליקים נרות המזכירים את נס המנורה. סביב הדלקת נרות החנוכה נדונו סוגיות הלכתיות רבות: מספר הנרות, זמן ההדלקה, מי מחויב בהדלקה ועוד. בהרחבה גדולה נדונה בפוסקים גם שאלת המיקום המובחר ביותר להדלקה - האם בתוך הבית, בפתח הבית מבחוץ, או בחצר. אחד השיקולים

המרכזיים בקביעת מיקום הנרות הוא 'פרסום הנס', כלומר שראוי להדליק במקום שבו הפצת עניינו של הנס תהיה ביתר שאת, לא רק כלפי בני הבית אלא גם כלפי מי שנמצא ברחוב. הגמרא במסכת שבת מלמדת שחובת פרסום הנס היא כה משמעותית, שבמקרה שמצבו הכלכלי של אדם דחוק עד כדי כך שביכולתו לקנות רק יין לקידוש בשבת או שמן לנרות חנוכה, עליו להעדיף את נרות החנוכה משום 'פרסומי ניסא'.

אחת ההלכות המפתיעות במצוות נר חנוכה היא 'כבתה אין זקוק לה'. בהלכה זו עוסק ה'שם משמואל' בפיסקה שלפנינו, ולכן נבאר בקיצור נמרץ את עניינה. אדם שהדליק נרות חנוכה כיאות, במקום ובזמן הנכונים ועם כמות שמן מספקת, ומאיזושהי סיבה כבו הנרות, אין הוא מחויב להדליק אותם בשנית, מכיוון שהוא יצא ידי חובת המצווה ברגע שהדליק. גם אם יחליט מרצונו הטוב לשוב ולהדליק את הנרות, הוא לא יוכל לברך על הדלקה זו, מכיוון שהמצווה כבר קוימה בהדלקה הראשונה ואין מברכים פעמיים על אותה מצווה.

הפוסקים מבררים את הגדר של 'כבתה אין זקוק לה' וקובעים שכלל זה תקף גם במקרה שהנרות כובו בשוגג על ידי האדם עצמו, ואפילו במקרה שכבו הנרות בערב שבת לפני השקיעה, בטרם דלקו בזמן החשכה ולו לרגע אחד.

כפי שראינו לעיל, פרסום הנס מהווה נדבך מרכזי במצוות נר חנוכה, ואם כן מתעוררת תמיהה למקרא הלכה זו - אם לא יידלק הנר, כיצד יתממש עניינו החשוב של פרסום הנס? לכן יש לעמוד על הסיבה בגינה 'כבתה אין זקוק לה', ולשם כך עלינו לחזור לשורש המאבק הרוחני שבין יוון לישראל ולהעמיק בהבנתו.

בספר תהילים (קטו, טז) נאמר: "הַשָּׁמַיִם שָׁמַיִם לַה' וְהָאָרֶץ נָתַן לִבְנֵי אָדָם". בפסוק זה גלום בתמציתיות רעיון עמוק וחשוב. בטרם נברא העולם גילוי הקב"ה היה בכל מקום. לא היה מקום פנוי ממנו. בשלב מאוחר יותר, כאשר עלה במחשבתו של הקדוש ברוך הוא להיטיב על ידי בריאת העולם, הוא צמצם את הופעתו האינסופית, ועל ידי כך פינה מקום למציאות של ברואים. הקב"ה ברא עולם

שלם, עם חלקים רוחניים וחלקים גשמיים, כשהמציאות הגשמית בנויה ממערכות של דומם, צומח, בעלי חיים ובני אדם. מתוך כלל המציאות הגשמית, רק לאחרונים ניתנים כלים ייחודיים של שכל ובחירה חופשית, באמצעותם יוכלו לממש את מעלתם הרוחנית. בתוך המערכת האנושית בוחר הקב"ה בקבוצה מסוימת, עם ישראל, ומזכה אותם במדרגה ייחודית - רק בהם הוא נופח נשמה אלוקית שהיא חלק א-לוה ממעל ממש.

לא לחינם צוידו בני ישראל במעלות רבות כל כך. מעלות אלו נועדו לסייע בידם לקחת אחריות על העולם, לשכלל אותו ולקדם אותו אל ייעודו הנכסף, באמצעות לימוד תורה וקיום מצוות. אם ישכילו ללכת בדרך הישר, יתקדמו הם והעולם כולו יתקדם עימם. אך אם חלילה יתנהלו שלא כשורה, ייסוגו הם אחור, ויגררו אחריהם גם את כל שאר היצורים. רעיון זה מבטא הנחת יסוד חשובה במיוחד: לבני האדם, על אף היותם בשר ודם קרוצי חומר, ניתן כוח משמעותי ותפקיד מרכזי בקידום העולם.

כוח זה משתקף ביתר שאת דרך אחת הקביעות ההלכתיות החשובות בעניין קיום המצוות. ההלכה קובעת, שאדם הרוצה לצאת ידי חובת מצווה מסוימת צריך לכוון במחשבתו לכך. אך אין הוא נדרש לכוונה מדויקת במשמעות המצווה הספציפית, אלא די בכוונה בסיסית בלבד, לקיים במעשה זה את רצון ה'. כלומר, גם כאשר אדם מקיים מצוות מבלי ליצוק לתוכן כוונות מיוחדות, פועל המעשה שלו את פעולתו ועושה רושם גדול ומשמעותי. קביעה הלכתית זו מלמדת אותנו עד כמה גדול כוחו של האדם, כך שהוא מסוגל להשפיע על העולם באמצעות מעשיו ובחירתו החופשית, גם כשאין הם נעשים בכוונות הכי מדויקות.

לעומת תורת ישראל, כפרה תרבות יוון בכוחו של האדם לפעול בעולם הרוח, בטח ובטח שלא על ידי פעולות גשמיות. ביוון החשיבו עולמות של רוח, אך ניתקו ביניהם ובין העולם המעשי. לדידם אין כל כוח ומשמעות לפעולות גופניות המתבצעות על ידי בני האדם. לא לחינם התמקדו הגזירות הקשות, אותן השיתו על עם ישראל, באותם

תחומים שבהם נפגשת הרוח בחומר והופכת אותו לקדוש, כדוגמת ברית המילה וקביעת לוח השנה על פי עדים. היוונים בגזרותיהם קראו תיגר על התפיסה הרוחנית של ישראל, המייחסת לאדם כוח השפעה על עולם הרוח, כל שכן בכלים חומריים. זהו שורש המאבק הרוחני שבין יוון לישראל.

אחרי שבירנו נקודה זו נוכל לשוב להלכה המפתיעה 'כבתה אין זקוק לה' ולתת לה פשר. השפעת האדם על עולמות של רוח נעשית גם אם אין הדבר ניכר למתבונן מבחוץ. אדם יכול ללמוד תורה, להתפלל, לשמור שבת, להניח תפילין או לעשות כל מצווה אחרת בלי שאף אחד יראה אותו, ובכל זאת פעולה זו תפעל בשמי מרומים בצורה אדירה. היינו מצפים שבמצווה שעניינה הוא לפרסם את הנס תימדד השפעת המצווה דווקא לפי רישומה החיצוני והנראות הציבורית, אולם את העיקרון המצוי בשאר המצוות היה חשוב לחכמים להנחיל לנו גם במצווה זו. המעשה הקטן, שלא בהכרח נראה כלפי חוץ, הוא מועיל ומשפיע ומקדם את הבריאה. הנר שאולי כבה מרוח מצויה או אפילו לא דלק ולו שנייה אחת בתוך הזמן האידיאלי, פועל את פעולתו ומאיר את מרחבי העולם הרוחני מעצם הדלקתו. וכך מנוסח עיקרון זה על ידי ה'שם משמואל': "כי באדם יש מחשבה דיבור ומעשה, ונבחר המעשה שהוא החלק הפחות באדם. והטעם הוא מפני שהוא זכר לנס שהוא במעשה והיפוך מחשבת היוונים, ומשום הכי 'כבתה אין זקוק לה'".

מתברר אפוא, שהלכה זו מבטאת באופן מיוחד את הלך מחשבתו של עם ישראל. פעולה קטנה שהאדם פועל, על פי צו ה', עושה רושם גדול בעולם. הפוך לגמרי ממחשבתם של היוונים. מכאן נלמד שתפקידו של האדם היהודי הוא לעמול בכל כוחו להשפיע אור וברכה על כל העולמות, בכל דרך אפשרית. במחשבה טובה, בדיבור נכון ובמעשה, קטן או גדול.

ועוד הערה קטנה לסיום. מדברי ה'שם משמואל' אפשר ללמוד עוד מסר חשוב, במיוחד לדורנו. לעיתים אנחנו מקבלים את הרושם שחשיבות הדברים נמדדת רק לפי רמת החשיפה שלהם; ככל שהדבר מפורסם יותר כך הוא חשוב יותר, ולהיפך, דבר שאינו מפורסם כנראה

שגם אינו משמעותי. מכאן ועד ליצירת חברה הרודפת אחר הכרה חיצונית ופרסום הדרך קצרה מאוד. ההלכה 'כבתה אין זקוק לה' מלמדת אותנו שעלינו למדוד את הדברים לא על פי הנראות שלהם אלא על פי האמת שבהם, גם אם כרגע איננו מצליחים לראות אותה מאירה כלפי חוץ אלא רק פנימה.

חנוכה שמח!

חנוכה: לא נפסיק לריב

"וְאַתָּה... עָמַדְתָּ לָהֶם בְּעֵת צָרָתָם, רַבְתָּ אֶת רִיבָם, דַּנְתָּ אֶת דִּינָם, נָקַמְתָּ אֶת נִקְמָתָם". הִנֵּה לְשׁוֹן רִיב הוּא מִלְּשׁוֹן (דברים כה, א) "כִּי יִהְיֶה רִיב בֵּין אֲנָשִׁים" עוֹד טֶרֶם נִקְרְבוּ לְמִשְׁפָּט לְבָרֵר הַדִּין עִם מִי, וְדִין הוּא לְהוֹצִיא הֶעָשׁוּק מִיַּד עוֹשְׁקוֹ, וּנְקָמָה הִיא עוֹד יוֹתֵר מִכְּפִי הַמַּגִּיעַ לַעֲנֹשׁ אֶת הָרָשָׁע, וּכְמוֹ שֶׁכָּתַב הָרַמְבַּ"ן (פרשת מטות, במדבר לא, ו) בְּמִדְיָן שֶׁצִּוָּה לַהֲרֹג אֶת כָּל זָכָר בַּטַּף לִנְקָמָה.

וּבְכֵן יֵשׁ לְהָבִין הַלָּשׁוֹן 'רַבְתָּ אֶת רִיבָם'.

וְנִרְאֶה דְּהִנֵּה מַצַּב יִשְׂרָאֵל הָיָה אָז מוּזָר מְאֹד, אֲשֶׁר רַבִּים מֵהַחֲסִידִים נֶהֶרְגוּ וְהַנִּשְׁאָרִים הָיוּ בְּחֶרְפָּה וּבְרָעָה גְּדוֹלָה מִתְחַבְּאִים בִּמְעָרוֹת וְהַיְּוָנִים הָאֲרוּרִים הָיוּ מְחַפְּשִׂים אַחֲרֵיהֶם לְהַשְׁמִידָם, וְיֶתֶר הָעָם לֹא עָמְדוּ בַּנִּסָּיוֹן וְנָתְנוּ אֶת יָדָם לַיְּוָנִים וּכְמְעַט שֶׁכָּבְתָה גַּחֶלֶת יִשְׂרָאֵל, **וְאֵין אִישׁ מִתְעוֹרֵר כְּלָל לַעֲשׂוֹת דָּבָר לְטוֹבַת הַדָּת כִּי הָיוּ כֻּלָּם כְּמִתְיָאֲשִׁים וּמְצַפִּים לֵהָרֵג עַל קִדּוּשׁ הַשֵּׁם שֶׁזֹּאת הָיְתָה תַּכְלִית נֶחָמָתָם.**

וְעַל זֶה אָמַר הַכָּתוּב (זכריה ט, יג) "וְעוֹרַרְתִּי בָנַיִךְ צִיּוֹן עַל בָּנַיִךְ יָוָן", וְהַמְפָרְשִׁים עָמְדוּ עַל לְשׁוֹן 'וְעוֹרַרְתִּי', **וּלְפִי דְּבָרֵינוּ יִצְדַּק מְאֹד הַלָּשׁוֹן הַזֶּה שֶׁהַשֵּׁם יִתְבָּרַךְ עוֹרֵר אוֹתָם לְבַל יִשְׁנוּ כְּמִתְיָאֲשִׁים**, עַד שֶׁחַשְׁמוֹנַאי וּבָנָיו הֵרִימוּ רֹאשׁ לָצֵאת לִקְרַאת נֶשֶׁק בְּגֹדֶל לֵבָב.

וְעַל זֶה נֶאֱמַר 'רַבְתָּ אֶת רִיבָם', הַיְנוּ שֶׁהָרִיב שֶׁנִּתְהַוָּה בֵּינֵיהֶם לְבֵין הַיְּוָנִים, מֵאֵת ה' הָיְתָה זֹּאת, וְאַחַר כָּךְ כְּשֶׁנִּתְעוֹרְרוּ מִלְחָמָה דָּן ה' אֶת דִּינָם שֶׁל הָעֲשׁוּקִים, וְאַחַר כָּךְ נָקַם אֶת נִקְמָתָם כִּדְאִיתָא בְּיוֹסִיפוֹן.

וְהִנֵּה זֶה נִשְׁאַר לְדוֹרוֹת, בַּיָּמִים הָהֵם בַּזְּמַן הַזֶּה בָּאָה הִתְעוֹרְרוּת בְּלֵב אֲנָשִׁים אֲפִלּוּ הַמִּתְיָאֲשִׁים, אִם אַךְ צַר לָהֶם מִמַּצָּבָם הַנּוֹכְחִי. וּכְמוֹ אָז שֶׁעָמַדְתָּ לָהֶם בְּעֵת צָרָתָם דַּוְקָא, כְּמוֹ כֵן הַיּוֹם כָּל אִישׁ מָצוּק וּמַר נֶפֶשׁ הָרוֹבֵץ תַּחַת מַשָּׂא מֶלֶךְ זָקֵן וּכְסִיל וּמְצַפֶּה וּמִשְׁתּוֹקֵק לְהִוָּשַׁע, אַךְ חֲסֵרוֹת לוֹ הִתְחַזְּקוּת וְהִתְעוֹרְרוּת לֵאמֹר 'עָלֹה נַעֲלֶה וְיָרַשְׁנוּ אוֹתָהּ כִּי יָכוֹל נוּכַל לָהּ', וְהוּא כְּמִתְיָאֵשׁ בְּעֵינֵי עַצְמוֹ לָצֵאת מֵהַמְּבוּכָה הַזֹּאת בְּחָשְׁבוֹ כִּי

הַרְבֵּה פְּעָמִים הִתְחִיל וְלֹא עָלָה בְּיָדוֹ לִגְמֹר, עַל כֵּן אֵינֶנּוּ מַאֲמִין בְּעַצְמוֹ שֶׁעוֹדֶנָּה הַבְּרֵרָה בְּיָדוֹ.

וְהַבְּחִירָה חָפְשִׁית וְאִם יְקַבֵּל עָלָיו מֵהַיּוֹם לִפְרֹק מִמֶּנּוּ עֹל חֶשְׁבּוֹנוֹת הָרַבִּים אֲשֶׁר חִשְּׁבוּ בְּנֵי הָאָדָם וּלְקַבֵּל עָלָיו עֹל מַלְכוּת שָׁמַיִם שְׁלֵמָה, לִכְתֹּב יָדוֹ לְהַשֵּׁם יִתְבָּרֵךְ, יַעֲשֶׂה וְיַצְלִיחַ.

לְאִישׁ כָּזֶה בָּאָה הַיּוֹם הִתְעוֹרְרוּת מִלְמַעְלָה כְּמוֹ מֵאָז שֶׁנֶּאֱמַר "וְעוֹרַרְתִּי בָנַיִךְ צִיּוֹן עַל בָּנַיִךְ יָוָן", אֲבָל הַהִתְעוֹרְרוּת הִיא רַק לְפִי מִסַּת שֶׁהוּא מֵצֵר וְנַפְשׁוֹ מָרָה לוֹ.

חנוכה שנת תרע"ג

"ואתה... עמדת להם בעת צרתם, רבת את ריבם, דנת את דינם, נקמת את נקמתם" (תפילת 'על הניסים'). הנה לשון **ריב** הוא מלשון (דברים כה, א) "כִּי יִהְיֶה רִיב בֵּין אֲנָשִׁים" עוד טרם נקרבו למשפט לברר הדין עם מי, **ודין** הוא להוציא העשוק מיד עושקו, **ונקמה** היא עוד יותר מכפי המגיע לענוש את הרשע, וכמו שכתב הרמב"ן (פרשת מטות, במדבר לא, ו) במדין שציווה להרוג את כל זכר בטף לנקמה.

ובכן יש להבין הלשון 'רבת את ריבם'. **המושג 'ריב' מתאר את שלב ההתנגשות בין מתנגדים עוד לפני ההכרעה. שלב זה לכאורה אינו מצריך התערבות אלוקית מיוחדת. מדוע, אם כן, הקב"ה היה צריך להיות מעורב בריב של ישראל עם יוון, כפי שעולה מנוסח התפילה 'רבת את ריבם'?**

ונראה דהנה מצב ישראל היה אז מוזר **ירוד** מאד, אשר רבים מהחסידים נהרגו והנשארים היו בחרפה וברעה גדולה מתחבאים במערות והיונים הארורים היו מחפשים אחריהם להשמידם, ויתר העם לא עמדו בניסיון ונתנו את ידם ליונים **נכנעו לדרישות היוונים** וכמעט שכבתה גחלת ישראל, **ואין איש מתעורר כלל לעשות דבר לטובת הדת כי היו כולם כמתיאשים ומצפים ליהרג על קידוש השם שזאת היתה תכלית נחמתם.**

ועל זה אמר הכתוב (זכריה ט, יג) "וְעוֹרַרְתִּי בָנַיִךְ צִיּוֹן עַל בָּנַיִךְ יָוָן", והמפרשים עמדו על לשון 'ועוררתי', ולפי דברינו יצדק מאד הלשון הזה שהשם יתברך עורר אותם לבל ישנו כמתיאשים, עד שחשמונאי ובניו הרימו ראש לצאת לקראת נשק בגודל לבב.

ועל זה נאמר "רבת את ריבם", היינו שהריב שנתהוה ביניהם לבין היונים, מאת ה' היתה זאת, ואח"כ כשנתעוררו מלמטה דן ה' את דינם של העשוקים, ואח"כ נקם את נקמתם כדאיתא **כמו שמופיע** ביוסיפון (ספר רביעי פרק כ):

והנה זה נשאר לדורות, בימים ההם בזמן הזה באה התעוררות בלב אנשים אפילו המתיאשים, אם אך צר להם ממצבם הנוכחי. וכמו אז שעמדת להם בעת צרתם דוקא, כמו כן היום כל איש מצוק ומר נפש הרובץ תחת משא מלך זקן וכסיל **כינוי ליצר הרע** ומצפה ומשתוקק

להושע, אך חסרות לו התחזקות והתעוררות לאמור "עלה נעלה וירשנו אותה כי יכול נוכל לה" (במדבר יג, ל), והוא כמתייאש בעיני עצמו לצאת מהמבוכה הזאת בחשבו כי הרבה פעמים התחיל ולא עלה בידו לגמור, על כן איננו מאמין בעצמו שעודנה הברירה בידו.

והבחירה חופשית, ואם יקבל עליו מהיום לפרוק ממנו עול חשבונות הרבים אשר חשבו בני האדם, ולקבל עליו עול מלכות שמים שלימה, לכתוב ידו להשם יתברך, יעשה ויצליח.

לאיש כזה באה היום התעוררות מלמעלה כמו מאז, שנאמר: "ועוררתי בניך ציון על בניך יון".

אבל ההתעוררות היא רק לפי מסת **באותה מידה** שהוא מיצר ונפשו מרה לו.

חנוכה שנת תרע"ג

לא נפסיק לריב

אני זוכר היטב שיחה שהתגלגלה לפני שנים רבות ביני לבין נהג מונית מזדמן. בתחילת הנסיעה שאל אותי הנהג אם הוא יכול לעשן בזמן הנהיגה או שהעשן מפריע לי. עניתי לו שברמה האישית אני לא מתלהב מזה שהוא יעשן לידי, אבל מעניין אותי לשמוע למה הוא לא מוטרד מהעובדה שהוא מעשן. "מה לעשות?", הוא ענה לי, "ככה אני. זה מה יש...".

אני זוכר שתשובתו של הנהג אכזבה אותי ואפילו קצת קוממה. מה זאת אומרת 'ככה אני'? חשבתי לעצמי, הרי לא נולדת עם סיגריה בפה. מה זאת אומרת 'מה לעשות'? קבל על עצמך להשתנות ותילחם על זה. אולם בהמשך השיחה הבנתי שהמציאות מורכבת יותר. תחושת האכזבה שלי התחלפה במהרה באמפתיה. מתברר שהנהג היקר ניסה להפסיק לעשן כבר פעמים רבות אך ללא הצלחה. בנוסף, אימו מאושפזת בבית חולים במצב לא טוב וזה מתיש את נפשו, ואם כל זה לא מספיק, הוא אחרי הליך גירושין קשה ואת ילדיו הקטנים הוא לא ראה כבר מספר חודשים. בקיצור, מצבו מסובך ביותר. האמירה שיצאה מפיו, 'זה מה יש', נאמרה בכאב גדול. הוא השלים עם מצבו, כך להבנתו, בחוסר ברירה. לכן מזה כמה חודשים, עישון סיגריות נחשב עבורו כעובדה מוגמרת. מה שאומר שהוא לא מתלבט כל בוקר

מחדש האם לעשן וכמה לעשן. הוא פשוט מכניס לפיו את הסיגריה, ומנסה להשכיח במעט את טרדות היום יום.

יוצא לנו לעיתים לקרוא ולשמוע דרשות המדברות בגנות הייאוש. בדרשות הללו מובאים על פי רוב הסברים מלומדים מנומקים היטב, שמטרתם לשכנע אותנו הקוראים והשומעים שייאוש זה דמיון ושוויתור עצמי זה שקר. ולמרות כל זאת, אם נהיה כנים עם עצמנו נצטרך להודות שכל אחד מאיתנו מוצא עצמו די מיואש בתחומים מסוימים. לכל אחד ישנם תחומים שבהם הוא מחליט לא לגעת מתוך תחושה שזה לא יצליח או שזה לא הזמן המתאים לכך. לא תמיד מתקבלת החלטה זו מתוך חשיבה ומודעות אך בשורה התחתונה זה מה שקורה. קל לנו להיות שיפוטיים כלפי הנהג המעשן, קצת יותר מורכב לנו לבחון את עצמנו ואת חולשותינו, שמסיבות השמורות עמנו טרם מטופלות על ידינו.

ה׳שם משמואל׳ עומד על נקודה זו מתוך ביאור משפט אחד מתפילת ׳על הניסים׳ לחג החנוכה. לאחר שאנחנו מציינים את כוונת היוונים לפגוע בעם ישראל, ״להשכיחם תורתך ולהעבירם מחוקי רצונך״, אנו מציינים את הסייעתא דשמיא לה זכינו בעת ההיא: ״ואתה ברחמיך הרבים עמדת להם בעת צרתם, רבת את ריבם, דנת את דינם, נקמת את נקמתם״. אנו מודים לקב״ה על כך שהוא היה אחראי על הריב, על הדין וגם על הנקמה. ה׳שם משמואל׳ מסביר לאור המקורות ש׳ריב׳ מבטא את עצם ההתקוטטות עם האחר, ׳דין׳ הוא הכרעת המריבה, ו׳נקמה׳ היא עונש שהוא יותר ממה שמגיע על פי הדין היבש (מתוך שקלול של ההשפעה המזיקה לאורך זמן של מעשי הרשע).

התערבותו של הקב״ה בהכרעת הדין ובהטיית כף הניצחון לטובת ישראל, ברורה ומתבקשת. גם נקמה צריכה להיות מלווה בסייעתא דשמיא, על מנת שהיא תצליח ושמטרתה תושג. אך מדוע הקב״ה צריך ׳לריב את ריבנו׳? מדוע עם ישראל זקוק לעזר אלוקי למריבה? וכי אין הוא יכול לריב מעצמו, ללא סיוע משמיים? לשם הבנת העניין

עלינו לחזור אחורה בזמן ולבחון מה היה מצב הרוח הלאומי בתקופה שקדמה למלחמה ביוונים.

באמצע ימי בית שני, כאשר מלכות יוון, האימפריה הענקית, השתלטה על כל האזור ורצתה להשליט את דעותיה ואת דרכה על עם ישראל, היה זה מאבק לא שווה כוחות. הם היו רבים וחזקים ואילו אנחנו היינו מעטים וחלשים. לא מפתיעה לכן העובדה שעם ישראל כלל לא העלה על דעתו להילחם בממלכת יוון הרשעה. תגובת היהודים למהלכי היוונים התחלקה לשניים. מרבית העם אימצו למעשה את התרבות היוונית, בין מרצון משום ש'ראו את האור' שבה, ובין מאונס משום שלא העלו על דעתם אפשרות להתנגד לה. ואילו הצדיקים המועטים שבדור חלמו להמשיך לחיות את חיי התורה והמצוות באין מפריע, ולצורך כך הם ברחו למערות. הם לא היססו למסור את נפשם על קידוש השם במקרה של עימות עם היוונים, אבל היה זה קידוש השם פאסיבי - למות תוך כדי שמירת המצוות. על מלחמה ביוונים לא היה מי שהעז אפילו לחלום. זה היה נראה קרב אבוד מראש, מלחמה שאין לה שום סיכוי במציאות. בשלב זה לא נוצר אפילו ריב. עם ישראל ויתר מראש על העימות. רובו כלל לא רצה בו, ומיעוטו ניסה לחמוק ממנו ככל שרק יכול היה.

ואז מתרחש פלא גדול. מתתיהו החשמונאי ובניו מעיזים להרים ראש מול השליט היווני, מנערים את האבק מעל מושג קידוש השם והופכים אותו לפעולה אקטיבית כשהם נכנסים בכל כוחם לזירת הלחימה. על פניו, מהלך זה נראה כהתעוררות אנושית טבעית של מאיסת הנרדפים בשליט העריץ. אולם מנוסח תפילת 'על הניסים' אנו לומדים שמי שעמד מאחורי כל המהלך הוא לא אחר מהקב"ה בכבודו ובעצמו. הוא שהטעין את בני חשמונאי באומץ ובתעוזה, והוא שעורר ודחף את ישראל להילחם אף שלא העלו בדעתם שישנה היתכנות להצלחת המאבק. הוא הפיח את רוח החיים בעם שגרמה לו לרצות בעימות, לרצות לריב. הוא 'רב את ריבם' של ישראל. דחיפה זו הייתה ראשית הישועה. לולא אותה דחיפה, קשה לדמיין איך עם ישראל היה

צולח את אותה תקופה קשה. בהמשך הייתה הכרעה מיטבית, ולבסוף גם נקמה. ריב דין ונקמה.

סמוך להדלקת נרות חנוכה אנו מברכים ומשבחים לקב"ה על כך שהוא "עשה ניסים לאבותינו בימים ההם בזמן הזה". משמעות הברכה היא שאותה הארה ניסית שהתרחשה בעבר, בזמן החג, מתעוררת מחדש כל שנה באותו תאריך. ה'שם משמואל' מבאר, שאותו סיוע אלוקי שדחף ועורר את ישראל לריב ולהילחם בימים ההם קיים גם בזמן הזה, וכפי שהוא אומר בסגנונו המיוחד:

> והנה זה נשאר לדורות, בימים ההם בזמן הזה באה התעוררות בלב איש אפילו המתייאש, אם אך צר לו ממצבו הנוכחי... אך חסרות לו התחזקות והתעוררות לאמור 'עלה נעלה וירשנו אותה כי יכול נוכל לה', והוא כמתייאש בעיני עצמו לצאת, לאיש כזה באה היום התעוררות מלמעלה...

המשמעות המעשית של דברי ה'שם משמואל' היא, שבימי החנוכה יכול כל אחד מאיתנו להוציא מהמחסנים החבויים שלו כל מיני חולשות אותן החליט להדחיק מאי אלו סיבות ולהתמודד איתן, ולכל הפחות להחליט שמעתה והלאה הוא נלחם ולא מוותר. בסייעתא דשמיא השמורה באופן מיוחד לימי החנוכה יכול יוכל להן, וידו תצא על העליונה.

אם נחזור לרגע אל נהג המונית המעשן, נראה שכדאי לאתר אותו לקראת ימי החנוכה, ולהציע לו להילחם דווקא עכשיו עם החולשות להן נכנע עד עתה. אם ישאל אותנו מה השתנה, נאמר לו שהתאריך השתנה, נסביר לו שימי החנוכה הינם ימים המסוגלים למריבות. בקטע טוב כמובן.

חנוכה שמח!

ט"ו בשבט

ט"ו בשבט: על זריעה ונטיעה בעבודת ה'

בְּמִדְרַשׁ רַבָּה (ויקרא רבה פרשה כה): "רַבִּי יְהוּדָה בְּרַבִּי סִימוֹן פָּתַח: אַחֲרֵי ה' אֱלֹקֵיכֶם תֵּלֵכוּ וְגוֹ' עַד אֶלָּא מִתְּחִלַּת בְּרִיָּתוֹ שֶׁל עוֹלָם לֹא נִתְעַסֵּק הַקָּדוֹשׁ בָּרוּךְ הוּא אֶלָּא בְּמַטָּע תְּחִלָּה הֲדָא הוּא דִכְתִיב: 'וַיִּטַּע ה' אֱלֹקִים גַּן בְּעֵדֶן מִקֶּדֶם', אַף אַתֶּם כְּשֶׁתִּכָּנְסוּ לָאָרֶץ לֹא תִתְעַסְּקוּ אֶלָּא בְּמַטָּע תְּחִלָּה הֲדָא הוּא דִכְתִיב: 'כִּי תָבֹאוּ אֶל הָאָרֶץ וּנְטַעְתֶּם'".

וְנִרְאֶה דְּהִנֵּה בַּעֲבוֹדַת הַשֵּׁם יִתְבָּרַךְ יֵשׁ שְׁנֵי דְּרָכִים.

בְּחִינַת בִּטּוּל, הַיְנוּ שֶׁיַּחְשֹׁב מַהוּתוֹ מַה הוּא מֵאַיִן בָּאתָ מִטִּפָּה סְרוּחָה וְכִי הוּא בְּרִיָּה שְׁפֵלָה וּקְטַנָּה עוֹמֶדֶת בְּדַעַת מְעוּטָה וְקַלָּה לִפְנֵי תְּמִים דֵּעוֹת בָּרוּךְ הוּא וְשֶׁיִּהְיֶה נִבְזֶה בְּעֵינָיו נִמְאָס וְעַל יְדֵי זֶה יִהְיֶה נִכְנָע לְהַשֵּׁ"י.

וְיֵשׁ דֶּרֶךְ שֶׁיִּגְבַּהּ לִבּוֹ בְּדַרְכֵי הַשֵּׁ"י, וְחַיָּב אָדָם לוֹמַר 'בִּשְׁבִילִי נִבְרָא הָעוֹלָם', וְ'יִרְאֶה אָדָם עַצְמוֹ חֶצְיוֹ זַכַּאי וְחֶצְיוֹ חַיָּב וְכוּ' עָשָׂה מִצְוָה אַחַת אַשְׁרָיו שֶׁהִכְרִיעַ אֶת עַצְמוֹ וְאֶת כָּל הָעוֹלָם כֻּלּוֹ לְכַף זְכוּת', וְיִזְכֹּר גֹּדֶל מַעֲלַת נִשְׁמָתוֹ וְיִהְיֶה תַּקִּיף וְחָזָק בַּעֲבוֹדַת הַשֵּׁ"י וְכָל מַה שֶּׁהוּא זוּלַת עֲבוֹדַת הַשֵּׁ"י יִהְיֶה כְּאֶפֶס וּכְאַיִן וְלֹא יָנוּחַ וְלֹא יִשְׁקֹט אֲפִלּוּ רֶגַע בַּאֲשֶׁר יוֹדֵעַ שֶׁכָּל הָעוֹלָם תָּלוּי בּוֹ.

וְהִנֵּה כְּבָר אָמַרְנוּ בְּמָקוֹם אַחֵר הַהֶפְרֵשׁ בֵּין נְטִיעָה לִזְרִיעָה, שֶׁעִנְיַן זְרִיעָה הוּא שֶׁנּוֹתֵן אֶת הַגַּרְעִין בָּאָרֶץ וְהוּא נִרְקָב וְאַחַר כָּךְ נִצְמַח מִמֶּנּוּ זְרָעִים אוֹ אִילָן וְאָמְרוּ ז"ל "אִימַת קָגְבִיל לְבָתַר דְּבָלֵה", וְעִנְיַן נְטִיעָה הוּא הַנּוֹטֵעַ יִחוּר אוֹ זְמוֹרָה בָּאָרֶץ וְהוּא מִשְׁתָּרֵשׁ וּמִתְגַּדֵּל וּמִתְעַבֶּה עַד שֶׁנַּעֲשֵׂית הַזְּמוֹרָה עַצְמָהּ שֶׁנָּטַע לְאִילָן רַב.

וּבַעֲבוֹדַת הַשֵּׁ"י מְכֻנִּים שְׁנֵי דְּרָכִים הנ"ל לִזְרִיעָה וּנְטִיעָה, שֶׁעֲבוֹדַת הַשֵּׁ"י בִּבְחִינַת בִּטּוּל כנ"ל הִיא כְּעֵין זְרִיעָה דְּקָגְבִיל לְבָתַר דְּבָלָה, וּכְמוֹ כֵן הַמְּבַטֵּל אֶת עַצְמוֹ וְנַעֲשֶׂה נִכְנָע לְהַשֵּׁ"י בְּכָל בְּחִינָה אָז יֵעָרֶה עָלָיו רוּחַ מִמָּרוֹם בְּחַיּוּת חֲדָשָׁה וְיִצְמַח וְיִגְדַּל, וְהַדֶּרֶךְ הַשֵּׁנִי לִהְיוֹת תַּקִּיף וְחָזָק בַּעֲבוֹדַת הַשֵּׁ"י הוּא בְּחִינַת נְטִיעָה, כִּי כָּל נְטִיעָה הִיא לְשׁוֹן חֹזֶק וְעַיֵּן

בְּסֵפֶר נֵצַח יִשְׂרָאֵל לַמַּהֲרָ"ל ז"ל (פרק ז), וּמִקְרָא מָלֵא הוּא (תהלים א, ג): "וְהָיָה כְּעֵץ שָׁתוּל עַל פַּלְגֵי מָיִם וְגוֹ'".

וְנֶגֶד שְׁתֵּי בְּחִינוֹת אֵלּוּ אָמַר הִלֵּל (אבות א, יד): "אִם אֵין אֲנִי לִי מִי לִי, וּכְשֶׁאֲנִי לְעַצְמִי מָה אֲנִי", 'אִם אֵין אֲנִי לִי מִי לִי' הוּא הַדֶּרֶךְ הַשֵּׁנִי הנ"ל שֶׁיִּהְיֶה תַּקִּיף וְגִבּוֹר בַּעֲבוֹדַת ה' לֹא יָשׁוּב מִפְּנֵי כֹּל, 'וּכְשֶׁאֲנִי לְעַצְמִי מָה אֲנִי' הוּא בְּחִינַת בִּטּוּל.

וְהִנֵּה בַּעֲבוֹדַת הָאָדָם נִרְאֶה שֶׁיֵּשׁ לְהַקְדִּים לִהְיוֹת גִּבּוֹר תַּקִּיף בַּעֲבוֹדַת ה' בְּחֹזֶק, זוֹ בְּחִינַת נְטִיעָה, כִּי אִם יַתְחִיל בִּבְחִינַת בִּטּוּל יֵשׁ לָחוּשׁ שֶׁיִּתְבַּטֵּל וְיִתְבַּיֵּשׁ בִּפְנֵי הַמַּלְעִיגִים עָלָיו אוֹ יֶתֶר הַמְּנִיעוֹת, עַל כֵּן יֵשׁ לְהַקְדִּים בְּחִינַת נְטִיעָה שֶׁהִיא חֹזֶק הַלֵּב וְהִתְלַהֲבוּת, וְאַחֲרֵי כֵן יָבוֹא לִבְחִינַת בִּטּוּל, וּכְפִי שֶׁסִּדֵּר הִלֵּל בָּרִאשׁוֹנָה 'אִם אֵין אֲנִי לִי מִי לִי', וְאַחַר כָּךְ 'וּכְשֶׁאֲנִי לְעַצְמִי מָה אֲנִי'. וְכֵן יֵשׁ לְפָרֵשׁ הַכָּתוּב (בראשית ב, ח) "וַיִּטַּע ה' אֱלֹקִים גַּן בְּעֵדֶן מִקֶּדֶם וַיָּשֶׂם שָׁם אֶת הָאָדָם אֲשֶׁר יָצָר", הַיְנוּ שֶׁבָּרִאשׁוֹנָה 'וַיִּטַּע וְגוֹ'' שֶׁנִּבְרָא בְּחִינַת נְטִיעָה הִיא הִתְחַזְּקוּת וְהִתְגַּבְּרוּת, לְמַעַן כְּשֶׁיָּבוֹא הָאָדָם יִקְנֶה בָּרִאשׁוֹנָה הַבְּחִינָה הַהִיא וְיִהְיֶה גִּבּוֹר תַּקִּיף לְהַמְשִׁיךְ אֶת כָּל הָעוֹלָם לַעֲבוֹדַת הש"י, כְּמוֹ שֶׁאָמְרוּ ז"ל (זהר הקדוש ח"א, רכא ע"ב) שֶׁאָמַר אָדָם הָרִאשׁוֹן לְכָל הַבְּהֵמוֹת וְהַחַיּוֹת בּוֹאוּ וְנִשְׁתַּחֲוֶה וְגוֹ'. וְזֶה שֶׁמְּרֻמָּז בְּדִבְרֵי הַמִּדְרָשׁ "שֶׁלֹּא נִתְעַסֵּק הַקָּדוֹשׁ בָּרוּךְ הוּא אֶלָּא בְּמַטָּע תְּחִלָּה", **וְכֵן הוּא הַדֶּרֶךְ לְהַקְדִּים בְּחִינַת נְטִיעָה לִבְחִינַת זְרִיעָה כנ"ל.**

קדושים שנת תרע"א

במדרש רבה (ויקרא רבה פרשה כה): "רבי יהודה ברבי סימון פתח: אַחֲרֵי ה' אֱלֹקֵיכֶם תֵּלֵכוּ (דברים יג, ה) וגו' עד אלא מתחילת ברייתו של עולם לא נתעסק הקדוש ברוך הוא אלא במטע תחילה, הדא הוא דכתיב (כמאמר הכתוב, בראשית ב, ח): 'וַיִּטַּע ה' אֱלֹקִים גַּן בְּעֵדֶן מִקֶּדֶם', אף אתם כשתכנסו לארץ לא תתעסקו אלא במטע תחילה הדא הוא דכתיב: 'כִּי תָבֹאוּ אֶל הָאָרֶץ וּנְטַעְתֶּם' (ויקרא יט, כג)".

ונראה דהנה בעבודת השם יתברך יש שני דרכים:

בחינת ביטול, היינו שיחשוב מהותו מה הוא מאין באת מטפה סרוחה וכי הוא בריה שפלה וקטנה עומדת בדעת מעוטה וקלה לפני תמים דעות ברוך הוא ושיהיה נבזה בעיניו נמאס וע"י זה יהיה נכנע להשם יתברך.

ויש דרך שיגבה לבו בדרכי הש"י, ו"חייב אדם לומר בשבילי נברא העולם" (סנהדרין ד, ה), ו"יראה אדם עצמו חציו זכאי וחציו חייב וכו' עשה מצוה אחת אשריו שהכריע את עצמו ואת כל העולם כולו לכף זכות" (קידושין מ ע"ב), ויזכור גודל מעלת נשמתו ויהיה תקיף וחזק בעבודת הש"י, וכל מה שהוא זולת עבודת הש"י יהיה כאפס וכאין ולא ינוח ולא ישקוט אפילו רגע באשר יודע שכל העולם תלוי בו.

והנה כבר אמרנו במקום אחר ההפרש בין נטיעה לזריעה, שענין זריעה הוא שנותן את הגרעין בארץ והוא נרקב ואח"כ נצמח ממנו זרעים או אילן ואמרו ז"ל "אימת קגביל לבתר דבלה" **מתי נהיה הוא מעורב? לאחר שהתבלה** (עיינו, תמורה לא ע"א), וענין נטיעה הוא הנוטע ייחור או זמורה בארץ והוא משתרש ומתגדל ומתעבה עד שנעשית הזמורה עצמה שנטע לאילן רב.

ובעבודת הש"י מכונים שני דרכים הנ"ל לזריעה ונטיעה, שעבודת הש"י בבחינת ביטול כנ"ל היא כעין זריעה דקגביל לבתר דבלה. וכמו כן המבטל את עצמו ונעשה נכנע להשם יתברך בכל בחינה, אז יערה עליו רוח ממרום בחיות חדשה ויצמח ויגדל. והדרך השני, להיות תקיף וחזק בעבודת הש"י הוא בחינת נטיעה, כי כל נטיעה היא לשון חוזק, ועיין בספר נצח ישראל למהר"ל ז"ל (פרק ז), ומקרא מלא הוא (תהלים א, ג): "וְהָיָה כְּעֵץ שָׁתוּל עַל פַּלְגֵי מָיִם וגו'".

ונגד שתי בחינות אלו אמר הלל (אבות א, יד): ״אם אין אני לי מי לי, וכשאני לעצמי מה אני״, ׳אם אין אני לי מי לי׳ הוא הדרך השני הנ״ל שיהיה תקיף וגיבור בעבודת ה׳ לא ישוב מפני כל, ׳וכשאני לעצמי מה אני׳ הוא בחינת ביטול.

והנה בעבודת האדם נראה שיש להקדים להיות גיבור תקיף בעבודת ה׳ בחוזק, זו בחינת נטיעה, כי אם יתחיל בבחינת ביטול יש לחוש שיתבטל ויתבייש בפני המלעיגים עליו או יתר המניעות, על כן יש להקדים בחינת נטיעה שהיא חוזק הלב והתלהבות, ואחרי כן יבוא לבחינת ביטול, וכפי שסידר הלל בראשונה ׳אם אין אני לי מי לי׳, ואח״כ ׳וכשאני לעצמי מה אני׳. וכן יש לפרש הכתוב (בראשית ב, ח) ״וַיִּטַּע ה׳ אֱלֹקִים גַּן בְּעֵדֶן מִקֶּדֶם וַיָּשֶׂם שָׁם אֶת הָאָדָם אֲשֶׁר יָצָר״, היינו שבראשונה ׳ויטע וגו׳׳ שנברא בחינת נטיעה היא התחזקות והתגברות, למען כשיבוא האדם יקנה בראשונה הבחינה ההיא ויהיה גיבור תקיף להמשיך את כל העולם לעבודת הש״י, כמו שאמרו ז״ל (זוהר הקדוש ח״א דף רכא ע״ב) שאמר אדם הראשון לכל הבהמות והחיות בואו ונשתחוה וגו׳.

וזה שמרומז בדברי המדרש ״שלא נתעסק הקדוש ברוך הוא אלא במטע תחילה״, **וכן הוא הדרך להקדים בחינת נטיעה לבחינת זריעה כנ״ל.**

קדושים שנת תרע״א

על זריעה ונטיעה בעבודת ה'

הצורך בהפרחת שממות הארץ הביא בדורות האחרונים להתחדשותו של מנהג, שהפך למאפיין אולי הראשי של ט"ו בשבט, לפחות בעיני הציבור הרחב, הלוא הוא מנהג הנטיעות. המוני ילדי ישראל שיוצאים ביום זה עם "רון בלב ואת ביד" אולי לא יודעים, אבל המעשה אותו הם עומדים לעשות - נטיעת אילנות בארץ ישראל - הוא דבר שחז"ל ראו בו חשיבות מרובה.

במסכת אבות דרבי נתן (נוסחא ב פרק לא) אנו מוצאים הדרכה המלמדת על עומק העניין: "אם היתה נטיעה בתוך ידך ויאמרו לך הרי לך המשיח, בוא ונטע את הנטיעה ואחר כך צא והקבילו". שורשיה של הנטיעה עתיקי יומין הן, ומגיעים עד לראשיתו של העולם, ככתוב: "וַיִּטַּע ה' אֱלֹקִים גַּן בְּעֵדֶן מִקֶּדֶם" (בראשית ב, ח). תיאורו של הקב"ה כמי שמתעסק בנטיעות בכבודו ובעצמו מלמד על גודל הפעולה והשפעתה הרבה בעולם. חז"ל הבינו שיש פה קריאת כיוון לאדם, ללכת בדרכו של ה' ולעסוק גם כן בנטיעה, כפי שמביא ה'שם משמואל' בראש הפיסקה: "מתחילת ברייתו של עולם לא נתעסק הקב"ה אלא במטע תחילה... אף אתם כשתכנסו לארץ לא תתעסקו אלא במטע תחילה...".

"העולם הוא אדם גדול והאדם הוא עולם קטן" זהו ביטוי מפורסם

שמקורו בדברי הרמח"ל (גנזי רמח"ל עמ' עז). אחת המשמעויות של משפט זה היא, שתהליכים המתרחשים בעולם הגדול מתרחשים 'בקטן' אצל כל אחד ואחד. גם בעולם הצומח ישנם תהליכים שניתן למצוא להם מקבילה אצל האדם. אפשר לומר אם כן שאין מתאים מיום ט"ו בשבט, חגו של עולם הטבע, כדי להתבונן במהלכו בתהליכים המשותפים שבין האדם והצומח.

בפיסקה זו מעמיק ה'שם משמואל' בהבנת פעולת הנטיעה, לא רק במובנה המעשי אלא גם בהיבט הרוחני והנפשי שלה. נצא בעקבותיו ונתעסק אף אנו במטע. ראשית, עלינו להבחין בין שתי פעולות דומות בעולם הצומח - הזריעה והנטיעה, ומתוך כך נוכל להבין את התנועות המקבילות להן בנפש האדם.

בפעולת הזריעה לוקח האדם את הזרע ומכניס אותו לגומה קטנה באדמה. אחר כך עליו לכסות את הזרע, להשקות אותו ו...להמתין. לחלוחית האדמה תשפיע על הזרע הטמון בתוך רגביה, ותביא אותו תוך ימים אחדים לידי ריקבון. ממצב זה של ריקבון, בסדר אלוקי מופלא, ינבט הזרע ויצמח הצמח.

פעולת הנטיעה דומה מאד לפעולת הזריעה. נקודת ההתחלה שונה במעט, האדם לוקח ענף של עץ ולא רק זרע, אבל מכאן והלאה זה די דומה: יש להכניס את הייחור לגומא קטנה באדמה, לכסות אותו, להשקות ו...להמתין. וכאן מגיע ההבדל העיקרי. בעוד שבזריעה מגיע הזרע למצב של ריקבון, מאבד את צורתו הראשונית, ורק מתוך כך יכול הוא לצמוח ולגדול, הרי שבנטיעה, שומר השתיל הקטן על צורתו המקורית, ולאחר ההשרשה והקליטה הטובה באדמה הוא רק הולך וגדל, מתעבה וגובהַ.

וכמו בחומר כך ברוח; ישנם שני מודלים לצמיחה רוחנית, הראשון מקביל לנביטת הזרע והשני מקביל לגדילת הנטיעה-השתיל.

במסכת אבות מביאה המשנה (ג, א) את דברי עקביא בן מהללאל:

"דע מאין באת, ולאן אתה הולך, ולפני מי אתה עתיד ליתן דין וחשבון. מאין באת? מטיפה סרוחה...". אדם המודע לקטנותו מכיר בכך שהכול מאתו יתברך, מה שגורם לו להשקיע בעיקר ולתת לטפל את היחס

הראוי לו. אדם זה עובד את ה' מתוך תנועה נפשית של הקטנת עצמו, לטובת גדילה עתידית. הוא קורא אל ה' מן המצר, וה' עונה אותו במרחב. תנועה זו מקבילה לנביטת הזרע. הריקבון של הזרע מאפשר לו לצמוח באופן הראוי לו, ובהתאמה, הקטנת האדם בעיני עצמו מסייעת בידו לגדול באופן מיטבי.

לעומת מי שגדל מתוך הרגשת ביטול כלפי הבורא יתברך, יש מי שגדל מתוך תפיסה של גדלות. המדרש מתאר בצורה ציורית כיצד מסייר הקב"ה עם אדם הראשון בגן עדן ומציג בפניו את יפי הבריאה. הקב"ה פונה אל האדם ואומר לו: "כל מה שבראתי - בשבילך בראתי! תן דעתך שלא תקלקל ותחריב את עולמי" (קהלת רבה פרשה ז פיסקא יג). הקב"ה מעצים את האדם מתוך רצון וידיעה, שאם הוא יהיה מודע לצלם אלוקים שבו ולכוחות הרבים שבקרבו, הוא יוכל 'לפעול עם א-ל' ולתקן את העולמות על הצד היותר טוב. תנועה זו מקבילה לצמיחת הנטיעה. עיבוי הנטיעה והשרשתה מביאים אותה לממדים כבירים, והגדלת ערך האדם בעיני עצמו מביאה אותו לממש את הפוטנציאל הגלום בו ולהביא ברכה גדולה לעולם, על פי כישוריו.

חשוב להכיר בכך שכשם שבעולם הצומח יש צורך בשתי הפעולות, הזריעה והנטיעה, כך גם בעבודת ה' יש מקום לשתי הדרכים, דרך ה'ביטול' ודרך 'הגדלת הערך העצמי'.

אך ה'שם משמואל' לא מסתפק בהבחנה זו. הרי בניגוד לעולם הצומח, שבו מחולקים הצמחים ונפרדים אחד מהשני, נפש האדם אחת היא ועליו לנקוט בדרך של "אחוז מזה וגם מזה אל תנח ידך", ואם כן דרושה לו הדרכה יותר מדויקת בעבודת ה'. משום כך נכנס ה'שם משמואל' לעובי הקורה, ומכריע מהו הסדר הנכון להופעת דרכי הזריעה והנטיעה אצל האדם.

הנטיעה קודמת לזריעה, כך פוסק ה'שם משמואל'. במסלול התפתחותו הרוחנית חייב האדם להכיר ראשית כל בגודל נשמתו, להיות מודע ליכולותיו, ולהיות ערוך לנצל אותן לטובה כראוי. כך הוא יעצב לעצמו חוט שדרה ערכי וביטחון עצמי רוחני. רק לאחר מכן

הוא יוכל לעמוד נוכח ביקורת עצמית, ואף יצטרך לעשות זאת. שינוי הסדר עלול לגרום לאדם לאבד את עולמו הרוחני, כתוצאה מייאוש הנובע מחוסר עוצמה פנימית.

כי אם יתחיל בבחינת ביטול, יש לחוש שיתבטל ויתבייש בפני המלעיגים עליו או יתר המניעות, על כן יש להקדים בחינת נטיעה, שהיא חוזק הלב והתלהבות, ואחרי כן יבוא לבחינת ביטול.

אם הזריעה הרוחנית, 'הביטול', תתרחש קודם הנטיעה הרוחנית, 'העצמת האני', יש חשש שהאדם לא יצליח לעמוד נוכח האתגרים הרוחניים מבית ומחוץ, ולכן קודם כל יש לנטוע ורק לאחר מכן לזרוע.

בין דברי הזוגות המובאים בפרק ראשון במסכת אבות מפורסמים דבריו של הלל הזקן: "אם אין אני לי מי לי, וכשאני לעצמי מה אני..." (משנה יד). שני החלקים במשפט מקבילים לשתי הדרכים שהזכרנו: החלק הראשון הוא העצמת האני והחלק השני הוא הביטול. ה'שם משמואל' מבאר שחידושו של הלל במשנה אינו רק בהצגת שתי הדרכים אלא גם בהצבת הסדר הראוי ביניהן. לא לחינם הן מסודרות בסדר זה. ראשית, על האדם להכיר בערך עצמו, ורק לאחר מכן ראוי שיקטין עצמו ויכיר במוגבלותו.

דברי ה'שם משמואל' יכולים להיות לנו למורה דרך גם בתחום החינוך. כמו בעולם הרוח, גם בעולם החינוך חשוב לדעת מהו הסדר החינוכי הנכון. ילד רך בשנים חייב העצמה. בגיל זה, מחמאות ופרגונים צריכים להיות לחם חוקו, והביקורת - מדודה במשורה. ככל שיגדל הילד ויתבגר, הוא יפתח לעצמו אישיות איתנה בעלת חוסן נפשי, ויוכל לקבל גם ביקורות בונות ולהיבנות מהן. זהו חלק מתהליך ההתבגרות של האדם. לצערנו לעיתים קורה הפוך. פעמים רבות, אנחנו מעמיסים על ילדים בגילאים צעירים תביעות תורניות ומטלות מדעיות שאינן לפי כוחם. במקביל, אנחנו נוטים למעט בפירגונים ולהגזים בשבט הביקורת. לא פלא שילדים הגדלים באווירה שכזו, מפתחים 'אנטי' כלפי מחנכיהם ופורקים מעליהם את עול המרות והסמכות. ביקורות בשלב זה, גם אם תהיינה מוצדקות, כבר לא יצליחו בהכרח לפעול את פעולתן, וחבל.

מומלץ שאת ׳חג הנטיעות׳ ננצל כדי להתמקצע בפעולת הנטיעה. עלינו ההורים והמחנכים להשתדל בכל מאודנו להעצים את ילדינו ואת חניכינו, בראיית הטוב שבהם, באמירת מילים טובות כלפיהם, ובשכלול כישרונותיהם המבורכים בהתאם לאישיותם.

ט"ו בשבט: רון בלב

יֵשׁ לְהִתְבּוֹנֵן בְּעִנְיַן יוֹם ט"ו שְׁבָט שֶׁאֵין אוֹמְרִים בּוֹ תַּחֲנוּן, הֲלוֹא מַה שֶּׁהוּא רֹאשׁ הַשָּׁנָה לָאִילָן הוּא דָּבָר טִבְעִי, שֶׁיָּצְאוּ רוֹב גִּשְׁמֵי הַשָּׁנָה וְעָלָה הַשְּׂרָף בָּאִילָנוֹת וְנִמְצְאוּ הַפֵּרוֹת חוֹנְטִין מֵעַתָּה, וּמַה עִנְיָן שֶׁלֹּא יֹאמַר בּוֹ תַּחֲנוּן, אַחַר שֶׁאֵין בּוֹ קְדֻשָּׁה וְלֹא מִצְוָה וְלֹא נַעֲשָׂה בּוֹ נֵס וְלֹא עִנְיָן מֵעִנְיְנֵי יִשְׂרָאֵל.

וְנִרְאֶה דְּעִנְיַן הָאִילָן הוּא הַמְחַבֵּר אֶת הַפְּרִי לָאָרֶץ, וְהוּא מְמֻצָּע בֵּין הָאָרֶץ לַפְּרִי, וְיֵשׁ בּוֹ כֹּחַ הַמְחַבֵּר.

וּמִן מַהוּתוֹ שֶׁל הָאִילָן בְּגַשְׁמִיּוּת נִלְמַד עַל רוּחָנִיּוּתוֹ וְעַל כֵּן נִמְשַׁל בּוֹ הָאָדָם כְּדִכְתִיב: "כִּי הָאָדָם עֵץ הַשָּׂדֶה", כִּי צוּרַת הָאָדָם הוּא לְחַבֵּר הָעֶלְיוֹנִים וְהַתַּחְתּוֹנִים, כַּאֲשֶׁר יֵשׁ בּוֹ נְשָׁמָה מֵהָעֶלְיוֹנִים וְגוּף נוֹשֵׂא הַנְּשָׁמָה מֵהַתַּחְתּוֹנִים.

וְהִנֵּה כְּמוֹ הַגְּשָׁמִים הַגַּשְׁמִיִּים מִתְגַּלּוֹת פְּעֻלָּתָם בָּאִילָנוֹת אַחַר שְׁלִישׁ הַשָּׁנָה שֶׁעָלָה הַשְּׂרָף בָּאִילָנוֹת וְנִמְצְאוּ הַפֵּרוֹת חוֹנְטִים מֵעַתָּה, כֵּן נַמֵּי מֵרֹאשׁ הַשָּׁנָה וְאֵילָךְ לַצַּדִּיקִים שֶׁנִּכְתָּבִין וְנֶחְתָּמִין לְאַלְתַּר לְחַיִּים אוֹ מִיּוֹם הַכִּפּוּרִים וְיוֹם רִאשׁוֹן שֶׁל סֻכּוֹת וָאֵילָךְ שֶׁהוּא חֶסֶד שֶׁבַּחֶסֶד שֶׁמִּתְקָרְבִים גַּם הַבִּלְתִּי רְאוּיִים מִצַּד הַדִּין נִכְנָסוֹת בָּאָדָם יוֹם אַחַר יוֹם הֶאָרָה אֱלֹקִית וְהִתְעוֹרְרוּת כנ"ל, וְהָאִישׁ שֶׁאֵינֶנּוּ שׁוֹטֶה הַמְאַבֵּד מַה שֶּׁנּוֹתְנִין לוֹ מִתְוַסְּפִים בּוֹ חַיּוּת וָרֶגֶשׁ הַנֶּפֶשׁ וּכְשֶׁהִגִּיעַ שְׁלִישׁ שָׁנָה כְּבָר נִשְׁלְמָה בְּחִינַת הַלֵּב שֶׁבָּאָדָם כְּבַמִּדְרָשׁ שֶׁהַלֵּב נִתָּן בַּשְּׁלִישׁ הָעֶלְיוֹן שֶׁבָּאָדָם וְהִיא כְּדִמְיוֹן הַשְּׂרָף שֶׁעָלָה בָּאִילָנוֹת... אַךְ כַּאֲשֶׁר עָבַר שְׁלִישׁ הַשָּׁנָה וְנִשְׁלְמָה בּוֹ בְּחִינַת הַלֵּב, מַתְחִיל זְמַן יוֹתֵר בָּהִיר לְתוֹרָה וַעֲבוֹדָה שֶׁהַיָּמִים מִתְעַלִּין וְהוֹלְכִים יוֹם אַחַר יוֹם וְהֵם יְמֵי עֲבוֹדָה בַּתּוֹרָה וּמִצְוֹת בְּאֹפֶן יוֹתֵר נַעֲלֶה מִכָּל הַשָּׁנָה בְּחַיּוּת וָרֶגֶשׁ וְהִתְעוֹרְרוּת הַלֵּב. וּבְכֵן כְּמוֹ שֶׁהוּא רֹאשׁ הַשָּׁנָה לָאִילָן הַמְחַבֵּר כנ"ל כֵּן הוּא בָּאָדָם הַדּוֹמֶה לָאִילָן שֶׁאָז מַתְחִילָה תְּקוּפָה חֲדָשָׁה בְּהִתְפַּעֲלוּת הַלֵּב יוֹתֵר וְיוֹתֵר מֵאֲשֶׁר עַד כֹּה.

וּלְפִי הָאָמוּר תּוּבַן מַחְלֹקֶת בֵּית שַׁמַּאי וּבֵית הִלֵּל שֶׁשְּׁנֵיהֶם לְדָבָר אֶחָד מִתְכַּוְּנִין וְהָאִילָן הַגַּשְׁמִי הוּא דֻּגְמָה לָאָדָם וּשְׁנֵיהֶם מוֹדִים

שֶׁמְּחַשְּׁבִים שְׁלִישׁ הַשָּׁנָה שֶׁתִּגָּמֵר בְּחִינַת הַלֵּב הַנִּתֶּנֶת מִשְּׁנֵי שְׁלִישֵׁי הָאָדָם וּלְמַעְלָה.

אַךְ בֵּית שַׁמַּאי מְדַבְּרִים לְפִי מִדָּתָם מִדַּת הַדִּין וְצַדִּיקִים הַזּוֹכִים בַּדִּין נִכְתָּבִים וְנֶחְתָּמִין בְּרֹאשׁ הַשָּׁנָה לְאַלְתַּר לְחַיִּים וְנִפְסְקוּ לָהֶם גְּשָׁמִים רוּחָנִיִּים כנ"ל וְנִשְׁלַם שְׁלִישׁ הַשָּׁנָה בְּאֶחָד בִּשְׁבָט שֶׁנִּשְׁלְמָה בְּחִינַת הַלֵּב וּלְעֻמַּת הָאָדָם נִמְשָׁךְ טֶבַע הָאִילָן שֶׁהוּא דֻּגְמָתוֹ.

וּבֵית הִלֵּל שֶׁמִּדָּתָם חֶסֶד מְחַשְּׁבִים מִט"ו תִּשְׁרֵי יוֹם רִאשׁוֹן שֶׁל סֻכּוֹת חֶסֶד שֶׁבַּחֶסֶד שֶׁמִּשָּׁם וָאֵילָךְ מַתְחִילִין לְחַשֵּׁב שְׁלִישׁ הַשָּׁנָה, כְּאָמְרָם ז"ל "מַה דַּאֲזַל אֲזַל מִן הָכָא נָחֵל חוּשְׁבְּנָא", וְאַחֲרֵיהֶם נִמְשָׁךְ טֶבַע הָאִילָן, עַל כֵּן יִגָּמֵר שְׁלִישׁ הַשָּׁנָה שֶׁהוּא בְּחִינַת הַלֵּב בְּט"ו בִּשְׁבָט.

וּלְפִי הָאָמוּר יוּבַן הֵיטֵב עִנְיַן ט"ו בִּשְׁבָט שֶׁאֵין אוֹמְרִים בּוֹ תַּחֲנוּן, שֶׁהוּא בֶּאֱמֶת זְמַן שִׂמְחָה לְיִשְׂרָאֵל הָרוֹצִין לַעֲבֹד אֶת ה' בִּבְחִינַת לֵב וְלֹא בְּקְרִירוּת רוּחַ וּמִצְוַת אֲנָשִׁים מְלֻמָּדָה.

פרשת בשלח שנת תרע"ד

יש להתבונן בעניין יום ט"ו שבט שאין אומרים בו תחנון, הלוא מה שהוא ראש השנה לאילן הוא דבר טבעי, שיצאו רוב גשמי השנה ועלה השרף באילנות ונמצאו הפירות חונטין מעתה, ו**לכן,** מה ענין שלא יאמר בו תחנון? **מ**אחר שאין בו קדושה ולא מצוה ולא נעשה בו נס ולא ענין מענייני ישראל **לכאורה, אין סיבה להימנע מאמירת תחנון, שנוהגים להימנע מלאומרו רק בימים מיוחדים של שמחה.**

ונראה דענין האילן הוא המחבר את הפרי לארץ, והוא ממוצע בין הארץ לפרי, ויש בו כוח המחבר.

ומן מהותו של האילן בגשמיות נלמד על רוחניותו ועל כן נמשל בו האדם כדכתיב (דברים כ, יט): "כִּי הָאָדָם עֵץ הַשָּׂדֶה", כי צורת האדם הוא לחבר העליונים והתחתונים, באשר יש בו נשמה מהעליונים וגוף נושא הנשמה מהתחתונים.

והנה כמו הגשמים הגשמיים **ש**מתגלות פעולתם באילנות אחר שליש השנה שעלה השרף באילנות ונמצאו הפירות חונטים מעתה, כן נמי **כך גם אצל בני האדם. והדבר משתנה לפי הזמן שבו נחתם גזר דינם. אפשרות ראשונה,** מראש השנה ואילך לצדיקים, שנכתבין ונחתמין לאלתר **מיד** לחיים. או, **אפשרות שנייה,** מיום הכיפורים ויום ראשון של סוכות ואילך, שהוא חסד שבחסד, שמתקרבים גם הבלתי ראויים מצד הדין. **בשני המקרים** נכנסות באדם יום אחר יום הארה אלוקית והתעוררות כנ"ל. והאיש שאיננו שוטה המאבד מה שנותנין לו, מתווספים בו חיות ורגש הנפש, וכשהגיע שליש שנה כבר נשלמה בחינת הלב שבאדם, כבמדרש שהלב ניתן בשליש העליון שבאדם והיא כדמיון השרף שעלה באילנות...

אך כאשר עבר שליש השנה ונשלמה בו בחינת הלב, מתחיל זמן יותר בהיר לתורה ועבודה, שהימים מתעלין והולכים יום אחר יום, והם ימי עבודה בתורה ומצוות באופן יותר נעלה מכל השנה בחיות ורגש והתעוררות הלב.

ובכן כמו שהוא ראש השנה לאילן המחבר כנ"ל, כן הוא באדם הדומה לאילן, שאז מתחילה תקופה חדשה בהתפעלות הלב יותר ויותר מאשר עד כה.

ולפי האמור תובן מחלוקת בית שמאי ובית הלל (ראש השנה א, א) **בית שמאי סוברים שראש השנה לאילן הוא בא׳ בשבט, ובית הלל סוברים שהוא בט״ו בשבט**, ששניהם לדבר אחד מתכוונין, **והאילן הגשמי הוא דוגמה לאדם, ושניהם מודים שמחשבים שליש השנה שתיגמר בחינת הלב הניתנת משני שלישי האדם ולמעלה.**

אך בית שמאי מדברים לפי מידתם מדת הדין, **ולכן לפי שיטתם מתחילה השנה ביום הדין שהוא ראש השנה**, וצדיקים הזוכים בדין נכתבים ונחתמין בראש השנה לאלתר לחיים ונפסקו להם גשמים רוחניים כנ״ל, ונשלם שליש השנה באחד בשבט, שנשלמה בחינת הלב, ולעומת האדם נמשך טבע האילן שהוא דוגמתו.

ובית הלל שמידתם חסד, מחשבים **את תחילת השנה** מט״ו תשרי יום ראשון של סוכות, **שהוא** חסד שבחסד, שמשם ואילך מתחילין לחשוב **לחשֵׁב** שליש השנה, כאמרם ז״ל ״מה דאזל אזל מן הכא נחל חושבנא״ **מה שהיה - היה, ומעתה יחל חשבון חדש** (ויקרא רבה פרשה ל פסקא ז), ואחריהם נמשך טבע האילן, על כן יגמר שליש השנה שהוא בחינת הלב בט״ו בשבט.

ולפי האמור יובן היטב ענין ט״ו בשבט שאין אומרים בו תחנון, שהוא באמת זמן שמחה לישראל הרוצין **שרוצים** לעבוד את ה׳ בבחינת לב ולא בקרירות רוח ומצות אנשים מלומדה.

פרשת בשלח שנת תרע״ד

רון בלב

אחד התאריכים שעוברים 'לידינו' ללא תשומת לב מספקת הוא ט"ו בשבט, ולכאורה בצדק רב. המשנה הראשונה במסכת ראש השנה מציינת שט"ו בשבט הוא "ראש השנה לאילן", מה שמלמד שעניינו של יום קשור בעיקרו לאילנות ולא לבני אדם. הגמרא (ראש השנה יד ע"א) מנמקת את קביעת המשנה בכך שבתאריך זה כבר "יצאו רוב גשמי השנה", כשמשמעות הדבר כפי שעולה מפירוש רש"י היא ש"עלה השרף באילנות". תופעות אלו טבעיות הן, וקשורות יותר לעולם הצומח ופחות לבני האדם. אומנם ישנן השלכות הלכתיות לט"ו בשבט (בעיקר ביחס לדיני תרומות ומעשרות), ועדיין, היה נראה, שיום זה אמור להישאר במעגלי הלכות זרעים ותו לא.

אולם עיון בשולחן ערוך (אורח חיים סימן קלא סעיף ו) מלמד שט"ו בשבט הוא אחד מהימים שאין אומרים בהם תחנון, הלכה המעידה על כך שיום זה הוא יום של שמחה, ויש להבין מדוע. עוד יש לעמוד על תאריכו של ראש השנה לאילן. אם נתבונן במועדי ישראל, הן אלה שמקורם בתורה והן אלה שמדברי חכמים, נוכל להבחין שהם כולם חלים בתאריך שאין עליו חולק, ורק לגבי ראש השנה לאילן נפלה מחלוקת בין בית שמאי לבית הלל, כשבית שמאי קובעים אותו ב־א' בשבט ואילו בית הלל ב־ט"ו. בשאלות הללו התחבט בעל ה'שם

משמואל׳, ואת המפתח לתשובה הוא תולה בהתבוננות על ימים אלה לא רק מתוך נקודת מבטו של הצמח, אלא בעיקר באספקלריה של המתרחש בעולמו של האדם.

״כִּי הָאָדָם עֵץ הַשָּׂדֶה״ (דברים כ, יט), אומרת התורה בפסוק המפורסם. משל זה שנותנת התורה יוצר למעשה השוואה בין האדם לאילן בדרכים מסוימות. מכאן מסיק ה׳שם משמואל׳, שהשינויים המשמעותיים שמתרחשים בעולם הצומח בתקופה זו, מלמדים על תהליכי עומק מבורכים שהולכים ומבשילים גם בליבות בני האדם. לצורך הבנת דבריו יש להבין ראשית כל מהו התהליך הטבעי שמתרחש באילנות, ומתוך כך להתבונן במתחולל בעולם האנושי.

כאמור, ראש השנה לאילן נקבע בתאריך שבו כבר ״יצאו רוב גשמי השנה״. רש״י במקום מסביר, שירידת מירב הגשם עד כה גורמת לכך ש״עלה השרף באילנות ונמצאו הפירות חונטין מעתה״, ונבאר דבריו. תהליכים מרתקים מתרחשים עמוק בתוככי האילן, הרחק מעינם הבוחנת של בני האדם. לאחר חודשי שמש רבים, שבהם איבד האילן מלחלוחיתו הפנימית, באים חודשי החורף ומרווים את האילן בגשמיהם. האילן יונק מכוחות החיים האצורים ברגבי האדמה שבה טמונים שורשיו, ומחדש את כוחו במתינות ובבטחה. לאחר זמן מה מתחילה תנועה של מוהל בתוך העץ, מן השורשים אל הענפים. מוהל זה, שנקרא בלשון חז״ל ׳שרף׳, מוביל מים וחומרים נוספים שהכרחיים להיווצרות הפירות. השרף איננו הפרי המיוחל, אולם הוא נושא בכנפיו בשורה חשובה. מעיד הוא כאלף עדים, שהנה, לאחר הכנה ממושכת, חידש האילן את כוחו, וכבר מתחיל בתהליך פנימי שבסופו עתיד הוא לתת את פירותיו.

מעניין לראות שתהליך דומה מתרחש במקביל אצל בני האדם. בראשית השנה משתדל כל אחד ׳לפתוח דף חדש׳ ולסמן מטרות עתידיות לשנה שבפתח, והחל ממוצאי ראש השנה נתבע הוא להתחיל בעבודה מאומצת, על מנת שיוכל לממש את היעדים ואת המטרות אותם סימן לעצמו. מי שיהיה נאמן לשאיפותיו, יהיה נכון לקבל על עצמו להתאמץ ולעבוד קשה, תוך שהוא מבין שרק אמצעים אלה

יאפשרו לו להתקדם במתינות ובבטחה. עבודתו תהיה על פי רוב עבודה פנימית, וספק אם המתבונן מהצד יוכל להבחין בה. ו"הזורעים בדמעה, ברינה יקצורו". לאחר תקופה ממושכת ומאומצת, יוכל האדם להכיר ולהרגיש את תוצאות עמלו. הזריעה, אליה נלוו דמעות של תחילת מסע, התרחשה בראש השנה, וראשית הקצירה מתרחשת, עד כמה שהדבר אולי נשמע מפתיע, בט"ו בשבט. מדוע?

בדיחה ידועה אומרת שבצבא כל דבר מתחלק לשלושה. בעולם הרוחני, לעומת זאת, לא מדובר בבדיחה אלא במציאות בעלת משמעות עמוקה. "קדוש, קדוש, קדוש" משלשים המלאכים בשבחו של הקב"ה, "על שלושה דברים העולם עומד" (אבות א, ב), "שלושה מי יודע?... שלושה אבות". במסכת שבת (פח ע"א) דרש אחד האמוראים בשבח התורה: "בריך רחמנא דיהב אוריאן תליתאי לעם תליתאי על ידי תליתאי ביום תליתאי בירחא תליתאי" (ברוך ה' שנתן תורה משולשת - תורה, נביאים, כתובים, לעם משולש - כהנים, לויים וישראלים, על ידי שלישי - משה רבנו שבא אחרי מרים ואהרן, ביום השלישי - לימי ההגבלה, בחודש השלישי - סיון). את היום אנו מחלקים לשלושה חלקים - ערב ובוקר וצהריים - ומתפללים שלוש תפילות בהתאם. ועוד דוגמאות למכביר.

גם את מבנה גוף האדם ניתן לחלק לשלושה. התבוננות בגוף האדם מלמדת שהלב ממוקם בשני שליש גובה, רחוק בשליש גובה מהחלק העליון שבאדם, מהראש, ולא במקרה. בראש, משכן המוח, מתפתחות ומתעצבות הכרות שכליות והחלטות חשובות. בלב, משכן הרגש, מתפתחים ומתעצבים רגשות פנימיים, חיות והתלהבות. על האדם לעבור תהליך עמוק שבו יחלחלו התפיסות וההכרות אותן השיג ברמה השכלית, ויביאו אותו להוציאן לפועל בכלי הרגש הטובים אותם הוא פיתח ברמה הנפשית. מחדש ה'שם משמואל', שבבריאה ההרמונית שברא ה' ישנה הקבלה והתאמה בין תחומים שונים, ולצורך המעבר הפנימי של המרחק שבין הראש ללב, שהוא שליש גובהו של האדם, דרוש זמן תואם של שליש שנה, ארבעה חודשים. לאחר פרק זמן זה זוכה האדם להיפגש עם בוראו, לא רק בכליו השכליים אלא גם בכלי

הרגש והלב. אז מצליחות ההכרות והתובנות לרכך את האדם, לחדור לתוכּכי ליבו, ולהביאו לידיעה שגם באמצעות הלב אפשר ונכון לעבוד את הבורא.

אימתי חל סופו של אותו שליש שנה? ה'שם משמואל' עושה לנו את החישוב, ופוקח את עינינו לראות שראש השנה לאילן חל בדיוק ארבעה חודשים מתחילת עבודתו הרוחנית של האדם באותה שנה. אליבא דבית שמאי הנוקטים במידת הדין התחילה העבודה כבר בא' בתשרי, יום הדין, ולכן לדעתם ראש השנה לאילן צריך לחול בא' בשבט. ואילו לדעת בית הלל, הסוברים כי הנהגת הרחמים היא ההנהגה המרכזית, מתחיל האדם לעבוד את עבודתו הרוחנית רק אחרי ימי הדין, ביום הראשון של סוכות, ט"ו בתשרי. ספירת ארבעה חודשים מיום זה מביאה אותנו בדיוק לתאריך... ט"ו בשבט.

כעת אפשר להבין מדוע אין אנו אומרים תחנון בט"ו בשבט. מתברר שראש השנה לאילן הינו יום משמעותי ומשמח מצד מה שמתרחש אצלנו בני האדם. מה שעובר על האילנות באותו יום הוא חשוב, אבל פחות. "אך כאשר עבר שליש השנה ונשלמה בו בחינת הלב... הם ימי עבודה בתורה ומצוות באופן יותר נעלה מכל השנה בחיות ורגש והתעוררות הלב". ט"ו בשבט הוא תאריך מיוחד במינו, שבו אנו מעלים על נס את מרכזיותם של כלי הרגש בעבודת ה' ואת הצבתם כיעד חשוב בדרך העולה בית אל.

בשולי הדברים, אפשר ללמוד מהסברו של ה'שם משמואל' עיקרון חשוב במיוחד. "כל הדוחק את השעה, השעה דוחקתו" (ברכות סד ע"א). לעיתים אירועים משמעותיים מופיעים במציאות רק לאחר זמן ממושך של הבשלה. במקרים אלה, ניסיון 'לקצר את הדרך' ולדחוק את הקץ עלול דווקא להרחיק אותו. אדרבה, על האדם לסגל לעצמו שגרת עבודה מאומצת ולהתאזר בסבלנות מרובה, כך יבשילו הפירות בזמנם והוא יקצור אותם בשמחה.

ט"ו בשבט שמח!

פורים

פורים

מוצאי פורים

פורים: אחדות פנימית

בַּשַּׁ"ס מְגִלָּה (ה ע"ב) "לֶאֱסֹר שֶׁל זֶה בְּזֶה". יֵשׁ לְפָרֵשׁ עַל פִּי מַאֲמַר כ"ק אָבִי אדמו"ר זצללה"ה שֶׁעִקַּר הַנֵּס שֶׁל פּוּרִים הָיָה בַּאֲשֶׁר אָז לֹא הָיָה לָהֶם מֶלֶךְ, וְאַף עַל פִּי כֵן הִתְגַּבְּרוּ עַל הָעֲמָלֵקִים וְהָרְגוּ בָּהֶם, שֶׁסֵּדֶר הַמִּצְוָה הוּא לְמַנּוֹת לָהֶם מֶלֶךְ תְּחִלָּה וְאַחַר כָּךְ לִמְחוֹת זַרְעוֹ שֶׁל עֲמָלֵק, עַד כָּאן תֹּכֶן דְּבָרָיו.

אַךְ צָרִיךְ לְהָבִין מֵאַחַר שֶׁהַמִּצְוָה לֹא סִיְּעָה אוֹתָם בָּזֶה, בְּאֵיזֶה כֹּחַ הִתְגַּבְּרוּ... בְּעוֹד יִשְׂרָאֵל בַּגָּלוּת בְּלִי מֶלֶךְ הַמְאַחֵד בִּלְתִּי אֶפְשָׁר לְהִתְגַּבֵּר עַל עֲמָלֵק, וְאִם כֵּן הָיָה דָּבָר הַחוּצֶץ לְבִנְיַן בַּיִת שֵׁנִי.

אַךְ עַל יְדֵי מַחְשְׁבוֹת הָמָן לְהָפֵר הַבִּנְיָן וְהִתְחַכֵּם לִגְזֹר גְּזֵרָה כָּזוֹ, דָּבָר זֶה עַצְמוֹ הָיָה סִבָּה שֶׁיִּתְאַחֲדוּ וְיִתְגַּבְּרוּ עַל עֲמָלֵק וְיִבָּנֶה הַבַּיִת.

וְכַנִּרְאֶה שֶׁזֶּה יִהְיֶה גַּם לֶעָתִיד בִּמְהֵרָה בְיָמֵינוּ, אִם ח"ו לֹא תַּגִּיעַ זְכוּתָם כָּל כָּךְ אָמְרוּ ז"ל (סנהדרין צז ע"ב) שֶׁהַקָּדוֹשׁ בָּרוּךְ הוּא יַעֲמִיד לָהֶן מֶלֶךְ שֶׁגְּזֵרוֹתָיו קָשׁוֹת כְּהָמָן, עַד שֶׁיִּשְׂרָאֵל יָשׁוּבוּ בְּכָל לִבָּם, וְעַל יְדֵי זֶה יִתְאַחֲדוּ וְיִתְגַּבְּרוּ עַל עֲמָלֵק וְיִבָּנֶה הַבַּיִת הַשְּׁלִישִׁי, וּמַה שֶּׁהָיָה הוּא שֶׁיִּהְיֶה.

וְהִנֵּה אָז בִּימֵי הָמָן שֶׁהִתְאַחֲדוּ יִשְׂרָאֵל כנ"ל, זֶה הָיָה רַק בִּפְנִימִיּוּתָם אֲבָל בְּחִיצוֹנִיּוּתָם הֲרֵי הָיוּ מְפֻזָּרִים בַּגּוֹלָה תַּחַת יַד אֲחַשְׁוֵרוֹשׁ, וּמִכָּל מָקוֹם גָּבַר הַחֵלֶק הַפְּנִימִי עַל הַחֵלֶק הַחִיצוֹנִי וְנֶחְשַׁב כְּאִלּוּ הָיוּ כֻּלָּם פְּנִימִיִּים לְבַד.

וְזֶהוּ מַאֲמַר כ"ק אָבִי אדמו"ר זצללה"ה שֶׁזֶּה הָיָה עִקַּר הַנֵּס.

וְעַל כֵּן הַיּוֹם טוֹב שֶׁנִּתְקַן הָיָה גַּם כֵּן בְּדֻגְמַת הַנֵּס שֶׁבַּעֲשִׂיָּה יִהְיוּ מְחֻלָּקִים לִפְרָזִים וּמֻקָּפִים, וְיַעֲשׂוּ כָּל אֶחָד יוֹמוֹ לְהוֹרוֹת עַל גֹּדֶל הַנֵּס, שֶׁאַף עַל פִּי שֶׁלֹּא הָיוּ אֶחָד בְּחִיצוֹנִיּוּת כנ"ל מִכָּל מָקוֹם גָּבְרוּ עַל עֲמָלֵק מִפְּנֵי שֶׁבִּפְנִימִיּוּת הֵם אֶחָד.

וְזֶהוּ הָעִנְיָן שֶׁתָּמְהוּ הָרִאשׁוֹנִים ז"ל מָה רָאוּ עַל כָּכָה לַחֲלֹק הַפּוּרִים לִפְרָזִים וּמֻקָּפִים וְהַתּוֹרָה אָמְרָה "מִשְׁפַּט אֶחָד יִהְיֶה לָכֶם", עַיֵּן בָּר"ן.

וּלְהנ"ל יוּבַן שֶׁזֶּה לְהוֹרוֹת גֹּדֶל הַנֵּס.

וְהִנֵּה כָּל זֶה הוּא בַּעֲשִׂיַּת מִצְוֹת פּוּרִים שֶׁהֵן בְּחִיצוֹנִיּוּת הָאָדָם, **אֲבָל בַּפְּנִימִיּוּת הֲרֵי הַכֹּל אֶחָד, וְעַל כֵּן לֶאֱסֹר בְּהֶסְפֵּד וְתַעֲנִית אָסוּר שֶׁל זֶה בָּזֶה.**

וּלְפִי הָאָמוּר, דְּכָל זֶה בָּזֶה אָסוּר רַק בִּפְנִימִיּוּת הָאָדָם אֲבָל דָּבָר שֶׁהוּא בְּחִיצוֹנִיּוּת הָאָדָם נִשְׁאֲרוּ חֲלוּקִים, יִתְיַשֵּׁב לָנוּ מַה שֶּׁאִיתָא בַּשַּׁ״ס לְפִי מַה דְּסָלְקָא דַּעְתֵּיהּ דְּפוּרִים אָסוּר בִּמְלָאכָה הָנֵי מִלֵּי בְּיוֹמֵיהּ אֲבָל שֶׁל זֶה בָּזֶה לֹא, שֶׁבִּפְשִׁיטוּת שֶׁרַק בְּמִצְוֹות עֲשֵׂה מְחֻלָּקִים וְלֹא בְּמִצְוֹות לֹא תַעֲשֶׂה לָמָּה מְלָאכָה שֶׁהִיא מִצְוַת לֹא תַעֲשֶׂה אֵין אִסּוּר שֶׁל זֶה בָּזֶה, **וּלְהנ״ל דְּתָלוּי בְּמַה שֶּׁהוּא פְּנִימִיּוּת הָאָדָם,** עַל כֵּן מְלָאכָה שֶׁהִיא בַּחִיצוֹנִיּוּת לֹא נֶאֶסְרָה שֶׁל זֶה בָּזֶה.

פורים שנת תער״ב

בש"ס מגילה (ה ע"ב) "לאסור של זה בזה" **החיוב במצוות הפורים חל בימים שונים. אנשי הפרזים, הגרים במקומות שאינם מוקפים חומה, מקיימים את מצוות היום בי"ד באדר, ואילו אנשי המוקפים, הגרים בערים המוקפות חומה מימות יהושע בן נון, מקיימים אותן בט"ו באדר. אולם איסור הספד ותענית שנובע משמחת היום חל בכל המקומות בשני הימים. הלכה זו מחייבת הסבר.** יש לפרש עפ"י מאמר כ"ק אבי אדמו"ר זצללה"ה **כבוד קדושת אבי אדוני מורי ורבי זכר צדיק לברכה לחיי העולם הבא** שעיקר הנס של פורים היה באשר אז לא היה להם מלך, ואעפ"כ התגברו על העמלקים והרגו בהם, ?? שסדר המצוה הוא למנות להם מלך תחילה ואח"כ למחות זרעו של עמלק. עד כאן תוכן דבריו.

אך צריך להבין מאחר שהמצוה לא סייעה אותם בזה, באיזה כוח התגברו... **שהרי לכאורה**, בעוד ישראל בגלות בלי מלך המאחד, בלתי אפשר להתגבר על עמלק, ואם כן היה דבר החוצץ **גורם מפריע ומעכב** לבניין בית שני.

אך ע"י מחשבות המן להפר הבניין והתחכם לגזור גזירה כזו, דבר זה עצמו היה סיבה שיתאחדו ויתגברו על עמלק ויבנה הבית.

וכנראה שזה יהיה גם לעתיד במהרה בימינו, אם חס ושלום לא תגיע זכותם כל כך **אם זכויותיהם של עם ישראל לא יספיקו להם**, אמרו ז"ל (סנהדרין צז ע"ב) שהקדוש ברוך הוא יעמיד להן מלך שגזרותיו קשות כהמן, עד שישראל ישובו בכל לבם, וע"י זה יתאחדו ויתגברו על עמלק וייבנה הבית השלישי, ומה שהיה הוא שיהיה.

והנה אז בימי המן שהתאחדו ישראל כנ"ל, זה היה רק בפנימיותם. אבל בחיצוניותם הרי היו מפוזרים בגולה תחת יד אחשורוש, ומכל מקום גבר החלק הפנימי על החלק החיצוני ונחשב כאילו היו כולם פנימיים לבד.

וזהו מאמר כ"ק אבי אדמו"ר זצללה"ה שזה היה עיקר הנס.

ועל כן היום טוב שנתקן היה גם כן בדוגמת הנס. שבעשיה יהיו מחולקים לפרזים ומוקפים, ויעשו כל אחד יומו להורות על גודל הנס, שאעפ"י שלא היו אחד בחיצוניות כנ"ל מכל מקום גברו על עמלק מפני שבפנימיות הם אחד.

וזהו הענין שתמהו הראשונים ז"ל מה ראו על ככה לחלוק הפורים לפרזים ומוקפים והתורה אמרה "מִשְׁפַּט אֶחָד יִהְיֶה לָכֶם" (ויקרא כד, כב), עיין בר"ן (מגילה א ע"א בדפי הרי"ף).

ולהנ"ל יובן שזה להורות גודל הנס.

והנה כל זה הוא בעשיית מצוות פורים שהן בחיצוניות האדם, אבל בפנימיות הרי הכל אחד, ועל כן לאסור בהספד ותענית שהם קשורים לפנימיות אסור של זה בזה לאנשים שחוגגים את פורים בי"ד, אסור להספיד ולהתענות בט"ו, וכן להפך.

ולפי האמור, דכל "זה בזה אסור" רק בפנימיות האדם, אבל דבר שהוא בחיצוניות האדם נשארו חלוקים, יתיישב לנו מה שאיתא מופיע בש"ס לפי מה דסלקא דעתיה דפורים אסור במלאכה הני מילי ביומיה אבל של זה בזה לא לפי הבנה זו, יתבאר מהלך הגמרא שהייתה מחשבה ראשונית לומר שיש איסור מלאכה בפורים, אולם איסור זה חל לפי המקומות, דהיינו לפרזים רק בי"ד ולמוקפים רק בט"ו, שלא כמו איסור ההספד והתענית, שבפשיטות שרק במצוות עשה מחולקים ולא במצוות לא תעשה, למה מלאכה שהיא מצות לא תעשה אין אסור של זה בזה שלכאורה, לא מובן מדוע מלאכה שהיא מצוות לא תעשה אינה נאסרת בשני הימים כדוגמת תענית והספד, ולהנ"ל דתלוי במה שהוא פנימיות האדם ולפי ההסבר שהאיסור של "זה בזה" קשור רק לדברים ששייכים לפנימיות, ההבדל ברור, על כן מלאכה, שהיא בחיצוניות, לא נאסרה של זה בזה.

פורים שנת תער"ב

אחדות פנימית

משונה הוא חג הפורים משאר המועדים. ראשית בעניין השתייה - למעט מצוות הקידוש וההבדלה, לא מצאנו בשאר מועדי ישראל חיוב לשתות יין, בטח ובטח שלא להתבסם. ואילו בפורים, "מיחייב איניש לבסומי בפוריא עד דלא ידע בין ארור המן לברוך מרדכי" (מגילה ז ע"ב). הבדל נוסף קשור למצוות קריאת מגילה. אנו קוראים את המגילה בלילה ושונים את קריאתה ביום. זהו אירוע חריג. בחג הפסח המצווה לאכול מצה היא דווקא בלילה, ביום אין חובה כזו. מנגד, תקיעת שופר בראש השנה שייכת דווקא ביום ולא בלילה. וכן בכל חג וחג, המצווה הייחודית לו מתקיימת באחד משני חלקי היממה ולא בשניהם. אבל נראה שההבדל היותר משמעותי בין חג הפורים לשאר המועדים קשור ליום עצמו.

חג הפורים מפוצל לשני ימים נפרדים. יש החוגגים את חג הפורים בי"ד באדר ויש כאלה שעושים זאת בט"ו. בערים המוקפות חומה מימות יהושע בן נון מקיימים את מצוות היום בט"ו, ואילו מי שמקום מגוריו לא עומד בתנאי זה (מה שנקרא 'פרוז') יעשה זאת יום קודם, בי"ד. עיון במשנה הראשונה של מסכת מגילה מלמד שבזמנם התקנה הייתה מורחבת, ובמקרים מסוימים ניתן היה לקרוא את המגילה אף בי"א, י"ב, או י"ג לחודש. הלכה זו היא כבר בגדר

הפתעה של ממש; האם אין חשיבות שיהיה תאריך אחד מוסכם שבו יצוין נס הפורים?

יתרה מזו, חג הפורים מסמל את אחדות ישראל, ולא לחינם. הטענה הראשית של המן הרשע נגד עם ישראל הייתה שהוא "מפוזר ומפורד בין העמים", טענה שהובילה לגזירה הנוראה. כתגובת נגד, קוראת אסתר למרדכי היהודי לכנוס את כל היהודים, הפך מחשבת המן. ואכן, לאור קריאתה, התאחדו היהודים בתענית ובתפילה, ומכוח אחדותם זכו לישועה גדולה. ואם כן מתעצמת השאלה שבה פתחנו - מדוע נחוג חג הפורים בתאריכים שונים, דבר הנראה הפך האחדות.

ועוד נקודה שיש לברר בהקשר זה. במסכת מגילה (ה ע"ב) מביאה הגמרא מ'מגילת תענית' את האיסור להספיד את המת הן בי"ד באדר והן בט"ו באדר, והגמרא לומדת שהאיסור בשני הימים חל בכל המקומות, הפרוזים והמוקפים. לעומת זאת, כשדנים באיסור עשיית מלאכה בפורים, מבינה הגמרא שעשיית מלאכה אסורה רק באותו מקום שבו נחוג חג הפורים באותו יום, דהיינו, מי שגר בעיר מוקפת חומה יהיה מותר במלאכה בי"ד באדר, וחברו מהמקום הפרוז יהיה מותר בכך בט"ו. אומנם במסקנה קובעת הגמרא שאין איסור מלאכה בפורים כלל, אולם עדיין נשאלת השאלה מהו ההבדל העקרוני בין ההספד למלאכה. עם שאלות אלה מתמודד ה'שם משמואל' בפיסקה שלנו, ומכוחן הוא מזכך עיקרון משמעותי.

ערך האחדות הוא ערך מרכזי ביהדות. לאורך ההיסטוריה הענפה של עם ישראל התברר שאחדות היא כלי מחזיק ברכה במובנים רבים. בתלמוד הירושלמי (פאה פ"א ה"א) מובאת דוגמה לכך. הגמרא מציינת עובדה מוזרה, שבדורו של אחאב הרשע עם ישראל היה יוצא למלחמה ומנצח את אויביו, ואילו בדורו של דוד (בטרם היותו מלך), אף שהיו צדיקים, נחל עם ישראל מפלות קשות בשדה הקרב. הגמרא תולה זאת ברמת האחדות ששררה בעם ישראל, וכך היא אומרת:

> אמר רבי אבא בר כהנא דורו של דוד כולן צדיקים היו ועל ידי שהיה להן דלטורין (=מלשינים ואומרי לשון הרע) היו יוצאין

במלחמה והיו נופלין... אבל דורו של אחאב עובדי עבודה זרה היו ועל ידי שלא היה להן דילטוריא היו יורדין למלחמה ונוצחין.

אחדות ישראל היא מפתח משמעותי לחוסנה של האומה, וממילא, לנצחונות במלחמה. ראוי אם כן לברר לעומק מהי אחדות נכונה וכיצד אפשר לקנותה.

יש החושבים בטעות ש'אחדות' היא שם נרדף ל'אחידות'. אחידות זו מציאות שבה כולם פועלים באותו האופן: אחידות מחשבתית היא מצב שבו כולם חושבים אותו דבר, כשכולם עושים אותו מעשה זוהי אחידות במעשים, ואחידות הלשון זו מציאות שבה כולם מדברים באותה שפה. ככל שאנשים יחשבו אותו דבר, ידברו אותה השפה ויעשו את אותן הפעולות הם יהיו באחידות גדולה יותר. **אולם אחדות אינה אחידות.** אחדות אמיתית היא קשר פנימי נפשי שאינו תלוי במקום, בזמן, ובמעשים. אדרבה, ככל שאנשים שונים זה מזה, בעלי מחשבות שונות ומעשים שאינם זהים, ובכל זאת הם מלאי הערכה וחיבת הלב זה לזה, הרי שהם מאוחדים יותר אף שהאחידות מהם והלאה. יתר על כן, לחתור לאחדות בין בני אדם דומים זו משימה חשובה, אך היא אינה קשה באופן מיוחד. לעומת זאת, ליצור אחדות בין בני אדם שונים זו משימה מאתגרת במיוחד, ומכאן גם מעלתה.

בעטיה של הגלות הנוראה שהתרחשה לאחר חורבן בית המקדש הראשון, התפזרו ישראל למקומות רבים בתוך ממלכת בבל. טענתו של המן, שעם ישראל "מפוזר ומפורד בין העמים", לא הייתה רחוקה מן המציאות. המרחק הפיזי שנוצר בין חלקי העם והחוסר בשלטון מרכזי מגבש יצרו מצב מסוכן, שהיה עלול לדרדר את העם למרחק נפשי ופירוד לבבות. זוהי מציאות נוראית השומטת את בסיס קיומו של העם היהודי - אחדותו.

ה'שם משמואל' מסביר שבשנים שבהן עוסקת מגילת אסתר, עם ישראל היה מפוזר הן במישור הפיזי והן במישור הנפשי. ואז, מתוך שבר גדול של חוסר אחדות, התרחש 'עיקר הנס' (כלשון אביו של ה'שם משמואל', הרב אברהם בורנשטיין) - אחדות ישראל וקירוב לבבות.

הגזרה האיומה של המן, להשמיד להרוג ולאבד את כל היהודים ביום אחד, הביאה לתחושה חזקה של שיתוף גורל בין חלקי העם השונים, ובעקבותיה התאחד עם ישראל למרות המרחק הגדול בין הקהילות ועל אף השונות שמן הסתם נוצרה ביניהן. כלפי חוץ הם נותרו שונים ונבדלים, אבל בפנימיותם הם הפכו מאוחדים. הייתה זו תקופה מיוחדת במינה, שבה עם ישראל היה מאוחד, למרות חוסר אחידותו.

כאשר באו חכמים לקבוע את חג הפורים היה חשוב להם להנציח את גודל הנס, לכן קבעו הם בכוונה תחילה ימים שונים למקומות שונים. כך מדי שנה מחדש, מביא עם ישראל לידי ביטוי את אחדותו הפנימית, שאינה תלויה במאפיינים חיצוניים!

באמצעות עיקרון זה אפשר להבין היטב את ההבדל בין תקנת איסור ההספד לבין תקנת איסור המלאכה. מלאכה היא פעולה המתבצעת באיברי האדם החיצוניים, כדוגמת הידיים, ההספד לעומת זאת פועל בעיקר על הלבבות. מכיוון שהספד קשור במהותו לרבדים הפנימיים הוא נאסר בשני הימים, על מנת לבטא את האחדות הפנימית הלבבית. לעומת זאת המלאכה, הקשורה באופן מהותי לצד החיצוני המעשי של האדם, יכולה להיעשות כרגיל במקומות שבהם לא חוגגים את חג הפורים, שהרי כפי שראינו, שונות חיצונית אינה אמורה להעיב על אחדות פנימית.

ה'שם משמואל' מתבונן במהות כפל היום של חג הפורים ולומד ממנו עיקרון חשוב הנכון גם לנו. הגאולה העתידית בוא תבוא מתוך אחדות ישראל, זוהי עובדה. השאלה שלעת עתה נשארה פתוחה היא כיצד תיבנה האחדות. אם יזכו ישראל, תיבנה אחדותם לא על ידי זרז חיצוני מאיים כדוגמת המן הרשע, אלא מתוך הכרה במעלת האחדות ובחתירה לקראתה. אך אם חלילה לא יזכו, תתרחש אחדות זו, וודאי שהיא תתרחש, כפועל יוצא של חשש מאיום חיצוני, וחבל. עלינו להשקיע, אם כן, בדיבור ובלימוד על אודות אחדות ישראל, ובפעולות מעשיות שעניינן השכנת שלום ואחדות בין איש לרעהו.

חג פורים שמח!

פורים: בפורים יש לאמר למלך

״וּבַבֹּקֶר אֱמֹר לַמֶּלֶךְ וְיִתְלוּ אֶת מָרְדֳּכַי עָלָיו״. וְיֵשׁ לְדַקְדֵּק שֶׁלֹּא כְּתִיב תְּבַקֵּשׁ אוֹ תִּשְׁאַל מֵהַמֶּלֶךְ אֶלָּא ״אֱמֹר״ לַמֶּלֶךְ דְּהוּא לְשׁוֹן צִווּי, וְכֵן לְקַמָּן ״וְהָמָן בָּא לַחֲצַר בֵּית הַמֶּלֶךְ הַחִיצוֹנָה **לֵאמֹר** לַמֶּלֶךְ לִתְלוֹת אֶת מָרְדֳּכַי עַל הָעֵץ אֲשֶׁר הֵכִין לוֹ״, **וּמַשְׁמַע שֶׁהָמָן הָיָה אָז בְּמַעֲלָה גְּבוֹהָה עַל הַמֶּלֶךְ**, וּכְמוֹ שֶׁאָמְרוּ ז״ל שֶׁעָשָׂה לוֹ בִּימָה לְמַעְלָה מִבִּימָתוֹ, וּכְמוֹ שֶׁאָמְרוּ ז״ל: ״׳וַיִּזְעַק זְעָקָה גְדוֹלָה וּמָרָה׳ - מָה אָמַר, גָּבַהּ הָמָן מֵאֲחַשְׁוֵרוֹשׁ״.

וּמִכָּאן כָּל אִישׁ מַשְׂכִּיל יָשִׂים אֶל לִבּוֹ, הֱיוֹת בֵּית הָמָן נִתַּן לְאֶסְתֵּר וְנַהֲפוֹךְ הוּא אֲשֶׁר יִשְׁלְטוּ הַיְּהוּדִים הֵמָּה בְּשׂוֹנְאֵיהֶם, **וּבְכָל פּוּרִים מִתְעוֹרֵר רְשִׁימוּ מִזֶּה, וְאָז בְּכֹחַ כָּל אִישׁ יִשְׂרָאֵל לֵאמֹר לְמֶלֶךְ מַלְכֵי הַמְּלָכִים הַקָּדוֹשׁ בָּרוּךְ הוּא** [**דֶּרֶךְ אֲמִירָה וְצִוּוּי כְּעִנְיַן הַצַּדִּיקִים גּוֹזְרִים עַל הַקָּדוֹשׁ בָּרוּךְ הוּא וְהוּא עוֹשֶׂה**] לִתְלוֹת אֶת הָמָן וְלִמְחוֹת אֶת שְׁמוֹ מִתּוֹךְ לִבּוֹ שֶׁל עַצְמוֹ עַל כָּל פָּנִים.

אַךְ הָאֲמִירָה צְרִיכָה לִהְיוֹת לֹא מֵהַשָּׂפָה וְלַחוּץ אֶלָּא בְּכָל אַוַּת נַפְשׁוֹ, וּבְאוֹתוֹ חֵשֶׁק וְרָצוֹן נִמְרָץ שֶׁהָיָה אָז לְהָמָן לִתְלוֹת אֶת מָרְדְּכַי, וְאָז בְּוַדַּאי אֲמִירָתוֹ תַּעֲשֶׂה פֵּרוֹת. **וְזֶהוּ שֶׁאָמְרוּ חֲסִידֵי קַדְמָאֵי שֶׁבְּפוּרִים יָכוֹל כָּל אִישׁ לְהִוָּשַׁע וּלְהִתְבָּרֵר.**

פורים שנת תרע״ז

"וּבַבֹּקֶר אֱמֹר לַמֶּלֶךְ וְיִתְלוּ אֶת מָרְדֳּכַי עָלָיו" (אסתר ה, יד). ויש לדקדק שלא כתיב 'תבקש' או 'תשאל' מהמלך אלא "אמור למלך" דהוא לשון ציווי, וכן לקמן (בהמשך, ו, ד) "וְהָמָן בָּא לַחֲצַר בֵּית הַמֶּלֶךְ הַחִיצוֹנָה לֵאמֹר לַמֶּלֶךְ לִתְלוֹת אֶת מָרְדֳּכַי עַל הָעֵץ אֲשֶׁר הֵכִין לוֹ", **ומשמע שהמן היה אז במעלה גבוהה על המלך**, וכמו שאמרו ז"ל (ילקוט שמעוני רמז תתרנג) ש"עשה לו בימה למעלה מבימתו", וכמו שאמרו ז"ל: "'ויזעק זעקה גדולה ומרה' - מה אמר? גבה המן מאחשוורוש" (שם רמז תתרנו) **מרדכי הבין שבאותם רגעים היה המן חשוב יותר מאחשוורוש, לכן הוא זעק את זעקתו.**

ומכאן כל איש משכיל ישים אל לבו, היות בית המן ניתן לאסתר "וְנַהֲפוֹךְ הוּא אֲשֶׁר יִשְׁלְטוּ הַיְּהוּדִים הֵמָּה בְּשֹׂנְאֵיהֶם" (אסתר ט, א), **ובכל פורים מתעורר רשימו רושם** מזה, **ואז בכוח כל איש ישראל לאמור למלך מלכי המלכים הקדוש ברוך הוא [דרך אמירה וציווי כעניין הצדיקים גוזרים על הקדוש ברוך הוא והוא עושה]** לתלות את המן ולמחות את שמו מתוך לבו של עצמו על כל פנים.

אך האמירה צריכה להיות לא מהשפה ולחוץ אלא בכל אוות נפשו, ובאותו חשק ורצון נמרץ שהיה אז להמן לתלות את מרדכי, ואז בוודאי אמירתו תעשה פירות. **וזהו שאמרו חסידי קדמאי חסידים ראשונים** שבפורים יכול כל איש להיוושע ולהתברר.

פורים שנת תרע"ז

בפורים יש לאמר למלך

לאחר שנחתמה גזירת המן האגגי, שתוכנה השמדת האומה הישראלית כולה, מטף ועד זקן, מבין מרדכי היהודי שיש להגיע בהקדם אל המלך אחשוורוש ולשכנעו לבטל את רוע הגזרה. הדרך ההגיונית ביותר להגיע אל המלך היא באמצעות אסתר המלכה. לכן הוא מנסה לשכנעה שתעמיס על כתפיה את המשימה הגדולה. דא עקא, אסתר המלכה חוששת לבוא אל המלך, שהרי "כָּל אִישׁ וְאִשָּׁה אֲשֶׁר יָבוֹא אֶל הַמֶּלֶךְ אֶל הֶחָצֵר הַפְּנִימִית אֲשֶׁר לֹא יִקָּרֵא אַחַת דָּתוֹ לְהָמִית".

מרדכי היהודי שומע את דברי אסתר ואת חששה. כתגובה, הוא מבקש מהתך, שליחה של אסתר, שיעביר לה מסר חשוב במיוחד: "וַיֹּאמֶר מָרְדֳּכַי לְהָשִׁיב אֶל אֶסְתֵּר אַל תְּדַמִּי בְנַפְשֵׁךְ לְהִמָּלֵט בֵּית הַמֶּלֶךְ מִכָּל הַיְּהוּדִים: כִּי אִם הַחֲרֵשׁ תַּחֲרִישִׁי בָּעֵת הַזֹּאת **רֶוַח וְהַצָּלָה יַעֲמוֹד לַיְּהוּדִים מִמָּקוֹם אַחֵר** וְאַתְּ וּבֵית אָבִיךְ תֹּאבֵדוּ וּמִי יוֹדֵעַ אִם לְעֵת כָּזֹאת הִגַּעַתְּ לַמַּלְכוּת". מרדכי מודיע לאסתר שהימלטות משליחות כה חשובה שנקרתה בדרכה, ביטול גזירת המן, היא טעות קשה, שעלולה להמיט אסון כבד, על אסתר ועל כל משפחתה.

מרדכי היהודי מסיים את דבריו באמירה משמעותית: גם אם את אסתר המלכה תחליטי לא להירתם למאמץ, בסופו של דבר, יתגבר עם ישראל גם על האתגר הנוכחי, "רווח והצלה יעמוד ליהודים ממקום

אחר". במילים אחרות, אומר מרדכי היהודי לאסתר שהוא משוכנע שגם לאתגר זה יהיה סוף טוב. הוא איננו יודע אם אסתר היא שתזכה להיות שליחתו של הקב"ה בגלגול הישועה הנוכחית או שמא מישהו אחר יהיה השליח לכך, אבל בדבר אחד הוא משוכנע - הגאולה בוא תבוא.

הסוף ידוע: למשמע דברי מרדכי היהודי, משנה אסתר המלכה את דעתה מקצה לקצה. היא מבקשת למסור אל מרדכי שהיא מקבלת על עצמה את השליחות המסוכנת: "וַתֹּאמֶר אֶסְתֵּר לְהָשִׁיב אֶל מָרְדֳּכָי: ...וּבְכֵן אָבוֹא אֶל הַמֶּלֶךְ אֲשֶׁר לֹא כַדָּת וְכַאֲשֶׁר אָבַדְתִּי אָבָדְתִּי".

מרדכי היהודי חי בוודאות גמורה שעם ישראל יוכל לכל המכשולים שיעמדו בדרכו, ושרווח והצלה יעמדו לו ממקום כלשהו. ודאות זו צריכה מקור ולימוד. ועוד יש להבין, כיצד דברי מרדכי היהודי משכנעים את אסתר המלכה לקבל על עצמה את גודל המשימה. לא זו אף זו, לאחר שאסתר משתכנעת בצדקת דברי מרדכי היא משנה את התנהגותה באופן קיצוני. מאישיות פאסיבית נעדרת מוטיבציה היא הופכת לאישיות אקטיבית, חדורה בתנועה פנימית וברצון לשינוי, גם במחיר של פגיעה אישית, "כאשר אבדתי אבדתי". לכאורה היה מקום לחשוב שהוודאות הגמורה שהציג מרדכי היהודי ביחס לישועה הנוכחית, תגרום לאסתר דווקא 'להשתחרר' מהאחריות ומהמעמסה המוטלות על כתפיה. הנה מרדכי היהודי אומר לה שיהיה טוב גם בלעדיה, אם כן אפשר לתת למציאות להתגלגל בלי שותפות שלה, מבלי שהיא תהיה זו שלוקחת אחריות על גזירתו של המן, והגאולה כבר תגיע בדרך אחרת. מהלך כזה כמובן לא קרה. מדוע?

מילות המפתח להבנת העניין הן צמד המילים שיצאו מפיו של מרדכי היהודי: "מקום אחר". מהו אותו מקום עלום? האם זהו סתם ביטוי כללי או שמשהו עמוק מסתתר פה? נתינת פשר למילים אלה תשפוך אור על הסוגיה ותפשוט את סימני השאלה.

לימדנו הרמח"ל (דעת תבונות אות נ) שישנן מספר דרכים שבהן מנהיג הקב"ה את עולמו. דרך אחת, והיא המוכרת לנו יותר, היא הנהגת המשפט. הנהגה זו בוחנת את העולם ומודדת אותו ע"פ שיטת השכר והעונש, מעשים ותוצאות. על פי הנהגה זו גורל העולם ייקבע

בהתאם להתנהגות האנושית, ובמיוחד זו של עם ישראל. התנהגות נאותה תקדם את העולם לחוף מבטחים, ואילו התנהגות קלוקלת, לעומת זאת, לא רק שלא תקדם את העולם אלא תסיג אותו אחורנית. על פי הנהגת המשפט, גורל העולם נתון בלעדית בידי האדם ולכן אין ודאות שהעולם יגיע אל ייעודו הנכסף, אל הגאולה.

הנהגה נוספת שבה מנהיג הקב"ה את עולמו היא הנהגת הייחוד. הנהגה זו לוקחת בחשבון לא רק את מעשי האדם אלא גם את המטרה של העולם, אליה הוא עתיד להגיע. הנהגה זו אינה פועלת רק כמגיבה להתנהגות האנושית ומותירה את העולם להתנהל בהתאם, אלא היא מנהלת את העולם על פי התוכנית שהתווה לו ה׳ יתברך מראש. ולכן על פי הנהגה זו, יגיע העולם באופן ודאי לידי תיקונו, ובסופו של תהליך יזכה עם ישראל למימוש מלא של הכוח שטמון בו.

בשתי הנהגות אלה במשולב פועל הקב"ה בעולמנו. הנהגת המשפט היא הגלויה יותר לעין האדם והיא נוכחת יותר בטווחים הקצרים. הנהגת הייחוד מכוונת לטווחים הרחוקים יותר, וגילויה דורש התבוננות מעמיקה מצד האדם.

מרדכי היהודי צופה למרחוק. הוא נטוע עמוק בהנהגת הייחוד, אליה הוא קשור וממנה הוא יונק את תובנותיו. המילים "רווח והצלה יעמוד ליהודים ממקום אחר" לא נאמרו כמשאלת לב או תקווה עמומה אלא כידיעה ודאית, שכן הן מכוונות למי שהוא ׳מקומו של עולם׳, שמנהל את העולם באופן מוחלט אל יעדו. ביודעו את החשבון הכללי של הקב"ה בעולמו, מרדכי היהודי סמוך ובטוח שעם ישראל יינצל. השאלה היא רק מי יזכה להיות שותף להצלתו ועד כמה מסובך יהיה התהליך. מרדכי חושף בפני אסתר טפח מהנהגה נעלמה זו, והיא, שמוארת מיד באור יקרות, גומרת אומר בדעתה לתת את חלקה בהצלת האומה מידי המן.

על פי עיקרון זה נוכל להבין את מצוות שתיית היין בחג הפורים ולתת את הדעת על ההבדל התהומי שבינו ובין יום הכיפורים. יום הכיפורים הוא שיאה של הנהגת המשפט. ביום זה עם ישראל כולו נידון, מי לחיים ומי להיפך. ביום זה נשקלים כל מעשי האדם ונבחנות

כל פעולותיו. לכן, ביום הכיפורים מסיחים בני האדם מדעתם ומליבם את הדברים הטפלים, ומתרכזים בעיצומו של יום, בצום ובתשובה. בפורים, האווירה כידוע הפוכה ב־180 מעלות. ביום זה "חייב איניש לבסומי", אנו מתבסמים ו'מסלקים את הדעת'. עבודת היום של פורים היא דווקא חוסר אחיזה במציאות, הרבה הרפיה והרבה שחרור, שכן חג הפורים הוא שיאה של הנהגת הייחוד. השחרור מהדעת מעיד על כך שאין אנו נמדדים רק על פי מעשינו ובחירותינו, אלא על פי סגולתנו הייחודית, על פי נשמתנו.

לימדונו חכמינו כי "כל זמן מאיר בתכונתו" (אגרות הראי"ה, אגרת שעח), דהיינו לכל זמן יש מטען רוחני מסוים שצריך לבוא לידי ביטוי באופן ייחודי המתאים לאותו הרגע. חודש ניסן מאיר בתכונת החירות ולכן דווקא אז יצאו ישראל ממצרים (הפוך מהמחשבה המקובלת, שחודש ניסן הפך לחודש החירות רק בעקבות יציאת מצרים). חודש תשרי מאופיין במידת הדין והופעתה המבוררת, ולכן חלים בו ימי הדין. וכן על זה הדרך, כל חודש וכל זמן שייכים לתכונה ייחודית אחרת, ולכן דווקא בהם היא תופיע במציאות.

ומה קורה בחודש אדר? על פי דברי מרדכי היהודי נראה שעניינו של חודש אדר הוא לגלות את הצדדים הכמוסים יותר של החיים. במרכזו של החודש ניצב חג הפורים, הנקרא על שם הפור הוא הגורל. הגורל מלמד כביכול על כך שהמקריות היא שמעצבת את סדרי החיים, אולם בחג הפורים מתברר כי יש רובד נסתר במציאות, רובד פנימי, אלוקי לחלוטין, והוא שבאמת מנהל את העולם, כך שלמעשה אין דבר מקרי כלל.

חודש אדר משדד את המחשבה המקובלת, כאילו הצדדים החיצוניים של החיים, אותם אנו רואים, חווים ומרגישים, הם חזות הכול. בחודש זה אנו למדים שיש יד מכוונת, המנהיגה ומנהלת את העולם, גם אם הדבר לא נראה לעיני בשר ודם. בחודש זה מתברר שלעולם יש תוכנית אלוקית, ושהגאולה מובטחת היא, שהרי בסופו של תהליך, ארוך או קצר, "רווח והצלה יעמוד ליהודים ממקום אחר", ממקומו של עולם ומלכו - הקב"ה.

על פי יסוד זה מבאר ה'שם משמואל' ביטוי תמוה במגילת אסתר. זרש אשתו של המן הרשע רואה את תסכולו של המן נוכח התנהלותו של מרדכי, שלא כורע ולא משתחווה לו, לכן היא מציעה לו ללכת למלך אחשוורוש **ולומר לו** שיש לתלות את מרדכי על עץ גבוה, ובלשונה: "ובבוקר **אמור** למלך ויתלו את מרדכי עליו". ה'שם משמואל' עומד על נוסח דבריה ודולה ממנו פנינים.

זרש לא אומרת להמן לבקש מהמלך לתלות את מרדכי על העץ, אלא לאמור למלך, וזוהי תמיהה גדולה: כיצד יכול שר בממלכה, חשוב ככל שיהא, לצוות את המלך בכבודו ובעצמו? מכאן מסיק ה'שם משמואל', שבאותה נקודת זמן היה המן הרשע גבוה יותר מהמלך עצמו! לכן יכול היה המן 'להכריח' את המלך לעשות את דברו ולצוות אותו לתלות את מרדכי על העץ.

ה'שם משמואל' מחדש שאותו כוח שהיה להמן ניתן עם נפילתו למרדכי ואסתר על ידי ה'ונהפוך הוא', וביום הפורים נמצא כוח זה אצל כל יהודי, כמו שהיה קיים בימי מרדכי ואסתר. בפורים כולנו יכולים להתבשם מאורה המיוחד של הנהגת הייחוד, הנהגה שאינה כבולה לסדרים היררכיים מקובעים. באותו יום מתגלה שעל אף הקלקולים, החטאים, הקליפות והאבק המצטבר, בעומק המציאות "עמך כולם צדיקים". ואם בכל ימות השנה צדיק גוזר והקב"ה מקיים, בפורים, עת אנחנו מבושמים בריחות נעימים ובטעם היין המשכר, זוכים גם אנו לטעום מעט מבחינה זו וכביכול לגזור על בורא עולם שימלא את משאלותינו הנאצלות לטובה.

נפנה אל הקב"ה בלב שמח ובטוח מתוך הארת ימי החג ונאמר לו בעוז ובענווה, שאנחנו גוזרים כלפי שמיא לתלות את המן, לתלות על עץ גבוה את הקלקולים, את המניעות, את הבלבולים, את המחשבות הקטנות ואת הדמיונות המחלישים. אנחנו גוזרים שהטוב ייגלה והרע יתהפך, ושהיהודים הם אלו אשר ישלטו בשונאיהם, החיצוניים והפנימיים.

מוצאי פורים: דבר לא נעלם

בַּשַּׁ"ס (גיטין נז ע"ב): "מִבְּנֵי בָנָיו שֶׁל הָמָן לָמְדוּ תּוֹרָה בִּבְנֵי בְרָק". בְּוַדַּאי אֵין הַפֵּרוּשׁ שֶׁהָיוּ בְּנֵי בָנָיו מַמָּשׁ שֶׁהֲרֵי נִשְׁבַּע הַקָּדוֹשׁ בָּרוּךְ הוּא בְּכִסְאוֹ שֶׁלֹּא יְקַבֵּל גֵּרִים מֵעֲמָלֵק, אֶלָּא וַדַּאי הַפֵּרוּשׁ שֶׁהָיָה בְּהָמָן נִיצוֹצֵי קְדֻשָּׁה רַבִּים אֶלָּא שֶׁהֲפָכָם לְרַע, וּכְמוֹ שֶׁכְּבָר הִגַּדְנוּ מִמַּהוּת עֲמָלֵק שֶׁהָפַךְ נְהוֹרָא לַחֲשׁוֹכָא וּמִתְקָא לִמְרִירוּ...

וְנִרְאֶה שֶׁזָּכָה לָזֶה מִשּׁוּם דְּבַמִּדְרָשׁ שֶׁבְּשָׁעָה שֶׁהֶעֱבִיר אֶת מָרְדֳּכַי רָכוּב עַל סוּס הַמֶּלֶךְ בִּרְחוֹב הָעִיר, אוֹתוֹ רָשָׁע מֶה הָיָה אוֹמֵר: "וַאֲנִי אָמַרְתִּי בְשַׁלְוִי בַּל אֶמּוֹט לְעוֹלָם. ה' בִּרְצוֹנְךָ הֶעֱמַדְתָּה לְהַרְרִי עֹז הִסְתַּרְתָּ פָנֶיךָ הָיִיתִי נִבְהָל".

הִנֵּה בָּא וְהוֹדָה שֶׁהַכֹּל הוּא מֵהַשֵּׁם יִתְבָּרַךְ, וּבָזֶה נִתְעוֹרְרוּ בּוֹ חֶלְקֵי הַטּוֹב שֶׁהָיוּ טְמוּנִים בְּקִרְבּוֹ וְנִתְפָּרֵד מֵעַצְמוּתָיו הָרַע...

וּמִזֶּה לִמּוּד לְכָל אָדָם אַף שֶׁהוּא בְּמַצָּב רַע נוֹרָא מְאֹד רַחֲמָנָא לִיצְלָן, אַל יִקְטַן בְּעֵינָיו שׁוּם הֶגֶה וְדִבּוּר וַאֲפִלּוּ מַחְשָׁבָה טוֹבָה, אַף שֶׁאֵין בְּכֹחוֹ לְהִשָּׁאֵר עַל דֶּרֶךְ הַטּוֹב, מִכָּל מָקוֹם עוֹד הַיּוֹם, וְיִהְיֶה לוֹ לְתוֹעֶלֶת עֲצוּמָה מְאֹד, שֶׁאֵין הַפֶּה יָכוֹל לְדַבֵּר וְהַלֵּב לַחְשֹׁב עַד כַּמָּה מַגִּיעִים הַדְּבָרִים.

פורים שנת תר"פ

בש"ס (גיטין נז ע"ב): "מבני בניו של המן למדו תורה בבני ברק". בודאי אין הפירוש שהיו בני בניו ממש שהרי נשבע הקב"ה בכסאו שלא יקבל גרים מעמלק, אלא ודאי הפירוש שהיה בהמן ניצוצי קדושה רבים אלא שהפכם לרע, וכמו שכבר הגדנו ממהות עמלק שהפך נהורא לחשוכא ומתקא למרירו... **שהפך אור לחושך ומתוק למר**.

ונראה שזכה לזה משום דבמדרש (פסיקתא דרב כהנא, פיסקא מצות העומר) **נאמר שבשעה שהעביר את מרדכי רכוב על סוס המלך ברחוב העיר, אותו רשע מה היה אומר: "וַאֲנִי אָמַרְתִּי בְשַׁלְוִי בַּל אֶמּוֹט לְעוֹלָם. ה' בִּרְצוֹנְךָ הֶעֱמַדְתָּה לְהַרְרִי עֹז הִסְתַּרְתָּ פָנֶיךָ הָיִיתִי נִבְהָל" (תהלים ל, ז).**

הנה בא והודה שהכל הוא מהשם יתברך, ובזה נתעוררו בו חלקי הטוב שהיו טמונים בקרבו ונתפרד מעצמותיו הרע...

ומזה לימוד לכל אדם אף שהוא במצב רע נורא מאוד רחמנא ליצלן **ה' יצילנו**, אל יקטן בעיניו שום הגה ודיבור ואפילו מחשבה טובה, אף שאין בכוחו להישאר על דרך הטוב, מכל מקום עוד היום, ויהיה לו לתועלת עצומה מאוד, שאין הפה יכול לדבר והלב לחשוב עד כמה מגיעים הדברים.

פורים שנת תר"פ

דבר לא נעלם

לאחר חורבן בית המקדש הראשון, עת שהה עם ישראל בגלות, נאלץ הוא להתמודד, בין השאר, עם גזרתו הקשה והמרה של המן בן המדתא האגגי מזרע עמלק. המן השתדל בכל כוחו להשמיד להרוג ולאבד את כל היהודים, מטף ועד זקן, ובשלב מסוים אף נראה שהדבר כמעט עולה בידו. למרות זאת, לאחר מהמורות לא פשוטות ובסייעתא דשמיא גדולה, נעשה נס ליהודים, ונהפך הגורל על המן ועל אנשי ביתו.

בעקבות הנס שהתרחש בשושן הבירה יצאו המוני יהודים לרחובות שושן ושכנותיה, שמחים ומאושרים, מלאי הכרת הטוב לבורא עולם. אותו היום נקבע לדורות כיום הלל, הודאה ושמחה גדולה, ככתוב במגילת אסתר (ט, כא): "לעשות אותם ימי משתה ושמחה". זהו גם עניינן של מצוות היום, קריאת המגילה, משלוח מנות, מתנות לאביונים וסעודה ברוב עם, לשמוח ולשמח, עד דלא ידע.

מי שיסתובב בבתי ישראל במוצאי פורים יוכל עוד להריח את ריח היין ההולך ומתפוגג, ריח שמלמד במעט על שהתרחש בבית זמן מה קודם. יחד עם הריח ואדי האלכוהול מתפוגגת לה גם החוויה הגדולה שהורגשה, ולעיתים זה קורה במהירות מפתיעה. היינו בוודאי שמחים שהחוויה המיוחדת תימשך לעוד כמה ימים, אבל זמן לא רב לאחר החג אנחנו מזהים שלא פשוט, עד כדי בלתי אפשרי, למשוך את

האווירה המיוחדת לימים הבאים. כאילו לא קרה כלום, אנחנו מוצאים עצמנו באותה נקודת מוצא שבה היינו בימים שקדמו לחג הפורים.

החוויה המתפוגגת מציפה שאלות ותהיות לא פשוטות: מה ערכה של חוויה, גדולה ועוצמתית ככל שתהיה, אם נעלמת היא כלא הייתה במהירות כה רבה? מה זה אומר עלינו? מה זה מלמד על ערכה של החוויה? האם כל מה שהתרחש הוא אשליה? השכל הקר יכול להגיע מהר מאוד למסקנה ה'מפוכחת', כי אין ערך ממשי לתחושה רוחנית גבוהה ושכל החוויות הן דמיונות. עיון בדברי ה'שם משמואל' יסייע בעדנו בבירור סוגיה זו.

ה'שם משמואל' עומד על גמרא מפליאה במסכת גיטין. הגמרא מלמדת אותנו שהיו צאצאים של המן שלמדו תורה בבני ברק. דברי הגמרא מפתיעים במיוחד. הרי המן הרשע היה דמות שלילית ביותר, הן באורחות חייו הפרטיים והן בהשתדלותו הנוראית בהשמדת העם היהודי, מה גם שהוא היה מזרע עמלק, שנצטווינו לא להשאיר לו כל זכר. הכיצד זכה המן שצאצאיו ייטלו חלק ביושבי בית המדרש?

אל התשובה לשאלה זו מגיע ה'שם משמואל' דרך דברי חז"ל במדרש (אסתר רבה פרשה י), המתארים את ההתרחשות בלב כל אחד מהשותפים במעמד הרכבת מרדכי על הסוס. וכך הם דברי המדרש:

> וכיון דרכיב (=בשעה שרכב מרדכי על הסוס) התחיל מקלס להקב"ה: "אֲרוֹמִמְךָ ה' כִּי דִלִּיתָנִי וְלֹא שִׂמַּחְתָּ אֹיְבַי לִי. ה' אֱלֹקָי שִׁוַּעְתִּי אֵלֶיךָ וַתִּרְפָּאֵנִי. ה' הֶעֱלִיתָ מִן שְׁאוֹל נַפְשִׁי חִיִּיתַנִי מִיָּרְדִי בוֹר" (תהילים ל, ב-ד). תלמידיו מה היו אומרים? "זַמְּרוּ לַה' חֲסִידָיו וְהוֹדוּ לְזֵכֶר קָדְשׁוֹ. כִּי רֶגַע בְּאַפּוֹ חַיִּים בִּרְצוֹנוֹ בָּעֶרֶב יָלִין בֶּכִי וְלַבֹּקֶר רִנָּה" (שם ה-ו). אותו רשע מה היה אומר? "וַאֲנִי אָמַרְתִּי בְשַׁלְוִי בַּל אֶמּוֹט לְעוֹלָם. ה' בִּרְצוֹנְךָ הֶעֱמַדְתָּה לְהַרְרִי עֹז הִסְתַּרְתָּ פָנֶיךָ הָיִיתִי נִבְהָל" (שם ז-ח)...

על פי המדרש, בשעה שהוליך המן הרשע את מרדכי רכוב על הסוס ברחובות העיר, התעוררו לרגע חלקי הטוב שבו, ובליבו ובפיו עלתה

מחשבה של צידוק הדין. תוך כדי הרכבת מרדכי, ברגע אחד של אמת, הוא הודה שהכול מאת ה' יתברך. "הנה בא והודה שהכל הוא מהשי"ת, ובזה נתעוררו בו חלקי הטוב שהיו טמונים בקרבו ונתפרד מעצמותיו הרע", כלשון ה'שם משמואל'. בזכות אמירת פסוק אחד, זכה המן שלאחר דורות ספורים ילמדו בני בניו תורה בבני ברק.

אם נבחן את מעשהו החיובי של המן נראה שהוא היה נקודתי, וככזה לא היה בכוחו לעורר אצל המן מהפכה פנימית. גם לאחר צידוק הדין הוא לא החליט לתקן את דרכו הקלוקלת, גם את מחשבתו הרעה ביחס למרדכי היהודי ולעם ישראל כולו הוא לא שינה. למרות זאת, הרהור התשובה של המן פעל רבות בעולם, עד כדי כך שרישומו הדהד לדורי דורות וצאצאיו למדו תורה בזכות כך.

וממשיך וכותב ה'שם משמואל' דברים מופלאים:

> ומזה לימוד לכל אדם אף שהוא במצב רע נורא מאוד רחמנא ליצלן, אל יקטן בעיניו שום הגה ודיבור ואפילו מחשבה טובה, אף שאין בכוחו להישאר על דרך הטוב, מכל מקום עוד היום, ויהיה לו לתועלת עצומה מאוד, שאין הפה יכול לדבר והלב לחשוב עד כמה מגיעים הדברים...

דבריו של ה'שם משמואל' עוצמתיים במיוחד: אם מהמן הרשע יצאו כל מיני נקודות טובות רק בזכות מעשה קטן שעשה, הרי שאדם מעם ישראל שיפעל פעולה כלשהי, על אחת כמה וכמה שהיא תפעל טוב עצום בעולם. בכוחו של מעשה טוב שיהודי עושה ובכוחה של מחשבה טובה שיהודי חושב להאיר את העולם באור יקרות.

בהקשר זה זכורה לי שיחה ששוחחתי עם נער צעיר סמוך לחג מתן תורה. בסיומו של שיעור תורה שמסרתי באחד מסניפי תנועות הנוער, ניגש אליי בחור צעיר, שניכר היה שהוא נתון בסערת רגשות, ובפיו שאלה. הוא שיתף אותי בכך שהוא השתדל להיכנס השנה לחג השבועות מתוך קדושה וטהרה: "השתדלתי בכל מאודי לשמור על עצמי וסך הכל די הצלחתי. אבל אתמול, לצערי נכשלתי, אתמול

נפלתי...". הופתעתי. השיעור התקיים שלושה ימים לפני חג השבועות ועסק בדרכי קניין התורה. לא עסקנו בשיעור לא בענייני יצר וגם לא בעניינים שקשורים לכך, ואף על פי כן תחושת כישלון ליוותה אותו ולא נתנה לו מנוח. אני מקשיב לדבריו ושואל את עצמי כיצד אוכל לסייע לו, לתת מזור לכאבו, והוא ממשיך לספר: "השנה כבר לא אוכל להגיע לחג השבועות מתוך קדושה ומתוך טהרה, אני מרגיש שכל המאמצים שלי לא היו שווים כלום...". הקשבתי ברוב קשב לאותו בחור עדין נפש. מה שהיה לי קשה במיוחד לשמוע זה לא את עצם הנפילה שהוא חווה, אלא את מסקנתו המוטעית כי כל עמלו היה לשווא. לו רק היה מכיר אותו בחור מתוק את דברי ה'שם משמואל' לחג הפורים, בטוחני שהוא היה מסוגל להעריך יותר את השתדלותו, למרות הנפילה, ואולי אף להצליח לשמוח נוכח מאמציו הכבירים. ואם היה מפנים את הדברים, אף לא היה מעלה על דעתו אפשרות שעבודתו המאומצת הינה חסרת ערך.

כשאנו אוחזים בדברי ה'שם משמואל', נוכל לחזור לנקודה שהעסיקה אותנו בתחילת הדברים ולהבין מה תפקידה של חוויה נכונה ומהו מקומה. כשם שמחשבה קטנה פועלת רבות, וכשם שדיבור נכון יכול לחולל פלאים, כך ויותר פועלת בנפש האדם חוויה אמיתית. אומנם ברת חלוף היא אך בכוחה לפעול גדולות ונצורות. החוויה הטובה כמוה כברק המאיר את הדרך מתוך עלטה גמורה. אף שמיד אחרי מכת הברק חוזר החושך לשרור כבראשונה, עבור ההולך בדרך העולם כבר איננו אותו עולם. האור שהציף את השטח פקח את עיניו להתבונן לאן עליו לפנות וכיצד עליו להמשיך. כעת הדרך ברורה יותר והכיוון נהיר בהרבה. זה יכול להיות מפגש עם דמות אצילית, דיבוק חברים מרומם, לימוד או אירוע מעוררי השראה. לא תמיד המסר הישיר נשאר טרי בקדמת מוחו של האדם, אולם את עצם החוויה והתחושה הטובה שהתלוותה לה עליו לנצור עמוק בליבו. כך תמשיך היא לתת אותותיה בנפשו כל אימת שייזכר בה, גם לאחר שיעבור זמן רב. הרושם העצום של האור הפתאומי ימשיך ללוות אותו באתגרי ההמשך לאורך ימים ואף שנים.

מוצאי פורים שמח!

פסח

פסח

שביעי של פסח

פסח: מה עושים עם בן רשע?

"רָשָׁע מָה הוּא אוֹמֵר וְכוּ'", כְּבָר דִקְדְּקָנוּ בְּדִבְרֵי רָשִׁ"י (שמות יב, כב) "וַיִּקְּדוּ וַיִּשְׁתַּחֲווּ - עַל בְּשׂוֹרַת הַבָּנִים" וַהֲלֹא מִקְרָא זֶה בְּבֵן רָשָׁע מַיְירֵי וְהֵיאַךְ יִתָּכֵן לִתֵּן שֶׁבַח עַל זֶה. וּבְמִדְרָשׁ פָּרָשַׁת לֶךְ לְךָ: "כָּךְ אָמַר אַבְרָהָם אָבִינוּ עָלָיו הַשָּׁלוֹם אִם יִהְיוּ לִי בָּנִים שֶׁיַּכְעִיסוּךָ מוּטָב וְאָנֹכִי הוֹלֵךְ עֲרִירִי". וְגַם קֻשְׁיַת הַמְפָרְשִׁים לָמָּה לֹא סִדֵּר בַּעַל הַהַגָּדָה תְּשׁוּבַת הַתּוֹרָה "וַאֲמַרְתֶּם זֶבַח פֶּסַח וְגוֹ'".

וְנִרְאֶה דְּהִנֵּה כ"ק אָבִי אדומו"ר זצללה"ה דִּקְדֵּק שֶׁבְּבֵן רָשָׁע לֹא כְּתִיב לְשׁוֹן שְׁאֵלָה אֶלָּא "וְהָיָה כִּי יֹאמְרוּ אֲלֵיכֶם וְגוֹ'", וְהַיְנוּ כִּי לְשׁוֹן שְׁאֵלָה הִיא שֶׁמְּבַקֵּשׁ תְּשׁוּבָה אֲבָל הָרָשָׁע אֵינוֹ מְבַקֵּשׁ תְּשׁוּבָה כְּלָל אֶלָּא לְרַפּוֹת יְדֵי הָעוֹבֵד, עַד כָּאן תֹּרֶף דְּבָרָיו.

וְיֵשׁ לְהוֹסִיף בָּהּ דְּבָרִים וּלְפָרֵשׁ הַלָּשׁוֹן "מָה הָעֲבוֹדָה הַזֹּאת לָכֶם" כִּלְשׁוֹן "מָה אָדָם וַתֵּדָעֵהוּ", הַיְנוּ שֶׁמַּלְעִיג עַל הָעֲבוֹדָה וְהִיא בְּעֵינָיו כְּדָבָר בָּטֵל, וְאִם כֵּן לִכְאוֹרָה יוֹתֵר טוֹב הָיָה לְקַיֵּם "אַל תַּעַן כְּסִיל כְּאִוַּלְתּוֹ", כִּי אִישׁ כָּזֶה הוּא בְּאֶפֶס תִּקְוָה, מַה גַּם לְהִתְגָּרוֹת בּוֹ בְּוַדַּאי אֵין תּוֹעֶלֶת.

אַךְ הַתּוֹרָה אָמְרָה כִּי בַּלַּיְלָה הַזֶּה צָרִיךְ לַעֲנוֹת אֲפִלּוּ לַבֵּן הָרָשָׁע כָּזֶה, כִּי הוּא זְמַן הִתְעוֹרְרוּת אֲפִלּוּ לִנְתֹּן בִּשְׁאוֹל תַּחְתִּיָּה, וְאַף שֶׁבִּזְמַן אַחֵר יֵשׁ לְקַיֵּם "אַל תַּעַן כְּסִיל כְּאִוַּלְתּוֹ", אֲבָל בַּלַּיְלָה הַזֶּה יֵשׁ תִּקְוָה גַּם לָזֶה, כִּי הַשֹּׁרֶשׁ שֶׁבְּיִשְׂרָאֵל אֵינוֹ מִתְקַלְקֵל לְעוֹלָם וְרַק הוּא בַּשִּׁבְיָה בְּכֹחוֹת הָרָעִים וְהַחִיצוֹנִיִּים אֲשֶׁר מָשַׁךְ עָלָיו בַּעֲוֹנוֹתָיו, וְהֵמָּה תּוֹקְפִים אוֹתוֹ בְּכֹחַ וְאֵינָם נוֹתְנִים לוֹ לָשׁוּב, **וּמִכָּל מָקוֹם בַּלַּיְלָה הַזֶּה שֶׁהוּא זְמַן חֵרוּת בְּהֶכְרֵחַ יֵשׁ גַּם לוֹ יְצִיאָה בְּצַד מָה, וְאִם יִתְעוֹרֵר לָשׁוּב אֵין לוֹ עוֹד מְנִיעָה כָּל כָּךְ.**

וּגְדוֹלָה מִזּוֹ אִיתָא בְּסֵפֶר חֶסֶד לְאַבְרָהָם שֶׁאֵין אִישׁ יִשְׂרְאֵלִי בָּא בְּשַׁעַר הַנ' דִּקְלִפָּה שֶׁלֹּא תִּהְיֶה תְּרוּפָה לְמַכָּתוֹ עַד שֶׁיֶּחְטָא ת' (=400) יָמִים רְצוּפִים, וּבְכָל שָׁנָה שְׁלֹשִׁים הַיָּמִים שֶׁקֹּדֶם הַפֶּסַח מַחֲזִירִין אוֹתוֹ, וְעַל כֵּן לְעוֹלָם אִי אֶפְשָׁר שֶׁאִישׁ יִשְׂרָאֵל יִדָּחֶה לְגַמְרֵי כִּי אֵין ת' יָמִים שֶׁלֹּא יִהְיוּ בָּהֶם שְׁלֹשִׁים יוֹם קֹדֶם לַפֶּסַח, עכ"ד. וּמֵעַתָּה קַל וָחֹמֶר לַלַּיְלָה

הַזֶּה שֶׁמּוֹצִיאוֹ בְּהֶכְרֵחַ עַל כֵּן צִוְּתָה הַתּוֹרָה שֶׁבַּלַּיְלָה הַזֶּה לֹא יִדָּחֶה הָאֶבֶן אַחַר הַנּוֹפֵל וְלֵאמֹר לוֹ ״זֶבַח פֶּסַח הוּא וְגוֹ׳״.

וְיֵשׁ לוֹמַר עוֹד עַל פִּי מַה שֶּׁהִגַּדְנוּ בַּמַּאֲמָרִים הַקּוֹדְמִים בְּפֵרוּשׁ הַפָּסוּק ״וְהִגַּדְתָּ לְבִנְךָ בַּיּוֹם הַהוּא״ שֶׁיּוֹם הַהוּא גּוֹרֵם שֶׁיִּכָּנְסוּ הַדְּבָרִים לְלִבּוֹ שֶׁיִּהְיֶה לוֹ כְּאִלּוּ רוֹאֶה בְּעֵינָיו עַיִן שָׁם. וַחֲכָמֵינוּ ז״ל נָתְנוּ עֵצָה לָזֶה הֱיוֹת יָדוּעַ שֶׁשֹּׁרֶשׁ הָרַע הוּא גַּסּוּת רוּחַ וְהִיא הָעֲנָנִין הַחֲשׁוּכִים שֶׁנִּטְבַּע הָאוֹר שֶׁבָּא בְּתוֹכָם כְּמוֹ שֶׁהֵבִיא הַזֹּהַר הַקָּדוֹשׁ שֶׁהִיא דֻּגְמַת שֶׁבַע הַפָּרוֹת הָרָעוֹת שֶׁכָּתוּב בָּהֶן ״וְלֹא נוֹדַע כִּי בָאוּ אֶל קִרְבֶּנָה״, עַל כֵּן טוֹב לַעֲשׂוֹת רִאשׁוֹנָה לְבַטְּשׁוֹ וְלֵאמֹר לוֹ דְּבָרִים קָשִׁים ״לִי וְלֹא לוֹ וְכוּ׳״, וּבַאֲשֶׁר הוּא זְמַן הִתְעוֹרְרוּת אוּלַי יִתְעוֹרֵר לִתֵּן מַרְדּוּת לְלִבּוֹ, וְאַחַר כָּךְ בְּוַדַּאי יִפְתַּח לְבָבוֹ לְקַבֵּל הֶאָרַת הַלַּיְלָה הַזֶּה, וְאִם יִכָּרֵת עוֹד יֵשׁ תִּקְוָה, **עַל כֵּן הִשְׂכִּיל בַּעַל הַהַגָּדָה אֶת יָדָיו לֵאמֹר לוֹ בָּרִאשׁוֹנָה דְּבָרִים קָשִׁים טֶרֶם יָשִׁיב לוֹ הַתְּשׁוּבָה הַנֶּאֱמֶרֶת בַּתּוֹרָה וּלְפִי הָאָמוּר יֻצְדַּק מְאֹד שֶׁבַח יִשְׂרָאֵל עַל בָּנִים כָּאֵלּוּ, הַיְנוּ שֶׁאַף בָּנִים סוֹרְרִים כָּאֵלּוּ שֶׁכַּנִּרְאֶה שֶׁאֵין בָּהֶם עוֹד תִּקְוָה, מִכָּל מָקוֹם הַשֹּׁרֶשׁ לֹא נִתְקַלְקֵל וְלֹא אָבְדָה תִּקְוָתוֹ וְסוֹף כָּל סוֹף לֹא יִדַּח מִמֶּנּוּ נִדָּח.**

הגדה של פסח

״וְהָיָה כִּי יֹאמְרוּ אֲלֵיכֶם בְּנֵיכֶם, מָה הָעֲבֹדָה הַזֹּאת לָכֶם. וַאֲמַרְתֶּם זֶבַח פֶּסַח הוּא לַה׳ אֲשֶׁר פָּסַח עַל בָּתֵּי בְנֵי יִשְׂרָאֵל בְּמִצְרַיִם בְּנָגְפּוֹ אֶת מִצְרַיִם וְאֶת בָּתֵּינוּ הִצִּיל, וַיִּקֹּד הָעָם וַיִּשְׁתַּחֲווּ״ (שמות יב, כו-כז).

רש״י: ״ויקד העם - על בשורת הגאולה וביאת הארץ ובשורת הבנים שיהיו להם״.

״רשע מה הוא אומר? **מה העבודה הזאת לכם**״ (הגדה של פסח), כבר דקדקנו בדברי רש״י (שמות יב, כז) ״ויקדו וישתחוו - על בשורת הבנים״, והלא מקרא זה בבן רשע מיירי **מדבר** והיאך יתכן ליתן שבח על זה. ובמדרש פרשת לך לך (בראשית רבה פרשה מד פסקא ט): ״כך אמר אברהם אבינו עליו השלום אם יהיו לי בנים שיכעיסון, מוטב ׳וְאָנֹכִי הוֹלֵךְ עֲרִירִי׳״ **שאלה ראשונה: לפי ההגדה הבן המוזכר בפסוק כ״ו הוא הבן הרשע, ואם כן, מדוע אומר רש״י שהעם הודו על בשורת בנים כאלה, הרי אברהם אבינו התנגד לכך.** וגם קושיית המפרשים למה לא סידר בעל ההגדה תשובת התורה ״ואמרתם זבח פסח וגו׳״ **שאלה שנייה: מדוע בהגדה של פסח לא עונים על שאלת הבן הרשע שבפסוק כ״ו - ״מה העבודה הזאת לכם״, את התשובה שנתנה התורה בפסוק כ״ז - ״ואמרתם זבח פסח וכו׳״.**

ונראה דהנה כ״ק אבי אדומו״ר זצללה״ה דקדק שבבן רשע לא כתיב לשון שאלה אלא **לשון אמירה**: ״והיה כי יאמרו אליכם וגו׳״, והיינו כי לשון שאלה היא שמבקש תשובה, אבל הרשע אינו מבקש תשובה כלל אלא **מעוניין** לרפות **את** ידי העובד, עכתו״ד **עד כאן תורף דבריו.**

ויש להוסיף בה דברים ולפרש הלשון ״מה העבודה הזאת לכם״ כלשון ״מָה אָדָם וַתֵּדָעֵהוּ״ (תהלים קמד, ג), היינו שמלעיג על העבודה והיא בעיניו כדבר בטל, ואם כן לכאורה יותר טוב היה לקיים ״אַל תַּעַן כְּסִיל כְּאִוַּלְתּוֹ״ (משלי כו, ד), כי איש כזה הוא באפס תקוה, מה גם להתגרות בו בוודאי אין תועלת.

אך התורה אמרה כי בלילה הזה צריך לענות אפילו לבן הרשע כזה, כי הוא זמן התעוררות אפילו לניתן בשאול תחתיה, ואף שבזמן אחר יש לקיים ״אל תען כסיל כאולתו״, אבל בלילה הזה יש תקוה

גם לזה, כי השורש שבישראל אינו מתקלקל לעולם ורק **אלא ש**הוא בשביה בכוחות הרעים והחיצוניים אשר משך עליו בעונותיו, והמה תוקפים אותו בכוח ואינם נותנים לו לשוב, ומכל מקום בלילה הזה שהוא זמן חירות בהכרח יש גם לו יציאה בצד מה **מבחינה מסוימת**, ואם יתעורר לשוב אין לו עוד מניעה כל כך.

וגדולה מזו איתא **מופיע** בספר חסד לאברהם (מעין שני נהר נז), שאין איש ישראלי בא בשער הנ' דקליפה שלא תהיה תרופה למכתו **התנאי לכך שיהודי יגיע לשער החמישים של הטומאה שממנה כבר לא יוכל לצאת הוא** עד שיחטא ת' **ארבע מאות** ימים רצופים, ובכל שנה שלשים הימים שקודם הפסח מחזירין אותו **בתשובה**, ועל כן לעולם אי אפשר שאיש ישראל יידחה **יצא מכלל ישראל** לגמרי, כי אין ת' ימים שלא יהיו בהם שלשים יום קודם לפסח, עכ"ד.

ומעתה קל וחומר ללילה הזה שמוציאו בהכרח **אם הימים שלפני פסח מסוגלים להוציא את האדם משער ה־נ', כל שכן שפסח עצמו מסוגל לזה** על כן ציותה התורה שבלילה הזה לא ידחה האבן אחר הנופל ולאמר לו "זבח פסח הוא וגו'".

ויש לומר עוד עפ"י מה שהגדנו במאמרים הקודמים בפירוש הפסוק (שמות יג, ח) "וְהִגַּדְתָּ לְבִנְךָ בַּיּוֹם הַהוּא" שיום ההוא גורם שיכנסו הדברים ללבו שיהיה לו כאלו רואה בעיניו עיין שם. וחכמינו ז"ל נתנו עצה לזה: היות ידוע ששורש הרע הוא גסות רוח והיא הענניך החשוכים שנטבע האור שבא בתוכם כמו שכתב הזוהר הקדוש שהיא דוגמת שבע הפרות הרעות שכתוב בהן "וְלֹא נוֹדַע כִּי בָאוּ אֶל קִרְבֶּנָה" (בראשית מא, כא), על כן טוב לעשות ראשונה לבטשו **בשלב ראשון יש "להכות" בו על ידי גערה** ולאמור לו **לבן הרשע** דברים קשים "לי ולא לו וכו'", ובאשר הוא זמן התעוררות אולי יתעורר ליתן מרדות ללבו, ואח"כ בודאי יפתח לבבו לקבל הארת הלילה הזה, **ואפילו** אם ייכרת עוד יש תקוה.

על כן השכיל בעל ההגדה את ידיו **שילב בחכמה גישות שונות** לאמור לו בראשונה דברים קשים טרם ישיב לו התשובה הנאמרת בתורה.

ולפי האמור יוצדק מאד שבח ישראל על בנים כאלו, היינו שאף בנים סוררים כאלו שכנראה שאין בהם עוד תקוה, מכל מקום השורש לא נתקלקל ולא אבדה תקוותו וסוף כל סוף לא יידח ממנו נידח.

הגדה של פסח

מה עושים עם בן רשע?

במסכת פסחים (קט ע"א) מתארת הגמרא את הנהגותיו המיוחדות של רבי עקיבא סביב ליל הסדר. חז"ל מגלים לנו שבדרך כלל היה ר' עקיבא נשאר בבית המדרש עד שעות הלילה, אולם בערב פסח הוא חרג ממנהגו והקדים לשוב לביתו עוד לפני השקיעה: "אמרו עליו על רבי עקיבא, מימיו לא אמר הגיע עת לעמוד בבית המדרש חוץ מערבי פסחים וערב יום הכפורים". הסיבה לחריגה בערב פסח הייתה "בשביל תינוקות, כדי שלא ישנו", כלשון הגמרא. הווה אומר, רבי עקיבא 'ויתר' על שעות של לימוד תורה לטובת השתתפותם הערנית של ילדיו בליל הסדר. הנהגה מיוחדת נוספת של ר' עקיבא מגלה לנו הגמרא באותו מקום: "אמרו עליו על רבי עקיבא שהיה מחלק קליות ואגוזין לתינוקות בערב פסח כדי שלא ישנו וישאלו". דהיינו, ר' עקיבא היה עושה כל מיני פעולות כדי לשמור את ילדיו ערים בליל הגאולה ולמשוך את תשומת ליבם.

את שיטתו זו ייתכן ולמד ר' עקיבא מרבו, רבי אליעזר, שבשמו מוסרת הגמרא: "תניא, רבי אליעזר אומר: חוטפין מצות בלילי פסחים, בשביל תינוקות שלא ישנו". כדי לשמור את הילדים ערניים, מלמד אותנו ר' אליעזר, יש לעשות פעולות חריגות ואף מפתיעות. ככל הנראה, זהו המקור למנהג המפורסם המצוי ברבים מבתי ישראל,

הלוא הוא מנהג 'גניבת אפיקומן'. זהו מנהג די חריג בנוף ההלכתי, אבל הוא בהחלט 'עושה את העבודה' - נותן לילדים עניין ומשאיר אותם במרכז העניינים.

ליל ט"ו בניסן, הלוא הוא ליל הסדר, הוא גם יום טוב, וככזה חלים בו כל החיובים הרגילים שאנו חייבים בשאר החגים, כקידוש היום, עונג יום טוב וכו'. נבדל הוא ליל הסדר בכך שיש בו ארבע מצוות שייחודיות רק לו, והן: אכילת מצה, אכילת מרור, אכילת קורבן פסח ומצוות 'והגדת לבנך'. מצוות אלו מתקיימות כולן באמצעות הפה, אולם בעוד ששלוש המצוות הראשונות מתקיימות על ידי אכילה, הרי שהמצווה הרביעית מתקיימת על ידי דיבור (וכידוע, רמוז הדבר בשם החג - פסח=פה־סח). מצוות 'והגדת לבנך' עניינה הוא שהאבות יספרו לבניהם את סיפור הולדת האומה הישראלית, וכך יקשרו אותם אל שורשם הלאומי. בלילה הזה ישנה הארה רוחנית מיוחדת שאסור להחמיץ אותה. מצווה זו מחייבת את האבות להבין את גודל השעה, ולשתף את ילדיהם בחוויה המיוחדת של יציאת מצרים. זוהי הסיבה שגדולי התנאים עשו כל שביכולתם על מנת שילדיהם יהיו 'בתוך' חוויית ההגדה. לא לחינם מכונה חג הפסח בתואר 'חג החינוך', שהרי דווקא בחג זה ישנה הזדמנות כבירה לחינוך הילדים.

אחת ההדרכות של חז"ל לקיום מצוות 'והגדת לבנך' היא "לפי דעתו של בן, אביו מלמדו" (פסחים י, ד). משמעות הדרכה זו היא, שעל האב להתאים את סגנון סיפור יציאת מצרים לילד שלפניו. אם חריף הבן וקליטתו מהירה, יכול האב להרחיב ולהעמיק בתובנות יציאת מצרים. ואם הילד קצת מתקשה, על האב למתן את קצב הסיפור, וכן על זה הדרך. זאת ועוד, האב מחויב להתאים את סיפור יציאת מצרים לא רק לרמה הקוגניטיבית של הילדים אלא גם לרמה הרוחנית של כל אחד מהם. לא דומה סיפור היציאה לבן שנמצא במדרגה רוחנית גבוהה, למה שצריך לומר לבן שנמצא בלבטים רוחניים. מצוות ההגדה תפקידה למשוך את לב הילד ('גוד' בארמית='משוך') ולחבר אותו לאמונה הישראלית ולשורשים של עמנו, ולכן עליה להתבצע בדרך שתדבר אליו ותענה על צרכיו.

את ההתאמה שעל האב לעשות בסיפור יציאת מצרים למדו חז״ל מהתורה עצמה, וביטאו זאת בקטע ההגדה המפורסם על ארבעת הבנים. די לנו בסקירת מבנה הקטע ׳מלמעלה׳, גם בלי להיכנס לתוכן הדברים, כדי להבחין בשוני המתבקש במסירת הדברים:

כנגד ארבעה בנים דיברה תורה: אחד חכם, אחד רשע, אחד תם ואחד שאינו יודע לשאול.

חכם מה הוא אומר... ואף אתה אמור לו...
רשע מה הוא אומר... ואף אתה הקהה את שיניו ואמור לו...
תם מה הוא אומר... ואמרת אליו...
ושאינו יודע לשאול - את פתח לו...

כל בן שואל שאלות בדרך האופיינית לו, ומקבל תשובה המותאמת לו באופן מיוחד.

בפיסקה זו מתמקד ה׳שם משמואל׳ בשאלתו ובתשובתו של הבן הרשע, נצעד גם אנו בעקבותיו. לשם כך ניזכר בשאלת הבן הרשע ובתשובה אותה הוא מקבל, כפי שהן מופיעות בנוסח ההגדה:

רשע, מה הוא אומר? ״מה העבודה הזאת לכם״ - לכם ולא לו. ולפי שהוציא את עצמו מן הכלל כפר בעיקר, ואף אתה הקהה את שיניו ואמור לו: ״בעבור זה עשה ה׳ לי בצאתי ממצרים״ - לי ולא לו, אילו היה שם לא היה נגאל.

שאלת הבן הרשע מופיעה בפרשת בא, עת בני ישראל שהו עדיין במצרים, ערב יציאתם לחירות. משה רבנו קורא לכל זקני ישראל ומצווה אותם לשחוט שה בי״ד בניסן בין הערביים, לשים מדמו על מזוזות הבית ועל המשקוף, ובלילה לאכול את בשרו תוך שהם מקפידים להישאר בתוך הבתים. בזמן זה יכה הקדוש ברוך הוא את המצרים ויפסח על

בתי בני ישראל. לאחר הציווי ממשיך משה רבנו ומבשר לבני ישראל בשורה משמחת במיוחד (שמות יב, כה-כז):

> וְהָיָה כִּי תָבֹאוּ אֶל הָאָרֶץ אֲשֶׁר יִתֵּן ה׳ לָכֶם כַּאֲשֶׁר דִּבֵּר, וּשְׁמַרְתֶּם אֶת הָעֲבֹדָה הַזֹּאת. וְהָיָה כִּי יֹאמְרוּ אֲלֵיכֶם בְּנֵיכֶם, מָה הָעֲבֹדָה הַזֹּאת לָכֶם. וַאֲמַרְתֶּם זֶבַח פֶּסַח הוּא לַה׳ אֲשֶׁר פָּסַח עַל בָּתֵּי בְנֵי יִשְׂרָאֵל בְּמִצְרַיִם בְּנָגְפּוֹ אֶת מִצְרַיִם וְאֶת בָּתֵּינוּ הִצִּיל, **וַיִּקֹּד הָעָם וַיִּשְׁתַּחֲווּ.**

בני ישראל שמחים מאוד למשמע דברי משה רבנו ומגיבים אליהם בכפליים: קידה והשתחוויה. רש״י על אתר מבאר מהי הבשורה ששימחה אותם עד כדי שהם קדו והשתחוו: ״על בשורת הגאולה, וביאת הארץ ובשורת הבנים שיהיו להם״. רש״י מסביר ששלוש בשורות התבשרו בני ישראל בדברי משה רבנו. הבשורה הראשונה היא בשורת הגאולה, כדברי הכתוב ״ואת בתינו הציל״. הבשורה השנייה היא בשורת הכניסה לארץ ישראל, המוזכרת במילים ״והיה כי תבואו אל הארץ״. והבשורה השלישית היא בשורה על כך שיזכו לבנים, כמשמעות הפסוק ״והיה כי יאמרו אליכם בניכם מה העבודה הזאת לכם״.

וכאן שואל ה׳שם משמואל׳ שאלה חריפה במיוחד. הרי בעל ההגדה פירש את שאלת הבנים ״מה העבודה הזאת לכם״ כשאלת הבן הרשע, ואם כן מה המקום לשמחה זו של העם, האם הם שמחים שיצאו להם בנים רשעים ח״ו?! ״והיאך יתכן ליתן שבח על זה?״, מקשה ה׳שם משמואל׳. ומוסיף הוא להקשות, מדוע התשובה שניתנת בהגדה לבן הרשע אינה אותה תשובה שהדריכה התורה לתת: ״ואמרתם: זבח פסח הוא לה׳ אשר פסח על בתי בני ישראל במצרים בנגפו את מצרים ואת בתינו הציל״. שאלות אלו פותחות פתח להבנת עניינו של הבן הרשע באופן מופלא.

ראשית, קובע ה׳שם משמואל׳ כי הופעת הבן הרשע בפסוקי התורה מוכיחה ש׳אי אפשר שאיש ישראל יידחה לגמרי׳. גם אם הבן מוגדר כעת כרשע, העובדה שהוא מוזכר בתורה בהקשר חיובי של

בשורת הארץ ובשורת הגאולה מורה על כך שאין יהודי שהוא רשע בעצם, לכן כל אחד יכול לשוב בתשובה, עת שיחפוץ בכך.

בפיסקה מקבילה (פרשת ויקהל שנת תרע"ה) כותב ה'שם משמואל' שגם אם הבן הרשע לא יתוקן מכוח תשובתו בזה העולם, הרי שגם אז לא נסתם הגולל על תיקונו בעתיד, וכדבריו שם: "עוד אין ליאשו ועתיד לחזור לטוב ולהתתקן, ואם לא בגלגול זה יהיה בגלגול אחר, ועל כל פנים לא ידח ממנו נדח".

ה'שם משמואל' ממשיך ומבאר שעצם הידיעה שהבן הרשע יתוקן בעתיד מחייבת את הוריו שלא להתייאש ממנו, ובמיוחד בלילה הזה עליהם להשתדל, למרות הקושי שבדבר, להעניק לו תובנות רוחניות במידת האפשר. לפי הבנה זו תשובת התורה 'ואמרתם זבח פסח הוא לה' אשר פסח על בתי בני ישראל' אכן נאמרת לבן הרשע! ההגדה לא באה להעלים אותה, אלא שכך צריך להבין את הדברים: הבן הרשע עטוף בקליפות ולכן הוא שואל שאלה מתריסה. ההורים לא 'מתבלבלים' מחציפותו של הבן, והם עונים לו את התשובה שמופיעה בפסוקי התורה 'זבח פסח הוא לה' וכו'". אומנם בטרם יענו לבן הרשע את התשובה הזו הם 'מקהים את שיניו', על מנת שהוא ירכך את ליבו, ורק מתוך כך הוא יוכל לשמוע את תשובתם.

מדברי ה'שם משמואל' עולה שאל להורים להתייאש מילדיהם בכל זמן נתון, גם אם המצב הרוחני שלהם הוא רדוד וחסר לעת עתה. על ההורים להתחזק בידיעה שלעולם המצב לא אבוד, ושתמיד מוטלת עליהם חובת השתדלות.

ובשולי הדברים, נראה להאיר הארה חינוכית חשובה. הדרכות חינוכיות אפשר למצוא לרוב. עצות מחכימות להורות טובה יש בשפע. אך עם כל ההדרכות והעצות, מוצלחות ככל שיהיו, בל נשכח שמלאכת החינוך איננה מלאכת תכנות, ולכן אין באפשרותה להציע נוסחה 'נכונה' לחינוך ילדים. על ההורים להשתדל ולהתאמץ בחינוך ילדיהם כפי יכולתם, ולזכור שיש להם שותף שלישי מרכזי ביותר במשימה – הקדוש ברוך הוא. אי אפשר לחנך ללא סייעתא דשמיא. אפשר

להשתדל, להשקיע ולהתאמץ, אך כל אלו לא יספיקו ללא עזרה משמיים.

ואם בחירות עסקינן, נראה שחירות אמיתית היא היכולת להכיל שתי תנועות בו־זמנית. מחד גיסא על ההורים להשתדל בכל מאודם להוביל ולחנך את ילדיהם על פי אמונתם ותפיסתם החינוכית, גם באותם זמנים שהם אינם זוכים לראות פירות חינוכיים. ומאידך עליהם ללמוד גם מתי להרפות ולשחרר את האחיזה החינוכית, זאת מתוך ידיעה ברורה שלא הכול תלוי בהם. לעיתים עלינו להניח לקב״ה לעשות מלאכתו ולדעת שבסופו של דבר גם הבן הרשע ישוב בתשובה. כדברי ה׳שם משמואל׳: ״עוד עתיד לחזור לטוב ולהתתקן... ועל כל פנים לא ידח ממנו נדח״.

חג חירות שמח!

פסח: פרעה בקדושה

"עֲבָדִים הָיִינוּ לְפַרְעֹה בְּמִצְרָיִם". הִנֵּה יָדוּעַ שֶׁיֵּשׁ פַּרְעֹה בִּקְדֻשָּׁה, **וּבַזֹּהַר** הַקָּדוֹשׁ ח"א (רי ע"א): "'בֵּית פַּרְעֹה' - דָּא הוּא סִימָנֵיךְ לְעֵילָא, בֵּיתָא דְּאִיתְפָּרְעוּ וְאִתְגַּלְיָין מִנֵּיהּ כָּל נְהוֹרִין וְכָל בּוּצִינִין, כָּל מַה דַּהֲוָה סָתִים מִתַּמָּן אִתְגַּלֵּי וְכוּ'". וּמוּבָן אֲשֶׁר לְעֻמָּתוֹ בַּקְּלִפָּה הִיא הִתְגַּלּוּת דְּסִטְרָא אַחֲרָא.

וּבָזֶה יֵשׁ לְפָרֵשׁ שֶׁעַל זֶה סוֹבְבוֹת הוֹלְכוֹת כָּל הַשְּׁאֵלוֹת וְהַתְּשׁוּבָה, **שֶׁהַשְּׁאֵלָה הָיְתָה לָמָּה אָנוּ עוֹשִׂין כָּל כָּךְ רְמָזִים בַּלַּיְלָה הַזֶּה בְּהִתְגַּלּוּת, הֲלֹא אֵין לְךָ יָפֶה מִן הַצְּנִיעוּת**, וּכְתִיב "אֶת צְנוּעִים חָכְמָה", וְאֵין הַבְּרָכָה שׁוֹרָה אֶלָּא בְּדָבָר הַסָּמוּי מִן הָעַיִן, וּבֵית הַסְּתָרִים אֵינוֹ מְקַבֵּל טֻמְאָה, וְעַל זֶה בָּאָה הַתְּשׁוּבָה "עֲבָדִים הָיִינוּ לְפַרְעֹה בְּמִצְרָיִם".

וּכְדֵי לְבַטֵּל אֶת כֹּחוֹ הֻכְרְחָה לִהְיוֹת הִתְגַּלּוּת הַקְּדֻשָּׁה, כְּמוֹ שֶׁאָנוּ אוֹמְרִים "עַד שֶׁנִּגְלָה עֲלֵיהֶם מֶלֶךְ מַלְכֵי הַמְּלָכִים הַקָּדוֹשׁ בָּרוּךְ הוּא וּגְאָלָם".

וּבְהִתְגַּלּוּת הַקְּדֻשָּׁה בָּטְלָה הִתְגַּלּוּת הַסִּטְרָא אַחֲרָא, דִּכְשֶׁזֶּה קָם זֶה נוֹפֵל, "וְאִלּוּ לֹא הוֹצִיא וְכוּ' מְשֻׁעְבָּדִים הָיִינוּ לְפַרְעֹה בְּמִצְרַיִם", "וּבְכָל דּוֹר וָדוֹר חַיָּב אָדָם לִרְאוֹת אֶת עַצְמוֹ כְּאִלּוּ הוּא יָצָא מִמִּצְרַיִם", **כִּי בֶּאֱמֶת בְּכָל שָׁנָה מִתְעוֹרֵר מַה שֶּׁהָיָה אָז, עַל כֵּן צָרִיךְ לַעֲשׂוֹת דַּוְקָא בְּהִתְגַּלּוּת**, וּמִצְוָה עָלֵינוּ לְסַפֵּר בִּיצִיאַת מִצְרַיִם, כִּי סִפּוּר הוּא הִתְגַּלּוּת פְּנִימִית הַלֵּב.

וּמִטַּעַם זֶה כָּל הַמַּרְבֶּה לְסַפֵּר הֲרֵי זֶה מְשֻׁבָּח, אַף כִּי לְעוֹלָם אֵין לְסַפֵּר בְּשִׁבְחוֹ שֶׁל מָקוֹם יוֹתֵר מִדַּי כִּי לוֹ דּוּמִיָּה תְהִלָּה, **אֲבָל בַּלַּיְלָה הַזֶּה לֵיל שִׁמּוּרִים נֶהְפַּךְ הוּא, כִּי זֶה עַצְמוֹ הוּא הַגְּאֻלָּה** וּבְהִתְגַּלּוּת יוֹתֵר הוּא בִּטּוּל הַסִּטְרָא אַחֲרָא בְּיוֹתֵר.

הגדה של פסח

"עבדים היינו לפרעה במצרים" (הגדה של פסח, בראשית מה, טז). הנה ידוע שיש פרעה בקדושה, ובזוהר הקדוש חלק א' (דף רי ע"א): "'בית פרעה' - דא הוא סימניך לעילא, ביתא דאיתפרעו ואתגליין מניה כל נהורין וכל בוצינין, כל מה דהוה סתים מתמן אתגלי וכו'" **'בית פרעה' במשמעות רוחנית עליונה הוא בית שממנו יצאו והתגלו כל האורות, וכל דבר סתום ונעלם - משם התגלה. פריעה במשמעות של גילוי.** ומובן אשר לעומתו בקליפה היא התגלות דסטרא אחרא **ומכיוון שלכל דבר חיובי במציאות יש דבר שנוגד אותו, לכן יש גם בית פרעה ששייך ל'צד האחר', לצד של הטומאה.**

ובזה יש לפרש שעל זה סובבות הולכות כל השאלות והתשובה **ארבע קושיות של "מה נשתנה" והתשובה "עבדים היינו", שהשאלה הייתה למה אנו עושין כל כך רמזים בלילה הזה בהתגלות, הלא "אין לך יפה מן הצניעות"** (מדרש תנחומא פרשת כי תשא), וכתיב "אֶת צְנוּעִים חָכְמָה" (משלי יא, ב), ו"אין הברכה שורה אלא בדבר הסמוי מן העין" (בבא מציעא מב ע"ב), ו"בית הסתרים אינו מקבל טומאה" (חולין עב ע"ב) **בהלכות טומאה וטהרה, מקום נסתר אינו נטמא, מה שמלמד על חשיבות ההסתרה.**

ועל זה באה התשובה "עבדים היינו לפרעה במצרים". **וכדי לבטל את כוחו הוכרחה להיות התגלות הקדושה,** כמו שאנו אומרים "עד שנגלה עליהם מלך מלכי המלכים הקדוש ברוך הוא וגאלם" (הגדה של פסח).

ובהתגלות הקדושה בטלה התגלות הסטרא אחרא, דכשזה קם זה נופל, "ואילו לא הוציא אותנו ממצרים הרי אנו ובנינו משועבדים היינו לפרעה במצרים", "ובכל דור ודור חייב אדם לראות את עצמו כאילו הוא יצא ממצרים".

כי באמת בכל שנה באותו תאריך מתעורר מה שהיה אז, על כן צריך לעשות דווקא בהתגלות, ומצוה עלינו לספר ביציאת מצרים, כי סיפור **דיבור** הוא התגלות פנימיות הלב.

ומטעם זה כל המרבה לספר הרי זה משובח, אף כי לעולם אין לספר בשבחו של מקום יותר מדי כי לו דומיה תהלה, **אבל בלילה**

הזה ליל שמורים נהפוך הוא, כי זה עצמו הוא הגאולה ובהתגלות
יותר הוא ביטול הסטרא אחרא ביותר.

הגדה של פסח

פרעה בקדושה

בהקשרים שונים מכונה העולם הזה בתואר הלא מחמיא 'עלמא דשקרא' (עולם השקר), ולא בכדי. במובן הפשוט, כולנו ערים לצערנו לתופעה רווחת שבה אנשים לא מהססים לסטות מהאמת, בלשון המעטה, כדי להשיג את מטרותיהם. אך יש לביטוי זה מובן עמוק יותר. על פניו נראה כי עולמנו רווי בחומריות ובגשמיות. מבט כזה נותן מקום למחשבה, שמי שרוצה להצליח פה צריך להיות חמוש בקנאה, בתאווה ובהרבה רצון לכבוד. באמצעות שלוש תכונות אלה יוכל האדם להשיג ממון ורכוש רב ולקנות מעמד ראוי בחברה, וכך ייחשב הוא ל'סיפור הצלחה'. זהו השקר הגדול של העולם.

העולם החומרי מעלים ('עולם' מלשון 'העלם', כידוע) רבדים נסתרים של מציאות רוחנית, מציאות שאולי אינה נראית לעין אולם היא ממשית וקיימת. בכך הוא גורם למקד את המבט ברבדים החיצוניים של החיים ולא באלו הפנימיים, דבר שמוביל בהכרח לטעות בהבנת עניינו של העולם ולציור שקרי על מהותו ותכליתו. התוצאה הטבעית תהיה התנהלות אינטרסנטית ואגוצנטרית. לעומת זאת, הידיעה שיש לעולם עומק רוחני נשגב מחייבת את האדם לאמץ התנהלות אחרת, פחות אינטרסנטית ויותר מכוונת לשם שמיים.

משלל הדמויות המוכרות לנו, פרעה מלך מצרים הוא שמייצג

אולי יותר מכול את עולם השקר. זה מתחיל במובן הפשוט, בהתעלמותו מפועלו המבורך של יוסף שהציל את מצרים, "וַיָּקָם מֶלֶךְ חָדָשׁ עַל מִצְרָיִם אֲשֶׁר לֹא יָדַע אֶת יוֹסֵף" (שמות א, ח), וממשיך במובן העמוק, בהתכחשות למציאות ה׳, כפי שהוא מתריס כלפי משה ואהרן בשליחותם הראשונה אליו: "מִי ה׳ אֲשֶׁר אֶשְׁמַע בְּקֹלוֹ" (שם ה, ב). המפגש הפנימי עם העולם משול להפניית הפנים כלפיו. פרעה, שאותיות שמו הן ׳הערֹף׳, מעדיף להפנות את העורף וללכת בדרך הקלוקלת של מפגש חיצוני־שקרי עם העולם. פרעה ׳איש החוץ׳ בוחר להיאחז בחיצוניות העולם, ושם, לעין הגסה והמחוספסת, לא ניכרת הופעה רוחנית אלוקית. מכאן ועד להכרזה שאין בורא ומנהיג למציאות הדרך קצרה ביותר.

לאור דברים אלה, מפתיע מאד לגלות שבספר הזוהר נקשר שמו של פרעה דווקא לעולם הקדושה. את המושג "בית פרעה" שבפרשת ויגש (בראשית מה, טז) מפרש הזוהר הקדוש כ"בֵּיתָא דְּאִתְפְּרָעוּ וְאִתְגַּלְּיָין מִנֵּיהּ כָּל נְהוֹרִין וְכָל בּוּצִינִין", ובתרגום לעברית: הבית שממנו נפרעים (=יוצאים) ומתגלים כל האורות וכל המאורות. על פי הזוהר, בית פרעה הוא מקור של גילוי אורות רוחניים גדולים במיוחד. דברי הזוהר אף ׳הולידו׳ ביטוי מוזר ומיוחד שמביא אותו ה׳שם משמואל׳ - ׳פרעה בקדושה׳. דברי הזוהר והביטוי שנולד מהם סתומים ומפתיעים, שהרי מתוך היכרותנו את פרעה ואת פועלו אנו יודעים שכל עניינו הוא היפך הקדושה, וכיצד יתקשר שמו אליה וביתו יהיה מכון להתגלותה?

פרעה כאמור מתבונן ברבדים החיצוניים של העולם. בעולמו של פרעה שולטים דרך קבע החומריות והטומאה, ועולם הקדושה - ממנו והלאה. פרעה מתעקש שלא לשמוע את דבר ה׳, וגם כשמכות קשות נוחתות על עמו הוא ממשיך בשלו. כתגובה בוחר הקב"ה להתגלות בעצימות גבוהה וחריגה, באותות ובמופתים בדמות עשר המכות וקריעת ים סוף, גילויים עליונים והארות גבוהות שלא היו בעולם בתקופות קודמות, "כִּימֵי צֵאתְךָ מֵאֶרֶץ מִצְרָיִם אַרְאֶנּוּ נִפְלָאוֹת" (מיכה ז, טו). **עד כמה שהדבר נשמע מפתיע, מתברר שדווקא העקשנות של פרעה והפניית עורפו הן אלה שהביאו את הקב"ה לגלות לעיני**

כל את הגנוז והנסתר, בבחינת ׳כאשר יענו אותו כן ירבה וכן יפרוץ׳, לא רק בחומר אלא אף ברוח. זוהי בחינת ׳פרעה בקדושה׳ - מדרגה רוחנית גבוהה הצומחת דווקא מכוחה של התנגדות עוצמתית וחזקה.

בביאורו להגדה, משתמש ה׳שם משמואל׳ בעיקרון ׳פרעה בקדושה׳ כדי לענות על שאלה שנוגעת למהות עבודתנו בליל הסדר, וכך הוא שואל: ״למה אנו עושין כל כך רמזים בלילה הזה בהתגלות, הלא אין לך יפה מן הצניעות, וכתיב ׳...אֶת צְנוּעִים חָכְמָה׳, ואין הברכה שורה אלא בדבר הסמוי מן העין?״. נבאר את שאלתו.

במסכת תענית (ח ע״א) קובע רבי יצחק שאין הברכה שורה אלא בדבר הסמוי מן העין (ורמוז הדבר בסימני הסדר: רק אחרי ה׳צפון׳ - הגנוז והנסתר - מופיע ה׳ברך׳). הממד החיצוני מוגבל הוא מעצם טבעו, הגבלות של זמן ושל מקום. הרוח הפנימית, לעומת זאת, אינסופית היא, פרה ורבה עד בלי די, והיא ורק היא מהווה את מקור הברכה. כך אפשר גם להבין את מעלתה המיוחדת של מידת הצניעות, שהרי מידה זו שמה את הדגש על הרבדים היותר רוחניים ויותר פנימיים שבמציאות.

הצניעות והברכה הן תולדות של מבט פנימי על העולם. לכן, אם נתבונן במצוות ובהנהגות שאנו מקיימים כחלק מעבודת ה׳, נוכל להבחין שלרוב הן נעשות בשקט ובעדינות. ישנן מצוות שעיקרן במחשבה, כדוגמת אהבת ה׳ ויראתו. גם מצוות שמתקיימות בדיבור, כדוגמת תפילת העמידה, נעשות על פי רוב בלחש, ואף מצוות שנעשות בכלי המעשה כדוגמת נטילת לולב וישיבה בסוכה אינן מובלטות ברעשים חיצוניים, וכן על זה הדרך. (ישנן אומנם מספר מצוות הנעשות בקול רם, כדוגמת שופר וקריאת מגילה. זאת מכיוון שעיקר החובה בהן היא השמיעה, וה׳רעש׳ הנלווה להן הוא מעיקר המצווה). למרות זאת, בליל הסדר נראה לכאורה שאנחנו נכנעים לגישה הרעשנית של הגילוי וההחצנה, שהרי אנו עושים כל כך הרבה פעולות גלויות המרמזות על הופעת שם ה׳ בעולם, כדוגמת הכרזה בתחילת הסדר שבה אנו מזמינים ׳כל דכפין׳, פתיחת הדלת לאליהו הנביא תוך כדי אמירת ׳שפוך חמתך על הגויים׳, שתיית ארבע כוסות בהסבה, אכילת

קורבן פסח בחבורה, אמירת ההגדה בקול רם ובשמחה גדולה משך כל הלילה, התעסקות רבה סביב גניבת האפיקומן, ועוד, זאת במקום לחוות את הדברים בשקט וברוגע הראויים להם. התנהלות זו, כאמור לעיל, מחייבת נתינת פשר. תשובת ה'שם משמואל' להתנהלות זו פותחת צוהר להבנת עומק סגולתו של ליל הסדר.

כפי שראינו לעיל, עקשנותו הגדולה של פרעה גרמה ל'תגובת נגד' אלוקית. פרעה ביטא בהתנהלותו רוע עוצמתי בוטה ומורגש, והקב"ה הגיב בגילויים רוחניים עוצמתיים, כדוגמת עשר המכות וקריעת ים סוף. ניתן לומר שבאותה תקופה מיוחדת, בהוראת שעה, חרגו ההארות הרוחניות מהסדר הרגיל של "לֹא בָרַעַשׁ ה'" (מלכים א' יט, יא).

בספרי חסידות רבים מובא, שבכל שנה ושנה מופיעה מחדש הארת הלילה המיוחד שבו יצאו ישראל ממצרים. בלילה זה נמשך עלינו אור שמימי שמקורו ב'עלמא דקשוט' (עולם האמת), שמכוחו מתמוסס השקר ונעלם כלא היה. אותה הופעה אלוקית גדולה שהופיעה במצרים ומופיעה בכל שנה מחדש בליל הסדר, אינה מותירה מקום לכוחות השלילה והופכת את הלילה הזה לזמן שבו אנו משומרים מן המזיקים. **במצב כזה יכולים אנו לגלות את פנימיות לבנו ללא חשש, ולנצל במלואו את הזמן הנשגב הזה שבו מופיע האור המיוחד של 'פרעה בקדושה'.** זוהי הסיבה שבלילה זה מתאספים בני ישראל חבורות חבורות, וכל חבורה מהללת ומשבחת את יושב תהילות ישראל, ובקול גדול דווקא.

מתשובתו של ה'שם משמואל' אפשר להבין לא רק את הסיבה בגינה מנהגים רבים בליל הסדר נעשים באופן גלוי, אלא גם את מעלת הלילה הזה, לילה שבו הקב"ה גאל את ישראל בעצמו, כדרשת חכמים המובאת בנוסח ההגדה: "'ועברתי בארץ מצרים' - אני ולא מלאך, 'והכיתי כל בכור' - אני ולא שרף, 'ובכל אלוקי מצרים אעשה שפטים' אני ולא השליח, 'אני ה'' אני הוא ולא אחר".

בהקדמה לפירושו על ההגדה, מתאר הרב חרל"פ באופן מיוחד את ה'זרמים' הרוחניים הגדולים השמורים ללילה מיוחד שכזה:

> כל סדר הלילה מצה ומרור ד׳ כוסות והגדה מביא זרמים של קודש לכל השנה כולה לחיות גם בכל השנה כולה חיי קודש בדבקות אמת לה׳ יתברך... גילוי שכינה של הלילה הזה שונה ונבדל מכל מיני גילויים של שכינה שאפשר להתגלות בכל השנה כולה. הגילוי של הלילה הזה הוא גילוי מלא של הקב״ה בכבודו ובעצמו, ״׳ועברתי בארץ מצרים׳ - אני ולא מלאך, אני ולא שרף, אני ולא שליח״. הלילה הזה הוא לילה של נבואה לכל ישראל, וכל אחד ואחד מישראל עולה אז למדרגת צדיק וכל שבעת הרקיעים פתוחים לפניו. וכל היודע להכין עצמו לקראת הגדולה של הלילה הוא פורח ממדרגה למדרגה...

הרב חרל״פ מכתיר את ליל הסדר בכתרים כה רמים ומבליע בתוך דבריו קריאה להתכונן לקראתו. לילה שבו כל שבעת הרקיעים פתוחים, לילה של נבואה לכל ישראל, שבו כל אדם מישראל מתעלה לרמה של צדיק, מהווה הזדמנות רוחנית נפלאה אך מחייב גם הכנה נאותה. לא לחינם, רבה התכונה בבתי ישראל לקראת חג הפסח, שכן גדולה היא הציפייה.

בשולי הדברים נראה לציין נקודה חשובה. בחינת ׳פרעה בקדושה׳ היא בחינה שנכונה לא רק ליוצאי מצרים אלא גם לנו, כאן ועכשיו, בחג החירות ובכלל. לכל אדם מיצרים משלו וכל זמן נושא עימו את אתגריו. לעיתים עולה המחשבה שהמיצרים השונים מעכבים אותנו מלהתפתח. בפיסקה זו למדנו כי כדאי לנו לאמץ מבט אחר. הקושי והמשבר דווקא מהווים הזמנה לצמיחה מחודשת וייחודית, והפניית העורף לאתגר המחודש היא פספוס של הזדמנות גדולה ונדירה.

משמעות דברים אלו היא, שבחינה זו של ׳פרעה בקדושה׳ אינה מצטמצמת להופעות רוחניות אלוקיות בלבד. היא ניתנת לשימוש גם בידי בשר ודם, ובכוחה לתת מזור למצוקות ולכאבים איתם נאלצים אנשים להתמודד בצוק העיתים. כאשר אדם מרגיש מיצרים אישיים הדוחקים אותו וממררים את חייו, עליו לדעת שבדיוק באותה עת לצד הקושי הגדול, נופלת בחלקו גם שעת כושר גדולה, שבה יכול הוא לגלות הארות נפשיות ורוחניות שאי אפשר לגלותן בזמנים של

שגרה. ההשקעה הגדולה שהאדם משקיע נוכח מיצריו, מצמיחה הארות גדולות ומבורכות שאינן יכולות להופיע בסדר הרגיל.

ייתכן וזהו עומק הרעיון הנעוץ בהדרכת הגמרא במסכת נדרים (פא ע"א) "הזהרו בבני עניים, שמהם תצא תורה". משפחות שמאותגרות כלכלית נאלצות להתמודד עם מיצרים וקשיים באופן די קבוע. ההתמודדות היומיומית מסוגלת להביא אותם להישגים רוחניים גבוהים, השמורים רק למי שעמל ומתאמץ. בני העניים חווים דוחק ומיצר, ובמידה ויבחרו לא להישבר, למרות התירוצים שיש להם למכביר, אלא אדרבה ללמוד ולהתעלות, ימצאו עצמם בדרגה גבוהה, פרי ההתמודדות.

פסח: והיא שעמדה

"וְהִיא שֶׁעָמְדָה לַאֲבוֹתֵינוּ וְלָנוּ שֶׁלֹּא אֶחָד בִּלְבַד עָמַד עָלֵינוּ וְגוֹ'", בִּפְשִׁיטוּת 'הִיא שֶׁעָמְדָה' עַל הַהַבְטָחָה דִּלְעֵיל מִנַּהּ קָאֵי.

וְיֵשׁ לְפָרֵשׁ עוֹד דְּקָאֵי עַל 'וַעֲבָדוּם וְעִנּוּ אוֹתָם' דִּסְמוּךְ לָהּ, וִיבֹאַר עַל פִּי דִּבְרֵי הַזֹּהַר הַקָּדוֹשׁ רֵישׁ שְׁמוֹת 'גָּלוּת לָמָּה וּמִצְרַיִם לָמָּה', וְאָמַר ר' אֶלְעָזָר **שֶׁהַכֹּל הָיָה עֵצַת ה' כְּדֵי שֶׁלֹּא יִהְיֶה לָהֶם חִבּוּר עִמָּהֶם**, כִּי לֹא יוּכְלוּן הַמִּצְרִים לֶאֱכֹל לֶחֶם אֶת הָעִבְרִים 'דּוֹכְרִין גּוֹעֲלִין בְּהוֹן נוּקְבִין גּוֹעֲלִין בְּהוֹן', וְזֶה הָיָה לָהֶם לַעֲזֹר וְלִסְעֹד שֶׁלֹּא יִטָּמְעוּ בָּהֶם.

וּכְעֵין זֶה יֵשׁ לְפָרֵשׁ דְּהַגְּזֵרָה 'וַעֲבָדוּם וְעִנּוּ אוֹתָם' שֶׁעָמְדָה לְיִשְׂרָאֵל **אָז שֶׁלֹּא יִטָּמְעוּ בָּהֶם הִיא שֶׁעָמְדָה גַּם לָנוּ בְּגָלוּתֵנוּ זוֹ**. וּבְכָל דּוֹר וָדוֹר עוֹמְדִים עָלֵינוּ לְכַלּוֹתֵנוּ וּבִשְׁבִיל זוֹ עַצְמוֹ יִשְׂרָאֵל מֻבְדָּלִים מֵהֶם, וְהַקָּדוֹשׁ בָּרוּךְ הוּא מַצִּילֵנוּ מִיָּדָם שֶׁלֹּא יִטָּמְעוּ בָּהֶם וְשֶׁלֹּא יְכַלּוּ בָּהֶם עַל יְדֵי גְּזֵרוֹתֵיהֶם.

וְאַף בִּמְקוֹמוֹת שֶׁמַּרְאִין פָּנִים שׂוֹחֲקוֹת לְיִשְׂרָאֵל, אַף עַל גַּב דְּאִינְהוּ לָא חָזוּ מַזָּלַיְיהוּ דְּיִשְׂרָאֵל חָזוּ שֶׁכַּוָּנָתָם גַּם בָּזֶה לְכַלּוֹתֵנוּ, כִּי עֵשָׂו שׂוֹנֵא לְיַעֲקֹב, וְכַמַּיִם פָּנִים אֶל פָּנִים גּוֹרֵם הַבְדָּלָה וּפְרִישָׁה מֵהֶם.

אִם כֵּן זֶה שֶׁעוֹמְדִים עָלֵינוּ לְכַלּוֹתֵנוּ זֶהוּ לְטוֹבָתֵנוּ וְגַם עַל זֶה אָנוּ נוֹתְנִים שֶׁבַח לְהַשֵּׁם יִתְבָּרַךְ.

הגדה של פסח

"והיא שעמדה לאבותינו ולנו שלא אחד בלבד עמד עלינו וגו'" (הגדה של פסח), בפשיטות 'היא שעמדה' על ההבטחה דלעיל מינה קאי **על פי פשט הדברים, הביטוי 'והיא שעמדה' מתייחס להבטחה שהוזכרה במשפט שהופיע לפני כן, שבו ה' הבטיח לאברהם אבינו שישמור על עם ישראל, ובזכות הבטחה זו ניצלנו במהלך הדורות.**

ויש לפרש עוד דקאי **אך ניתן לפרש באופן אחר, שהביטוי 'והיא שעמדה' מוסב** על "ועבדום וענו אותם" דסמוך לה, ויבואר על פי דברי הזוהר הקדוש ריש שמות (בתחילת ספר שמות, דף יד ע"ב) "גלות למה ומצרים למה", ואמר ר' אלעזר **שהכל היה עצת ה' כדי שלא יהיה להם חיבור עמהם,** כִּי לֹא יוּכְלוּן הַמִּצְרִים לֶאֱכֹל לֶחֶם אֶת הָעִבְרִים (ע"פ בראשית מג, לג), "דוכרין גועלין בהון נוקבין גועלין בהון" **המצרים התרחקו מעצמם מעם ישראל ולא רצו קשר איתם, הם לא ישבו לאכול איתם וגעלו גם בגברים וגם בנשים,** וזה היה להם לעזר ולסעד שלא יטמעו בהם.

וכעין זה יש לפרש דהגזירה 'ועבדום וענו אותם' שעמדה לישראל **אז שלא יטמעו בהם היא שעמדה גם לנו בגלותנו זו.** ובכל דור ודור עומדים עלינו לכלותנו ובשביל זו עצמו ישראל מובדלים מהם, והקב"ה מצילנו מידם שלא יטמעו בהם ושלא יכלו בהם ע"י גזירותיהם.

ואף במקומות שמראין פנים שוחקות לישראל, אף על גב דאינהו לא חזו מזלייהו דישראל חזו **אף על פי שישראל לא הבחינו בכך שהארת הפנים היא רק כלפי חוץ, הנשמות שלהם הבחינו בכך** שכוונתם **של אויבינו** גם בזה לכלותנו, כי עשיו שונא ליעקב, וכמים פנים אל פנים גורם הבדלה ופרישה מהם.

אם כן זה שעומדים עלינו לכלותנו זהו לטובתנו וגם על זה אנו נותנים שבח להשם יתברך.

הגדה של פסח

והיא שעמדה

אחת המצוות המרכזיות בליל הסדר היא מצוות 'והגדת לבנך'. האב מצווה לספר לבנו על אודות הניסים הגדולים שחוו ישראל בצאתם ממצרים מבית עבדים. למצווה זו, כמו לשאר המצוות, ישנם כללים הלכתיים ברורים. אחד הכללים בגדר מצוות 'והגדת לבנך' הוא "מתחיל בגנות ומסיים בשבח", כלומר, סיפור יציאת מצרים צריך לכלול הן את גנותם של ישראל בעבר והן את שבחם בהווה. חובת הזכרת הגנות מפתיעה, שהרי מה הטעם להזכיר בחג החירות את גנות העבר. וכפי ששואל השל"ה הקדוש: "מדוע לנו בשעת חדוה להזכיר צרה שעברה?"

זאת ועוד. הגמרא במסכת פסחים מביאה שתי דעות חלוקות בשאלה מהי הגנות שיש להזכיר בליל הסדר. הדעה הראשונה היא שהגנות היא העובדה שאבות אבותינו (משפחת אביו של אברהם אבינו) עבדו עבודה זרה. הדעה השנייה סוברת שהגנות היא העובדה שישראל היו עבדים במצרים. להלכה אנו פוסקים כשתי הדעות שמובאות בגמרא, ולכן כולל נוסח ההגדה הן את האמירה "מתחילה עובדי עבודה זרה היו אבותינו", והן את האמירה "עבדים היינו לפרעה במצרים". גם מחלוקת זו ודרך הכרעתה מזמינות בירור והעמקה.

בספרו נצח ישראל (פרק א) מבאר המהר"ל מפראג ש"הדבר הטוב נודע מהפכו ידיעה אמיתית". ערכו של האור נודע דווקא מתוך

השוואתו לחושך, מעלתה של השמחה בולטת דווקא בהנגדתה לצער, והבנת מהות הגאולה תבוא רק על ידי הבנת המציאות ההפוכה לה - הגלות. כך גם ביחס לגאולת מצרים. הזכרת העבדות מעצימה את תחושת החירות, והדגשת העבודה זרה מאפשרת לחוש ביתר שאת את מדרגת האמונה באל אחד. על פי המהר"ל, הסיבה שאנו מזכירים את גנותם של ישראל היא על מנת שבחג הפסח נוכל לחוש ולהעריך ביתר שאת את מתנת החירות.

הרב קוק (עולת ראיה, הגדה של פסח) מעלה כיוון נוסף בהבנת חיוב הזכרת הגנות והשבח. לדידו, תפקידה של הגנות לא מתמצה בכך שהיא מסייעת לשבח להתבלט מתוך השוואה אליה, אלא הרבה יותר מזה, וכפי שהוא אומר: "להורות שהגנות היא צורך השבח". ונבאר.

כל אומה, ובייחוד האומה הישראלית, נאלצת להתמודד עם קשיים ומצבים מורכבים במהלך חייה. למתבונן מן הצד בעיצומה של ההתמודדות, לא תמיד ברור מה הצורך בה, אולם לאחר זמן, מחלחלת ההבנה שהקשיים והמורכבויות לא היו לחינם. פעמים רבות ניתן לראות בחוש איך דווקא מתוך ההתמודדויות הלכה האומה והתקדמה, הלכה ונבנתה. עד כמה שהדבר נשמע מפתיע, במצבים כאלה מסוגלת האומה להתבונן לאחור ולהודות לא רק על הישועה, אלא גם על הקושי אותו צלחה בגבורה רבה וממנו נבנתה.

באמצעות עיקרון זה מסביר הרב קוק כיצד הגנות שהייתה לאבותינו בדורות עברו, הן גנות העבדות והן גנות העבודה הזרה, קידמה ועיצבה את האומה לאורך ימים ושנים.

גנות העבודה הזרה - עם ישראל הוא עם רוחני במהותו, וככזה, היה קיים חשש שהוא ישקיע את מרצו בתיקון עולמות עליונים, ו'יותר' על עיסוק בהוויות העולם הזה. מהלך כזה היה עלול לדרדר את העולם מטה מטה. העובדה שאברהם אבינו גדל בבית של העבודה הזרה, שנותנת משקל יתר לעולמות של חומר מגושמים, הביאה אותו לידי הכרה שיש ערך עצום בכוחות חיים ארציים עת הם מופיעים בצורה מתוקנת. מאז ועד היום, חרט עם ישראל על דגלו את תיקון העולם כערך מרכזי ביותר. הנה לנו כיצד גנות העבודה זרה הפכה

לשבח - הצמחת אומה בריאה העוסקת בתיקונו של עולם ושכלולו, ולא בבריחה ממנו.

גנות העבדות - עבדות היא שלילית, הן מצד זה שהיא מכפיפה בני אדם תחת אנשים עריצים, והן מצד זה שבעטיה מתמוטטים כוחות חיים רבים ונגוזים חלומות גדולים. למרות זאת, ניתן ואף רצוי 'לגייר' את תכונת העבדות ולהשתמש בה באופן שתביא ברכה רבה ותועלת גדולה לעולם. ניקח לדוגמה את הפסוק "כִּי לִי בְנֵי יִשְׂרָאֵל עֲבָדִים, עֲבָדַי הֵם אֲשֶׁר הוֹצֵאתִי אוֹתָם מֵאֶרֶץ מִצְרָיִם..." (ויקרא כה, נה). יש כאן אמירה שעלינו להיות עבדים לה', ולצורך כך אנו יכולים להשתמש בתכונת העבדות המוכרת לנו ממחוזות אחרים. מבלי שנקל ראש בעבדות מצרים ובקשיים שנלוו לה, אפשר לראות במבט לאחור כיצד תכונת העבדות, אשר הוטבעה בקרב בני ישראל, סייעה רבות בבניית אומה שמסוגלת להכניע עצמה כלפי אביה שבשמיים. אם כן גם העבדות במצרים היא למעשה צורך השבח - הכנה לקראת היותנו עבדים לה'.

'הגנות צורך השבח' זה גם העיקרון שמנחה את ה'שם משמואל' בבואו לבאר את אחד החלקים המפורסמים בהגדה של פסח:

וְהִיא שֶׁעָמְדָה לַאֲבוֹתֵינוּ וְלָנוּ. שֶׁלֹּא אֶחָד בִּלְבָד עָמַד עָלֵינוּ לְכַלּוֹתֵנוּ, אֶלָּא שֶׁבְּכָל דּוֹר וָדוֹר עוֹמְדִים עָלֵינוּ לְכַלּוֹתֵנוּ, וְהַקָּדוֹשׁ בָּרוּךְ הוּא מַצִּילֵנוּ מִיָּדָם.

ושאלה ידועה נשאלת כאן - מי היא שעמדה לאבותינו, שבזכותה הקב"ה מצילנו מידי הקמים עלינו לכלותנו?

פרשני הגדה רבים פירשו שמדובר כאן באותה הבטחה אלוקית שניתנה לאברהם אבינו בברית בין הבתרים. וכך לשון האבודרהם בפירושו להגדה: "והיא שעמדה לאבותינו ולנו - כלומר אותה הבטחה של בין הבתרים עמדה לאבותינו ולנו, ויצאו הם ממצרים וכאלו יצאנו אנחנו". פירוש זה צומח מתוך בחינת הרצף של ההגדה. ההבטחה לאברהם אבינו מוזכרת בהגדה בדיוק לפני המילים 'והיא שעמדה':

בָּרוּךְ שׁוֹמֵר הַבְטָחָתוֹ לְיִשְׂרָאֵל, בָּרוּךְ הוּא. שֶׁהַקָּדוֹשׁ בָּרוּךְ הוּא חִשַּׁב אֶת הַקֵּץ, לַעֲשׂוֹת כְּמָה שֶׁאָמַר לְאַבְרָהָם אָבִינוּ בִּבְרִית בֵּין הַבְּתָרִים, שֶׁנֶּאֱמַר: "וַיֹּאמֶר לְאַבְרָם, יָדֹעַ תֵּדַע כִּי גֵר יִהְיֶה זַרְעֲךָ בְּאֶרֶץ לֹא לָהֶם, וַעֲבָדוּם וְעִנּוּ אֹתָם אַרְבַּע מֵאוֹת שָׁנָה. וְגַם אֶת הַגּוֹי אֲשֶׁר יַעֲבֹדוּ דָּן אָנֹכִי וְאַחֲרֵי כֵן יֵצְאוּ בִּרְכֻשׁ גָּדוֹל". וְהִיא שֶׁעָמְדָה לַאֲבוֹתֵינוּ וְלָנוּ וכו׳.

לפי פירוש זה ההקשר ברור: לאחר השבח שאנו נותנים על שמירת ההבטחה של ה׳ לאברהם שבאה לידי ביטוי ביציאת מצרים, אנחנו ממשיכים להודות על כך שהבטחה זו עמדה גם לנו באותן התקופות שבהן עמדו עלינו אויבינו לכלותינו.

אולם ה׳שם משמואל׳ מציע פירוש אחר, ועל פיו התשובה לשאלה נמצאת בתוך המשפט עצמו: מי "שעמדה לאבותינו", זו העובדה "שבכל דור ודור עומדים עלינו לכלותינו". כלומר, אומנם הצרות והגזירות שהושתו על יהודים בארצות הניכר גרמו לסבל רב ולכאב גדול, אולם מנגד הן יצרו חייץ שהפריד באופן ברור בין אומות העולם לעם היהודי, והביאו לידי כך שישראל יהיו מובדלים מהעמים ולא יתבוללו בהם. כך, ב׳זכות׳ הצרות והגזירות, הצליח עם ישראל לדורותיו לשמור על זהותו העצמית ולהביא לידי ביטוי את מעלתו הייחודית.

לפי פירוש זה, דברי השירה וההלל בנוסח ׳והיא שעמדה׳ מתייחסים, עד כמה שהדבר נשמע מפתיע ומוזר, לא רק לפדות ולהצלה מהצרות, אלא גם לצרות עצמן! אנחנו מודים על כך שהאנטישמיות והצרות התכופות גרמו לא רק לקשיים ולנזקים, אלא גם הכריחו אותנו להיות נבדלים מאומות העולם! אם כן, המציאות ש׳בכל דור ודור עומדים עלינו לכלותינו׳ היא למעשה חלק ממנגנון שמירה אלוקי רחב, שנועד לשמר את ייחודו של העם היהודי בהיותו בגלות ולאפשר לו להגיע לימי הגאולה כשהוא נאמן לאלוקיו.

וכמו בגאולה הכללית כך גם בגאולה הפרטית של כל אדם. לאחר שמזדמן לו לאדם לצאת מחשיכה לאורה, מקושי גדול לרווח והצלה,

משכיל הוא על פי רוב להודות על גודל הישועה לה זכה. לעיתים, זוכה הוא להעמיק מבטו ולראות שעצם הקושי אותו הוא צלח היה לטובתו. זוהי גאולה של ממש.

בחג הפסח, חג החירות, מעיין עם ישראל בעברו, רואה ומבין שכל מה שסובב את האדם הוא מה' יתברך. הפדות וגם הצרה והמצוקה, החירות כמו הקושי והעבודה הקשה. ואולי זוהי הסיבה שהלל הזקן נהג לכרוך את המרור יחד עם המצה וקורבן הפסח - כאשר אנו מבינים שהמרור הוא למעשה שלב מתוך סדר הגאולה, וכאשר אנו מבינים שמצה וקורבן פסח צומחים דווקא מתוך קושי השעבוד, אנחנו יכולים להודות על הישועות ועל הניסים וגם על המרורים.

חג חירות שמח!

שביעי של פסח: בעתיקא תליא מלתא

כ"ק אָבִי אדומו"ר זצללה"ה דִּקְדֵּק לָמָּה בִּיצִיאַת מִצְרַיִם הֻצְרְכוּ יִשְׂרָאֵל לִשְׁתֵּי הַמִּצְווֹת פֶּסַח וּמִילָה כְּדֵי שֶׁיִּהְיוּ רְאוּיִין לְהִגָּאֵל, וְעַל הַיָּם לֹא הֻצְרְכוּ לְשׁוּם מִצְוָה, וְהִגִּיד כִּי **מְסִירַת הַנֶּפֶשׁ שֶׁהָיְתָה לָהֶם עַל הַיָּם הוֹעִילָה לָהֶם**, עכת"ד.

וְנִרְאֶה לְבָאֵר הַדְּבָרִים. דְּהִנֵּה כְּתִיב "ה' יִלָּחֵם לָכֶם וְאַתֶּם תַּחֲרִישׁוּן", וּבַזֹּהַר הַקָּדוֹשׁ (ח"ב, נב סוֹף ע"א) "אָמַר ר' יִצְחָק בְּשַׁעְתָּא דְּשָׁרוּ יִשְׂרָאֵל עַל יַמָּא חָמוּ לְכַמָּה אוֹכְלוּסִין... כְּתִיב 'וַיֹּאמֶר ה' אֶל מֹשֶׁה מַה תִּצְעַק אֵלָי' וְתָאנָא בְּסִפְרָא דִּצְנִיעוּתָא אֵלַי דַּיְיקָא **בְּעַתִּיקָא תַּלְיָא** כֹּלָּא", עכ"ל.

וַעֲדַיִן אֵינוֹ מוּבָן לָמָּה מָנַע מֵהֶם הַתְּפִלָּה שֶׁהִיא מִצְוַת עֲשֵׂה עַל כָּל צָרָה שֶׁלֹּא תָבוֹא לְהִתְפַּלֵּל לְהַשִּׁי"ת בְּלִי שׁוּם יוֹצֵא מִן הַכְּלָל, וְכִי בִּשְׁבִיל שֶׁתַּלְיָא בְּעַתִּיקָא לֹא יִצְעֲקוּ, וּכְלָל כָּלְלוּ חז"ל (ראש השנה טז ע"א) "יָפָה צְעָקָה לָאָדָם וְכוּ'"...

יֵשׁ לְפָרֵשׁ הָא דְ'מַה תִּצְעַק אֵלַי', דִּבְצַעֲקַת הַתְּפִלָּה מְעוֹרֵר הַיְשׁוּעָה בְּאוֹתוֹ פְּרָט שֶׁהוּא בְּצָרָה, **אַךְ קְרִיעַת יַם סוּף לֹא הָיְתָה הַיְשׁוּעָה מֵאוֹתָהּ צָרָה לְבַד אֶלָּא יְשׁוּעָה כְּלָלִית לְמַעְלָה מִכָּל הַפְּרָטִים**, וְעַל כֵּן יִשְׂרָאֵל נִקְרְאוּ עִבְרִים עַל שֵׁם עוֹבְרֵי יָם, שֶׁמַּהוּת יִשְׂרָאֵל כּוֹלֶלֶת הַכֹּל, וּמַעֲלָה זוֹ הִשִּׂיגוּ עַל הַיָּם.

וְזֶהוּ הַפֵּרוּשׁ בְּעַתִּיקָא תַּלְיָא מִלְּתָא, שֶׁלָּשׁוֹן עַתִּיקָא הִגִּיד כ"ק אָבִי אדומו"ר זצללה"ה מִלְּשׁוֹן הַעְתָּקָה הַיְנוּ שֶׁהֶעְתִּיק מִבְּרִיּוֹתָיו מִלְּשׁוֹן וַיַּעְתֵּק מִשָּׁם, וְהִיא מַדְרֵגָה גְּבוֹהָה שֶׁכּוֹלֶלֶת כָּל הַבְּרִיאָה בַּאֲשֶׁר הִיא לְמַעְלָה מִכָּל הַבְּרִיאָה, וּלְהַשִּׂיג מַדְרֵגָה כּוֹלֶלֶת כְּמוֹ שֶׁהִשִּׂיגוּ יִשְׂרָאֵל עַל הַיָּם זֶה תָּלוּי בְּעַתִּיקָא.

וְעַל כֵּן אֵין לְהַשִּׂיג זֶה בִּתְפִלָּה אֶלָּא עַל יְדֵי מְסִירַת הַנֶּפֶשׁ בְּאֹפֶן הנ"ל, שֶׁאֵין מְצִיאוּתָם בְּעֵינֵי עַצְמָם נֶחְשֶׁבֶת מְצִיאוּת כְּלָל כְּאִלּוּ אֵין לוֹ שׁוּם מְצִיאוּת אַף בְּשׁוּם פְּרָט מֵהַפְּרָטִים, זוֹכִין לְעָמְדָה לַמַּדְרֵגָה הַכּוֹלֶלֶת כָּל הַבְּרִיאָה וְכָל הַפְּרָטִים.

וְזֶה שֶׁכָּתוּב "מַה תִּצְעַק אֵלָי", שֶׁבִּשְׁבִיל הַצְּעָקָה אִי אֶפְשָׁר לִזְכּוֹת

לְמַדְרֵגָה זוֹ הַמִּתְבַּקֶּשֶׁת דְּהַיְנוּ עַתִּיקָא כנ"ל, אֶלָּא בִּמְסִירַת הַנֶּפֶשׁ דַּוְקָא, עַל כֵּן "דַּבֵּר אֶל בְּנֵי יִשְׂרָאֵל וְיִסָּעוּ" לְתוֹךְ הַיָּם בְּעוֹד הַיָּם הוֹלֵךְ וְסוֹעֵר, שֶׁיְּבַטְּלוּ אֶת כָּל מְצִיאוּתָם לִרְצוֹן הַשֵּׁם יִתְבָּרַךְ. וְדוּ"ק כִּי אִי אֶפְשָׁר לְפָרֵשׁ יוֹתֵר.

וּמֵעַתָּה מוּבָן מַה שֶּׁלֹּא נִתְּנָה לָהֶם מִצְוָה מִן הַמִּצְווֹת לְמַעַן יִהְיוּ רְאוּיִין לַעֲשׂוֹת לָהֶם נֵס הַיָּם, שֶׁבִּזְכוּת הַמִּצְוָה לֹא הָיוּ יְכוֹלִין לִזְכּוֹת אֶלָּא בִּפְרָטוּת עִנְיַן אוֹתָהּ מִצְוָה כְּעִנְיַן מִי שֶׁמַּקְרִיב עוֹלָה שְׂכַר עוֹלָה בְּיָדוֹ וְלֹא יוֹתֵר, אֶלָּא דַּוְקָא עַל יְדֵי מְסִירַת נֶפֶשׁ.

פסח שנת תרע"ח

כ״ק אבי אדומו״ר זצללה״ה **כבוד קדושת אבי אדוני מורי ורבי זכר צדיק לברכה לחיי העולם הבא** דקדק: למה ביציאת מצרים הוצרכו ישראל לשתי המצוות פסח ומילה כדי שיהיו ראויין להיגאל, ועל הים לא הוצרכו לשום מצוה? **והגיד, כי מסירת הנפש שהייתה להם על הים הועילה להם**, עכת״ד **עד כאן תורף דבריו**.

ונראה לבאר הדברים. דהנה כתיב ״ה׳ יִלָּחֵם לָכֶם וְאַתֶּם תַּחֲרִישׁוּן״ (שמות יד, יד), ובזוהר הקדוש (ח״ב דף נב סוף ע״א) ״אמר ר׳ יצחק בשעתא דשרו ישראל על ימא חמו לכמה אוכלוסין **בשעה שעמדו ישראל ליד ים סוף, הם ראו המונים שבאו עליהם להשמידם**... כתיב ׳וַיֹּאמֶר ה׳ אֶל מֹשֶׁה מַה תִּצְעַק אֵלָי׳ (שמות יד, טו) ותאנא **ועל כך אמרו** ב**ספר שנקרא** ׳ספרא דצניעותא׳: אלי דייקא **בעתיקא תליא** כלא״ **בהנהגה עליונה יותר, הקרויה ׳עתיקא׳, תלוי הדבר** עכ״ל **עד כאן לשונו**.

ועדיין אינו מובן למה מנע מהם התפילה שהיא מצוות עשה על כל צרה שלא תבוא להתפלל להשם יתברך בלי שום יוצא מן הכלל, וכי בשביל שתליא בעתיקא **וכי בגלל שתלויה ב׳עתיקא׳** לא יצעקו? **וה**רי כלל כללו חז״ל (ראש השנה טז ע״א) ״יפה צעקה לאדם בין קודם גזר דין בין לאחר גזר דין״...

יש לפרש הא **את המילים** ד׳מה תצעק אלי׳, דבצעקת התפלה מעורר הישועה באותו פרט שהוא בצרה, **אך קריעת ים סוף לא הייתה הישועה מאותה צרה לבד, אלא ישועה כללית למעלה מכל הפרטים.** ועל כן ישראל נקראו ׳עברים׳ על שם עוברי ים, שמהות ישראל כוללת הכל, ומעלה זו השיגו על הים.

וזהו הפירוש ״בעתיקא תליא מילתא״ **הדבר תלוי ב׳עתיקא׳**, שלשון ׳עתיקא׳ **שהמילה ׳עתיקא׳** הגיד כ״ק אבי אדומו״ר זצללה״ה, מלשון ׳העתקה׳, היינו שהעתיק **שהקב״ה הזיז את עצמו** מבריותיו, מלשון ״וַיַּעְתֵּק מִשָּׁם״ (בראשית יב, ח). והיא מדרגה גבוהה שכוללת כל הבריאה, באשר היא למעלה מכל הבריאה. ולהשיג מדרגה כוללת, כמו שהשיגו ישראל על הים, זה תלוי בעתיקא.

ועל כן אין להשיג זה **את המדרגה הכוללת הזו** בתפילה, אלא **רק**

ע״י מסירת הנפש באופן הנ״ל, שאין מציאותם בעיני עצמם נחשבת מציאות כלל, כאילו אין לו שום מציאות אף בשום פרט מהפרטים, **רק אז** זוכין לעומתה למדרגה הכוללת כל הבריאה וכל הפרטים.

וזה שכתוב ״מה תצעק אלי״, שבשביל **שבזכות** הצעקה אי אפשר לזכות למדרגה זו המתבקשת דהיינו עתיקא כנ״ל, אלא במסירת הנפש דוקא, על כן ״דַּבֵּר אֶל בְּנֵי יִשְׂרָאֵל וְיִסָּעוּ״ לתוך הים בעוד הים הולך וסוער, שיבטלו את כל מציאותם לרצון השם יתברך. ודו״ק **ודייק בדבר** כי אי אפשר לפרש יותר.

ומעתה מובן מה שלא ניתנה להם מצווה מן המצוות למען יהיו ראויין לעשות להם נס הים, שבזכות המצווה לא היו יכולין לזכות אלא בפרטות עניין אותה מצווה, כעניין מי ש״מקריב עולה שכר עולה בידו״ ולא יותר **״אבל מי שדעתו שפלה, מעלה עליו הכתוב כאילו הקריב כל הקרבנות כולם״ (סוטה ה ע״ב)**, אלא דווקא ע״י מסירת נפש **נעשו ראויים לנס קריעת הים**.

פסח שנת תרע״ח

בעתיקא תליא מלתא

בשעה שיצאו ישראל ממצרים הם חשו לראשונה את טעמה המתוק של החירות. אולם תוך זמן קצר, פחות משבעה ימים, חלפה תחושת החירות, ואת מקומה תפשה תחושה של פחד ואימה. השינוי הקיצוני נבע מהעובדה שעם ישראל מגיע לים סוף, ולחרדתו הוא רואה את חיל מצרים, על רכבו ופרשיו, רודף אחריהם בניסיון להחזירם אל ארץ מצרים, בית העבדים. עם ישראל מבין שהרע מכול קרב אליהם. בצר להם, הם נוקטים במעשי אבותיהם, מביטים השמימה, זועקים וצועקים בתפילה ובתחנונים, כמו שמתאר הכתוב:

> וַיִּרְדְּפוּ מִצְרַיִם אַחֲרֵיהֶם וַיַּשִּׂיגוּ אוֹתָם חֹנִים עַל הַיָּם, כָּל סוּס רֶכֶב פַּרְעֹה וּפָרָשָׁיו וְחֵילוֹ, עַל פִּי הַחִירֹת לִפְנֵי בַּעַל צְפֹן. וּפַרְעֹה הִקְרִיב, וַיִּשְׂאוּ בְנֵי יִשְׂרָאֵל אֶת עֵינֵיהֶם וְהִנֵּה מִצְרַיִם נֹסֵעַ אַחֲרֵיהֶם וַיִּירְאוּ מְאֹד, וַיִּצְעֲקוּ בְנֵי יִשְׂרָאֵל אֶל ה'...

הקב"ה שומע את צעקתם, ותשובתו לא מאחרת לבוא: "וַיֹּאמֶר ה' אֶל מֹשֶׁה מַה תִּצְעַק אֵלָי דַּבֵּר אֶל בְּנֵי יִשְׂרָאֵל וְיִסָּעוּ", הקב"ה מבקש ממשה שיחדל מלהתפלל. תשובתו של הקב"ה מפתיעה ביותר. הרי לימדונו

חכמינו (ברכות י ע"א) ש"אפילו חרב חדה מונחת על צווארו של אדם, אל ימנע עצמו מן הרחמים", ואם כן מה יכול להיות יותר טבעי וראוי מאשר לפנות אל הקב"ה בצעקה ובבקשת עזרה עת עם ישראל מצוי במציאות קשה ומסובכת כזו, כאשר הים הגדול לפניו ומצרים מאחוריו?

לשם הבנת תשובת הקב"ה עלינו לעיין בדברי הזוהר הקדוש, המבאר את עומק דברי ה' במילים: "מה תצעק אלי - בעתיקא תליא מילתא". הזוהר הקדוש מלמד אותנו, שהקדוש ברוך הוא אומר למשה רבנו שאין בכוחן של צעקות ותפילות לעזור בעת הזאת, כי אין הדבר תלוי בו, כביכול, רק 'בעתיקא תליא מילתא'. התרגום של המילים 'בעתיקא תליא מילתא' הוא 'הדבר תלוי בעתיק', כלומר בהנהגה מסוג אחר. משמעות דברי הקב"ה היא, שנכון למצב העכשווי, התגלות אלוקית מעין זו שעתידים ישראל לחזות בים סוף יכולה להופיע רק מתוך קומה אחרת של הנהגה. לשם כך על הקב"ה 'להעתיק' כביכול את הנהגתו למקום גבוה יותר, גבוה מעל גבוה. (המילה 'עתיק' בתורה מתפרשת לא במשמעות של 'זקן' אלא כשינוי מקום. כך עולה מהמילים 'ויעתק משם' שנאמרו אצל אברהם ויצחק, שבאות לומר שאבותינו שינו את מקום מושבם למקום אחר). ויש להבין היטב, מדוע הנהגה 'רגילה' אינה מספיקה בעת הזאת, ומהו הדבר שיכול להביא את הקב"ה 'להעתיק' את הנהגתו להנהגה גבוהה יותר, שבכוחה להציל את ישראל מיד מצרים עת הם עומדים על שפת הים?

לשם כך נעיין בדברי האדמו"ר מגור, בעל ה'שפת אמת', המבאר את ההבדל העקרוני שבין נסי יציאת מצרים לבין נס קריעת ים סוף. וכך הוא כותב (שפת אמת, פסח תרל"א):

> וזה ההפרש שבין יציאת מצרים לקריעת ים סוף. כי יציאת מצרים רק שיוצאין מהמיצר, אבל נשאר המיצר. וקריעת ים סוף הוא שנדחה כל המיצר מפניהם. והוא מטעם שיציאת מצרים היתה רק בחסד השי"ת ולא יוכל להיות נדחה המיצר רק על ידי עבודת האדם שזכו בקריעת ים סוף לנס מצדם וממילא נעשה הנס תוך גוף המיצר.

ה'שפת אמת' מבאר שביציאת מצרים עם ישראל הצליח אומנם לצאת ממצרים, אבל מצרים נשארו בעולם. ביציאת מצרים ה'טוב' שהיה כלוא במסגר ה'רע' הצליח לחלץ עצמו משם, אבל ה'רע' נשאר ניצב במקומו ובתוקפו. בקריעת ים סוף התחולל פלא גדול יותר. לא רק שישראל ניצלו מן המיצר של מצרים, אלא שהמצרים בעצמם טבעו והושמדו, מה שאומר שלא רק שה'טוב' ניצל מה'רע', אלא שה'רע' נמחק כלא היה. זוהי הופעה רוחנית עליונה שאין לה אח ורע.

המדרש המפורסם מתאר באופן מרגש את שהתחולל על שפת הים: "ראתה שפחה על הים מה שלא ראו ישעיה ויחזקאל" (מכילתא דרבי ישמעאל בשלח - מסכתא דשירה פרשה ג). חז"ל מלמדים אותנו שאנשים פשוטים לכאורה שהיו בקריעת ים סוף, זכו לראות מראות רוחניים כה רמים שאפילו נביאים חשובים כישעיהו בן אמוץ ויחזקאל בן בוזי לא זכו לראות! עם ישראל באותה העת יכלו לראות ולחוות אלוקות ברמה כה גבוהה, עד כדי כך שהם הצביעו באצבע על מקום השכינה ואמרו "זה אלי ואנוהו". מציאות עליונה שכזאת מחייבת הנהגה גבוהה במיוחד. לכן נתבע עם ישראל להפסיק להתפלל ולפעול בדרך שונה, על מנת שהוא יהיה ראוי להנהגה עליונה, הנהגת ה'עתיקא'.

כיצד אפשר למשוך עלינו אותה הנהגה עליונה? ה'שם משמואל' מסביר שהמעבר למדרגה היותר עליונה יכול להיעשות רק מכוחה של מסירות נפש, משום שזו מבטלת את מדרגתו הפרטית של האדם, וכך מתאפשרת הופעת מדרגת ה'עתיקא' הכללית יותר.

ברוח זו מתבארים פסוקי המקרא כראוי: עם ישראל זועק אל משה שמפנה את זעקתם אל ה', שבתגובה עונה למשה: "מַה תִּצְעַק אֵלָי, דַּבֵּר אֶל בְּנֵי יִשְׂרָאֵל וְיִסָּעוּ", רוצה לומר, כעת אין זה זמן מתאים לתפילה ולזעקה, כעת יש צורך מיוחד במסירות נפש! סעו קדימה לתוככי הים, מסרו את נפשכם ותראו ישועות גדולות. בעקבות כך, על פי המדרש, נכנס נחשון בן עמינדב לעומק הים עד שהגיעו המים לחוטמו, ואז, בזכות מסירות הנפש שלו, נבקע הים לשניים. בסופה של הפרשה מתאר הכתוב את שאירע על הים: "וַיּוֹשַׁע ה' בַּיּוֹם הַהוּא

אֶת יִשְׂרָאֵל מִיַּד מִצְרָיִם וַיַּרְא יִשְׂרָאֵל אֶת מִצְרַיִם מֵת עַל שְׂפַת הַיָּם. וַיַּרְא יִשְׂרָאֵל אֶת **הַיָּד הַגְּדֹלָה** אֲשֶׁר עָשָׂה ה׳ בְּמִצְרַיִם". 'היד הגדולה' היא ביטוי להנהגה עליונה השמורה למאורעות יחידים מסוגם.

מסירות הנפש על הים זו גם התשובה לשאלה נוספת. כידוע, ביציאת מצרים הצטווה עם ישראל בשתי מצוות, ברית מילה והקרבת קורבן פסח, ורק בזכותן הוא זכה להיגאל. בקריעת ים סוף, לעומת זאת, לא הופנתה לכאורה שום דרישה מהעם שמכוחה יהיו הם ראויים לנס. הכיצד? אלא שמסירות הנפש היא הייתה הדבר שנדרש מהם, ואכן בזכותה נקרע הים.

בדרך זו מתבאר גם מדרש מפליא. בפרק השני של ההלל משבחים אנו את הקב"ה על יציאת מצרים וכל הנלווה לה ואומרים: "הַיָּם רָאָה וַיָּנֹס" (תהילים קיד, ג), דהיינו הים ראה מראה מסוים וזה מה שגרם לו להיבקע. מהו הדבר? את התשובה נותנים חז"ל במדרש (ילקוט תהילים רמז תתעג): "הים ראה וינס, מה ראה? ארונו של יוסף ראה, שנאמר: 'וַיָּנָס וַיֵּצֵא הַחוּצָה'". המילה 'וינס' נאמרה הן בקשר לקריעת ים סוף והן בקשר לבריחתו של יוסף הצדיק מאשת פוטיפר. המדרש עושה גזרה שווה בין המקרים ומלמדנו שהדבר שגרם לים לנוס הוא זכותו של יוסף, שמיוצגת על ידי ארונו שהגיע סמוך לים יחד עם משה רבנו. ברור שלא מדובר פה בדרשנות סתמית הנובעת מביטוי שמופיע בשני מקומות שונים, ועלינו להבין מהו הקשר הפנימי בין מנוסתו של יוסף הצדיק לקריעת ים סוף. ה'שם משמואל' עומד על נקודה זאת בדרשתו לפרשת יתרו (שנת תרע"ד):

> לזכות להתגלות בחינת עתיקא, שאין לשום נברא שייכות בו, אי אפשר שיבוא מחמת שום זכות אלא דוקא מחמת הבריחה מדבר חיצוני וטומאה, בכח גדול מאד למעלה מטבע אנושי, כמו שאיתא בבראשית רבה (פרשה פז) שאמרה המטרונה: 'אפשר יוסף בן שבע עשרה שנה והיה עומד בכל חומו היה עושה את הדבר הזה?!' הרי שהיה בכח גדול והעתקה מטבע האנושי. על כן בזכותו היו באין

לדרגין גבוהין כ"כ בעתיקא תליא מילתא, והיא הארה למעלה למעלה גבוהה מכל סדר הנבראים.

יחס גורר יחס. מסירות נפשו של יוסף הצדיק הייתה מעבר לכוחות הטבע, והיא שגרמה לים להתנהל גם כן בדרך עליונה, מעבר לחוקי הטבע.

כוחה המיוחד של מסירות נפש עולה גם ממדרש אחר המלמד שהים נבקע בזכותו של אברהם אבינו. גם מדרש זה, כמו קודמו, לומד זאת מגזרה שווה, וכך הם דבריו (שמות רבה פרשה כא): "ר' בניא אומר: בזכות אברהם אני בוקע להם את הים בעבור מה שעשה, שנאמר: 'וַיְבַקַּע עֲצֵי עֹלָה', ואומר: 'וַיִּבָּקְעוּ הַמָּיִם'". אברהם אבינו מצטווה לעקוד את בנו יחידו והוא עומד בניסיון ומוכן ומזומן לעשות זאת למרות הקושי שבדבר. יותר מכך, אברהם אבינו לא סומך על כך שהוא ימצא עצים במקום העקידה, לכן הוא מביא את העצים מהבית. עוד יותר מכך, את העצים יש לבקע כדי שהאש תיאחז בהם כראוי. בעיקרון ניתן היה לעשות זאת במקום העקידה, אלא שאברהם אבינו לא מסתפק בהבאת העצים כשהם שלמים אלא מבקע אותם עוד לפני היציאה לדרך. פעולותיו של אברהם אבינו מעידות על הסכמה פנימית ועל מסירות נפש גדולה. נוכח מסירות נפשו הלא טבעית, נבקע הים באופן לא טבעי. "בעתיקא תליא מילתא".

בעל ה'צמח צדק', האדמו"ר השלישי של חב"ד, התבטא פעם כי שביעי של פסח, יום קריעת ים סוף, הוא ראש השנה למסירות נפש. מתוך התבוננות בחלקה המכריע של מסירות הנפש בנס העצום, יובנו דבריו היטב. ה'צמח צדק' מוסיף ואומר שביום זה על כל אחד ואחד לקבל על עצמו תקיפות של מסירות נפש, על התורה, על מצוותיה ועל עבודת הבורא, כל אחד בתחום שנדרש אצלו. ביום זה ראוי להתפלל שנצליח לממש את מסירות הנפש במהלך השנה, בעיקר בתחומים רוחניים המאתגרים אותנו באופן מיוחד.

חג מסירות נפש שמח!

שביעי של פסח: מהו הרכוש הגדול?

נִרְאֶה לוֹמַר... כִּי בִּיצִיאַת מִצְרַיִם נִמְשַׁךְ לִבָּם שֶׁל יִשְׂרָאֵל אַחַר הַשֵּׁם יִתְבָּרַךְ בְּאַהֲבָה, כְּמוֹ שֶׁכָּתוּב: "זָכַרְתִּי לָךְ חֶסֶד נְעוּרַיִךְ אַהֲבַת כְּלוּלֹתָיִךְ וגו'" (ירמיהו ב, ב), וְאוּלַי נִצְמַח זֶה מִפְּאַת הִתְגַּלּוּת חֶסֶד ה' וְאַהֲבָתוֹ לְעַמּוֹ יִשְׂרָאֵל, וְקָרְבַּן פֶּסַח שֶׁהָיָה הַזְּמָנָה לְמֵיכַל עַל פְּתוֹרָא דַּאֲבוּהוֹן, וְכַמַּיִם פָּנִים אֶל פָּנִים נִתְלַהֵב לִבָּם בְּאַהֲבַת הַשֵּׁם יִתְבָּרַךְ, **וּבְיַם סוּף כְּתִיב: "וַיִּירְאוּ הָעָם אֶת ה'"** (שמות יד, לא), **הַיְנוּ שֶׁהִשִּׂיגוּ יִרְאַת הָרוֹמְמוּת וְהִיא בַּמֹּחַ, וְאִם כֵּן בִּיצִיאַת מִצְרַיִם קָנוּ יִשְׂרָאֵל מַעֲלַת הַלֵּב, וּבִקְרִיעַת יַם סוּף מַעֲלַת הַמֹּחַ וְהַשֵּׂכֶל, וְעַל כֵּן רָאֲתָה שִׁפְחָה עַל הַיָּם מַה שֶּׁלֹּא רָאָה יְחֶזְקֵאל בֶּן בּוּזִי שֶׁהִיא מַעֲלַת הַשֵּׂכֶל.**

וְהִנֵּה שְׁנֵי עִנְיָנִים רוּחָנִיִּים אֵלֶּה נִתְלַבְּשׁוּ בְּכֶסֶף וְזָהָב הַגַּשְׁמִיִּים, כֶּסֶף הוּא אַהֲבָה מִלְּשׁוֹן כּוֹסֵף, וְזָהָב הוּא יִרְאָה כַּנּוֹדָע, **וְזֶה הוּא הָרְכוּשׁ הַגָּדוֹל**, תּוֹרֵי זָהָב עַל הַיָּם וּנְקֻדּוֹת הַכֶּסֶף דְּמִצְרַיִם, וְכֶסֶף וְזָהָב הַגַּשְׁמִיִּים הָיוּ כֵּלִים לָאַהֲבָה וְיִרְאָה הָרוּחָנִיּוֹת, וְכַאֲשֶׁר נִתְלַבְּשׁוּ בִּכְלִי יֵשׁ לָהֶן קִיּוּם בְּיוֹתֵר.

וּבֶאֱמֶת שֶׁיִּרְאַת הָרוֹמְמוּת הִיא עוֹד גְּדוֹלָה מֵאַהֲבָה וּבִכְלַל מָאתַיִם מָנֶה, אַךְ הַדֶּרֶךְ לָבוֹא לִידֵי יִרְאַת הָרוֹמְמוּת הוּא עַל יְדֵי מִדַּת אַהֲבָה... וְעַל כֵּן הָיוּ נְקֻדּוֹת הַכֶּסֶף בָּרִאשׁוֹנָה וְאַחַר כָּךְ תּוֹרֵי זָהָב, וְהִיא כְּמִדָּתוֹ שֶׁל אַבְרָהָם שֶׁהָיְתָה מִדָּתוֹ חֶסֶד וְאַהֲבָה, וְרַק אַחַר כָּךְ בָּעֲקֵדָה נֶאֱמַר: "עַתָּה יָדַעְתִּי כִּי יְרֵא אֱלֹקִים אַתָּה" (בראשית כב, יב), כִּי עַל יְדֵי הָאַהֲבָה וּבְאֶמְצָעוּתָהּ בָּא לְמִדַּת יִרְאָה עִלָּאָה, וְהִנֵּה עַל הַיָּם אָמְרוּ שִׁירָה שֶׁעִנְיַן שִׁירָה הוּא דְּבֵקוּת אַהֲבָה, אִם כֵּן הֲרֵי הָיוּ לָהֶם שְׁתֵּיהֶן יַחַד יִרְאָה וְאַהֲבָה...

וְהִנֵּה כָּל הַמּוֹעֲדוֹת שָׁרְשָׁם בְּשַׁבָּת וּבְהֶכְרֵחַ כִּי שְׁתֵּי אֵלֶּה יֶשְׁנָן בְּשַׁבָּת, וְנִרְאֶה שֶׁהֵם שַׁבָּת דְּלֵילְיָא וְשַׁבָּת דִּימָמָא, כִּי שַׁבָּת דְּלֵילְיָא שֶׁבְּהַכְנָסַת שַׁבָּת יִשְׂרָאֵל מִתְקַדְּשִׁים וּמִטַּהֲרִים מֵעַל חֶשְׁבּוֹנוֹת הָרַבִּים וְטִרְדּוֹת הַפַּרְנָסָה וּמִתְמַצְּעִים לִכָּנֵס תַּחַת כַּנְפֵי חַסְדּוֹ יִתְבָּרַךְ, זוֹכִין לִנְשָׁמָה יְתֵרָה וּפוֹרֵס סֻכַּת שָׁלוֹם עָלֵינוּ, וּמִתְרַפְּקִים עַל אֲבִיהֶם

שֶׁבַּשָּׁמַיִם, זֶהוּ דֻּגְמַת יְצִיאַת מִצְרַיִם וְיוֹם טוֹב הָרִאשׁוֹן שֶׁל פֶּסַח, וְזֶהוּ "שָׁמוֹר", וְשַׁבַּת דִּימָמָא זוֹכִין לִשְׁלֵמוּת הַשֵּׂכֶל זוֹהִי דֻּגְמַת שְׁבִיעִי שֶׁל פֶּסַח, וּכְמוֹ שֶׁבִּשְׁבִיעִי שֶׁל פֶּסַח שַׁחֲרִית זָכוּ לְשִׁירָה, כֵּן בְּשַׁחֲרִית שַׁבָּת אָנוּ אוֹמְרִים תּוֹסֶפֶת פְּסוּקֵי דְּזִמְרָה וְנִשְׁמַת כָּל חַי, וְזֶה "זָכוֹר", וְזֶה "אֶת שַׁבְּתֹתַי תִּשְׁמֹרוּ" (ויקרא כו, ב).

הגדה של פסח

נראה לומר... כי ביציאת מצרים נמשך לבם של ישראל אחר השם יתברך באהבה, כמו שכתוב: "זָכַרְתִּי לָךְ חֶסֶד נְעוּרַיִךְ אַהֲבַת כְּלוּלֹתָיִךְ וגו'" (ירמיהו ב, ב), ואולי נצמח זה מפאת התגלות חסד ה' ואהבתו לעמו ישראל, וקרבן פסח שהיה הזמנה למיכל על פתורא דאבוהון **הזמנה לאכול משולחן אביהם**, וכמים פנים אל פנים נתלהב לבם באהבת השם יתברך, ובים סוף כתיב: "וַיִּירְאוּ הָעָם אֶת ה'" (שמות יד, לא), היינו שהשיגו יראת הרוממות והיא במוח, ואם כן ביציאת מצרים קנו ישראל מעלת הלב, ובקריעת ים סוף מעלת המוח והשכל, ועל כן ראתה שפחה על הים מה שלא ראה יחזקאל בן בוזי (ילקוט שמעוני רמז רמד) שהיא מעלת השכל.

והנה שני עניינים רוחניים אלה נתלבשו בכסף וזהב הגשמים, כסף הוא אהבה מלשון כוסף, וזהב הוא יראה כנודע, **וזה הוא הרכוש הגדול**, "תורי זהב" **כנגד השלל שהיה** על הים ו"נקודות הכסף" **כנגד השלל שהיה ב**מצרים, וכסף וזהב הגשמיים היו כלים לאהבה ויראה הרוחניות, וכאשר נתלבשו בכלי יש להן קיום ביותר.

ובאמת שיראת הרוממות היא עוד גדולה מאהבה ובכלל מאתים מנה, אך הדרך לבוא לידי יראת הרוממות הוא ע"י מדת אהבה... ועל כן היו נקודות הכסף **האהבה** בראשונה ואח"כ תורי זהב **היראה**, והיא כמדתו של אברהם שהייתה מדתו חסד ואהבה, ורק אח"כ בעקידה נאמר: "עַתָּה יָדַעְתִּי כִּי יְרֵא אֱלֹקִים אַתָּה" (בראשית כב, יב), כי ע"י האהבה ובאמצעותה בא למדת יראה עלאה **יראה עליונה**, והנה על הים אמרו שירה שעניין שירה הוא דביקות אהבה, אם כן הרי היו להם שתיהן יחד יראה ואהבה...

והנה כל המועדות שורשם בשבת ובהכרח כי שתי אלה **היראה והאהבה** ישנן בשבת, ונראה שהם שבת דליליא ושבת דיממא **ליל שבת ויום השבת**. כי שבת דליליא **התהליך הרוחני שעובר על עם ישראל בליל שבת**, שבהכנסת שבת ישראל מתקדשים ומטהרים מעול חשבונות הרבים וטרדות הפרנסה ומתמצעים לכנוס תחת כנפי חסדו יתברך, **ו**זוכין לנשמה יתירה ופורס סוכת שלום עלינו, ומתרפקים על אביהם שבשמים, זהו דוגמת יציאת מצרים ויו"ט הראשון של פסח **החלק של**

ליל שבת מקביל ליציאת מצרים, למדרגת האהבה, וזהו "שמור". ושבת דימֶמא זוכין לשלימות השכל, זוהי דוגמת שביעי של פסח **החלק של יום השבת מקביל לשביעי של פסח, למדרגת היראה**. וכמו שבשביעי של פסח שחרית זכו לשירה, כן בשחרית שבת אנו אומרים תוספת פסוקי דזמרה ונשמת כל חי, וזה "זכור", וזה "אֶת שַׁבְּתֹתַי תִּשְׁמֹרוּ" (ויקרא כו, ב).

הגדה של פסח

מהו הרכוש הגדול?

בברית בין הבתרים, שנים רבות לפני שהאומה הישראלית קמה על רגליה, מגלה הקב"ה לאברהם אבינו שכחלק מתהליך הקמת האומה עתידים בניו לגור בארץ לא להם, ושם עתידים הם להיות משועבדים לעם זר שנים רבות. תקופת הקושי והמרירות, מבטיח ה' לאברהם, תסתיים באקורד חיובי לא רק מהצד הלאומי אלא גם מבחינה כלכלית, "וְאַחֲרֵי כֵן יֵצְאוּ בִּרְכֻשׁ גָּדוֹל" (בראשית טו, יד).

ואכן, לאחר שנים רבות של סבל, זכה עם ישראל לאותו רכוש גדול. הדבר התרחש בשתי פעימות סמוכות; הראשונה בזמן יציאת מצרים, "וַיִּשְׁאֲלוּ מִמִּצְרַיִם כְּלֵי כֶסֶף וּכְלֵי זָהָב וּשְׂמָלֹת" (שמות יב, לה), והשנייה בים סוף, בלקיחת השלל הרב של המצרים שטבעו, כדברי חז"ל המפורסמים, ש"גדולה היתה ביזת הים מביזת מצרים" (רש"י שמות טו, כב).

ההבטחה לאברהם אבינו על הרכוש שעתידים בניו לזכות בו מעלה שאלה מתבקשת: הייתכן שה'רווח' אתו יצאו ישראל משנות הגלות הארוכות הוא רווח ממוני־חומרי? הייתכן ש'רווח' כזה ירגיע את אברהם אבינו? שאלות אלה הניעו את ה'שם משמואל' לבאר שהרכוש הגשמי אותו קיבלו ישראל איננו רק חומרי, אלא מהווה מעטפת לרווח העיקרי הרוחני שגלום בו. לשם הבנת העניין עלינו להתבונן

מה התרחש מבחינה רוחנית ביציאת מצרים, ומה התווסף על כך עת עברו ישראל את הים.

ביציאת מצרים התגלתה אהבתו הגדולה של הקב"ה לישראל. התברר לעין כל כי הקב"ה אוהב את ישראל אהבה שאינה תלויה בדבר, לא בגלל מעשיהם אלא למרות מעשיהם. הרי במצרים ירדו עם ישראל עד הדרגה הנמוכה של מ"ט שערי טומאה והיו שקועים בעבודה זרה, ובכל זאת גאל אותם ה' מבית עבדים והוביל אותם לחוף מבטחים. הסיבה היחידה לכך היא אהבתו הגדולה אליהם. מחדש ה'שם משמואל', שבוודאי קנו עם ישראל באותה שעה מדרגה של אהבה עמוקה לקב"ה, על פי הכלל ש"כַּמַּיִם הַפָּנִים לַפָּנִים כֵּן לֵב הָאָדָם לָאָדָם" (משלי כז, יט), דהיינו מי שמפגין אהבה כלפי חברו, חברו מפתח אהבה חזרה כלפיו. אהבתו האינסופית של הקב"ה לעם ישראל השפיעה עליהם וגרמה להם לחקוק בליבם גם כן אהבה לבורא עולם, אהבה שאינה תלויה בדבר, שמכוחה צעדו, ועודם צועדים, אחרי הקב"ה ברגעים נשגבים כמו גם ברגעי קושי ומשבר, בארץ נחלי מים ואף בארץ לא זרועה.

הבקשה לקחת את כלי הכסף וכלי הזהב של המצרים הייתה מעשה של אהבת ה' לעמו. הכלים היו אולי ריקים מתוכן חומרי אך מלאים היו באהבת ה' את ישראל. אהבה זו קלטו ישראל בעומק ליבם והפכו אותה לאהבה לה'. זה הרכוש שאתו יצאו ישראל ממצרים, וזהו רכוש גדול באמת. אל רכוש זה, יתווסף תוך ימים מועטים רכוש נוסף, גדול יותר.

ביום השביעי ליציאתם ממצרים מגיעים בני ישראל לים סוף. פרעה וחילו רודפים אחריהם, ולרגע נראה עתידם כלוט בערפל. אך כעבור מספר רגעי חרדה, זוכים בני ישראל לישועת ה'. הים נקרע לפניהם, והם חוצים אותו בבטחה ובהתרוממות הנפש, ומיד בצאתם ממנו הוא נסגר על המצרים שנכנסו אליו רגעים ספורים אחריהם. הים פולט את השלל העצום שהביאו איתם המצרים, ובני ישראל כה עסוקים בלקיחתו עד שמשה רבנו צריך לאלץ אותם להמשיך במסעם במדבר.

מסביר ה'שם משמואל', שכמו במצרים גם על שפת הים, הרכוש

החומרי שקיבלו בני ישראל היה כאין וכאפס לעומת הרכוש הרוחני לו הם זכו - יראת הרוממות, "וייראו העם את ה'" (שמות יד, לא). אם עד אותו רגע, עם ישראל אהב את הקדוש ברוך הוא בכלי הרגש והלב, בקריעת ים סוף הכיר עם ישראל את עוצמתו הגדולה של הקב"ה גם בכלי הדעת, והכרה זו הולידה בו יראה גדולה ועמוקה. לא מדובר ביראת עונש או יראת חטא אלא ביראת הרוממות, שנובעת מהבנת גדולתו של הקב"ה בעולמו ועוצמת הנהגתו, יראה שמקורה בהבנה עמוקה ש"רָם עַל כָּל גּוֹיִם ה'" (תהילים קיג, ד).

אומנם, גם ביציאת מצרים נפגש עם ישראל בעוצמתו של הקב"ה, אבל נראה שבקריעת ים סוף המפגש היה שונה ומיוחד. אפשר לתלות זאת בכך שהאהבה הגדולה אותה חוו ישראל ביציאתם ממצרים לא הותירה די מקום בנפשם להתבוננות פנימית על ה' ועל עוזו. אפשר לתלות זאת גם בכך שבקריעת ים סוף התרחשה ישועה כפולה, הצלת ישראל ועשיית שפטים במצרים בו־זמנית, מה שהגביר את עוצמת הגאולה. הצד השווה של הסברים אלו הוא שבקריעת ים סוף נבנתה קומה חדשה של יראה שלא הייתה בידי ישראל קודם לכן.

להבנה זו מגיע ה'שם משמואל' מתוך סדר הדברים בתורה. הרי ביציאת מצרים קנו כבר בני ישראל את מדרגת האהבה, אם כן מדוע מתארת התורה שמדרגתם הרוחנית בעמדם על ים סוף היא מדרגת היראה? לא יהיה נכון לומר שהם ירדו במדרגתם, יותר סביר שהם רק התקדמו. חובה לומר, שהיראה של בני ישראל בשעת קריעת ים סוף הייתה גבוהה מאהבה, הווה אומר יראת הרוממות. את התוצאות של יראה זו ניתן לראות בדברי חז"ל במדרש ש"ראתה שפחה על הים מה שלא ראו ישעיה ויחזקאל" (מכילתא דרבי ישמעאל בשלח - מסכתא דשירה פרשה ג). מראה נבואה איננו יכול לנבוע מחוויה ליבית גרידא, הוא חייב להיות מבוסס על כלי ההכרה והדעת (עיינו רמב"ם מורה נבוכים ח"ב פרק לב).

נמצאנו למדים, שביציאת מצרים זכה עם ישראל להיפגש עם הקב"ה באמצעות הלב, ואילו בקריעת ים סוף אמצעי המפגש היו

דווקא כלי ההכרה - השכל והתובנה. "ביציאת מצרים קנו ישראל מעלת הלב, ובקריעת ים סוף מעלת המוח והשכל".

מוסיף ה'שם משמואל' ומלמדנו כי היחס בין האהבה ליראת הרוממות, בין קומת הלב לקומת המוח, אינו כאל שתי מידות נפרדות, אלא בנויות הן האחת על גבי חברתה. קומת האהבה היא הקומה הראשונית, ורק מתוכה ועל גבה יכולה לצמוח קומת יראת הרוממות (אולי בשל כך קדמה הופעתו של אברהם אבינו, שמאופיין באהבה, להופעת בנו יצחק שמידתו היא יראה. עיינו 'לאור השם' על התורה, 'ימין שמאל ימין').

הבנה זו תסביר לנו את היחס המפורסם בין מכות מצרים למכות על ים סוף, כפי שמובא בהגדה של פסח. בראשונות נאמר: "אֶצְבַּע אֱלֹקִים הִוא" (שמות ח, טו), ובאחרונות נאמר: "וַיַּרְא יִשְׂרָאֵל אֶת הַיָּד הַגְּדֹלָה אֲשֶׁר עָשָׂה ה' בְּמִצְרַיִם" (שם יד, לא), ללמדך שהמצרים לקו על הים פי חמשה יותר ממה שלקו במצרים. הופעת ה' על הים הייתה גלויה יותר מזו שהייתה ביציאת מצרים, ובהתאם לכך גם כמות השפטים ועוצמתם.

את התהליך הרוחני שעברו ישראל ביציאת מצרים ובקריעת ים סוף אפשר להמשיל לתהליך צמיחה שעובר ילד קטן. כאשר ילד גדל בצורה מיטבית, אזי בראשית ילדותו מורעפים עליו חום ואהבה מכל עבר. האהבה הגדולה שהוא מקבל מעוררת אותו לאהוב את עצמו, את סביבתו, ואת העולם שבו הוא גדל. רק לאחר שיגדל ויעמוד על דעתו, יוכל הילד להעריך את הסובבים אותו ולהוקירם, לא רק בליבו אלא גם במחשבתו. הכרת ערך הסובבים בנויה על תחושתו המוקדמת וגבוהה היא ממנה. היכולת לבסס את תחושת הלב בכלים הכרתיים היא שלב חשוב ומשמעותי.

ה'שם משמואל' מציין, שהבניין ההדרגתי של קומות הלב והמוח לא מתרחש רק פעם בשנה, בחג הפסח, אלא, באופן עדין יותר, גם בכל שבת ושבת. מדי ליל שבת מתנקה האדם מישראל מזוהמת השבוע. לאחר שהתרחץ, התלבש והכין עצמו לכבוד השבת, מתרפק היהודי באהבה על טוב ה' ועל חסדיו הרבים. תחושת הלב

גואה במהלך הסעודה, עת מיטיב הוא את ליבו ב׳תבלין של שבת׳, וממשיכה לנסוק עם זמירות השבת, המהללות ומשבחות את ה׳ ואת מתנתו הטובה - יום שבת קודש. זוהי בחינת יציאת מצרים, בחינת יום טוב ראשון של פסח.

אומנם, ככל שחודר האיש הישראלי אל תוככי השבת, זוכה הוא לא רק **לחוש** את מעלת השבת, אלא גם **להבין** בדעתו את ערכה ומעלתה, בבחינת שביעי של פסח. הוספת פרקי השבח ב׳פסוקי דזמרה׳ של שבת מקבילה לשירת הים שנאמרה בעקבות קריעת ים סוף.

כך, מדי שבת, זוכים אנו לחוש בלב ולהכיר בדעת את חסדו של ה׳ עלינו. אנו מתחמשים בכוחות רוחניים גדולים, לקראת התפקידים המיועדים לנו במעלה הדרך בימי המעשה.

בשולי הדברים נראה להאיר שלוש הארות.

א. השימוש במדד החומרי כמדד בלעדי למציאות הסובבת אותנו הוא מטעה. מעלתו של רכוש חומרי, גדול ככל שיהא, לעולם לא תצליח להשתוות למשהו ממעלתו של זה הרוחני. ככל שיקנה האדם מבט פנימי יותר על המציאות, יוכל הוא להכיר בכך שקיימותו של עולם הרוח חזקה היא לאין שיעור מזו של עולם החומר.

ב. תחושת הלב חשובה היא ביותר ואין לזלזל בה, אך יש לזכור כי הלב פועם הוא, ומועד לשינויים. שומה על האדם לבנות קומה הכרתית שתדע לעשות שימוש נכון בכלי הדעת, ותיתן ביסוס אמיתי לתחושות האדם הליביות. זוהי תביעה גדולה אך הכרחית, ונראה שקשה מאוד לקיימה ללא לימודי אמונה ברמה גבוהה.

ג. ביסוס אמונה בכלי הדעת היה נצרך גם בדורות עברו, אך ניתן לומר שבתקופתנו הדבר הוא בגדר הכרח. במהלך השנים והדורות התפתח העולם עד מאוד בתחומים רבים, כולל תחומי הדעת, והוא מציב בפני האדם המאמין אתגרים שדורשים אמונה עמוקה ומבוססת. אנו נתבעים לשכלל את הכרתנו, ואם דורות עברו היו בבחינת ׳יציאת מצרים׳, והאמונה הטבעית והחווייתית פרנסה אותם כדבעי, הרי שדורנו הוא בבחינת ׳קריעת ים סוף׳, ומילוי המצברים שלו ייעשה רק

על ידי אמונה המבוררת בכלי הדעת והתובנה. "וְיָדַעְתָּ הַיּוֹם" - בכלי ההכרה - "וַהֲשֵׁבֹתָ אֶל לְבָבֶךָ" - בתחושת הלב, כִּי ה' הוּא הָאֱלֹקִים בַּשָּׁמַיִם מִמַּעַל וְעַל הָאָרֶץ מִתָּחַת אֵין עוֹד" (דברים ד, לט).

ספירת העומר

ספירת העומר

ל"ג בעומר

ספירת העומר: עשה זאת בעצמן

בְּשַׁבַּת חֹל הַמּוֹעֵד פֶּסַח מַפְטִירִין 'הָעֲצָמוֹת הַיְבֵשׁוֹת', וְכָתְבוּ הַגְּאוֹנִים מִשּׁוּם דְּקַבָּלָה בְּיָדֵינוּ שֶׁבְּפֶסַח תִּהְיֶה תְּחִיַּת הַמֵּתִים. וְיֵשׁ לוֹמַר עוֹד טַעַם, דְּהִנֵּה **בְּיוֹם א׳ שֶׁל פֶּסַח הִשִּׂיגוּ יִשְׂרָאֵל הֶאָרוֹת גְּדוֹלוֹת לְמַעְלָה מִכְּפִי מַדְרֵגָתָם**, וּמִמֵּילָא דִּבְעוֹד שֶׁהָיָה הָאוֹר הַגָּדוֹל שׁוֹפֵעַ עֲלֵיהֶם לֹא הִרְגִּישׁוּ מִעוּט מַהוּתָם כַּמּוּבָן, **אַךְ כַּעֲבוֹר הַיּוֹם שֶׁנִּטְּלוּ מֵהֶם כָּל הָאוֹרוֹת הַגְּדוֹלִים וְחָזְרוּ לְמוֹחִין דְּקַטְנוּת כַּמְּבֹאָר בְּדִבְרֵי הָאֲרִיזַ"ל, אָז רָאוּ בְּעַצְמָם מַהוּתָם הָאֲמִתִּית** מַה הִיא, לְעֻמַּת שֶׁלֶּעָתִיד רִאשׁוֹנָה יִהְיֶה קִבּוּץ גָּלֻיּוֹת וְאַחַר כָּךְ כַּעֲצָמוֹת יְבֵשׁוֹת, וּכְמוֹ שֶׁכָּתוּב בִּיחֶזְקֵאל (פרק לו) מַה שֶּׁהָיָה בְּיוֹם אֶתְמוֹל וְהָיוּ בְּעֵינֵי עַצְמָם "וּנְקֹטֹתֶם בִּפְנֵיכֶם עַל עֲוֹנֹתֵיכֶם", שֶׁבְּעוֹדֵנוּ בְּחשֶׁךְ הַגָּלֻיּוֹת אֵין אָנוּ מַרְגִּישִׁין עַד כַּמָּה נִתְרַחַקְנוּ לָלֶכֶת מִדֶּרֶךְ הָאֱמֶת, אַךְ אַחַר כָּךְ נָבִין בְּעַצְמֵנוּ. וּכְמוֹ כֵן בְּמִצְרַיִם, שֶׁבְּעוֹדָם בְּמִצְרַיִם אַף שֶׁהָיוּ בְּמ"ט שַׁעֲרֵי טֻמְאָה כָּל דֶּרֶךְ אִישׁ יָשָׁר בְּעֵינָיו, וְרַק כְּשֶׁיָּצְאוּ וְטָעֲמוּ וְרָאוּ בַּיּוֹם הָרִאשׁוֹן אֶת הָאוֹר כִּי טוֹב, וְאַחַר כָּךְ כְּשֶׁנִּטַּל מֵהֶם נִשְׁבַּר לִבָּם בְּקִרְבָּם וְהָיוּ בְּעֵינֵי עַצְמָם כְּלֹא הָיוּ וְכַעֲצָמוֹת הַיְבֵשׁוֹת שֶׁכְּבָר הָיָה בָּהֶם לִפְנֵי זְמַן כַּבִּיר רוּחַ חַיִּים, הוּא קַבָּלַת הָאָבוֹת הַקְּדוֹשִׁים אַבְרָהָם יִצְחָק וְיַעֲקֹב, וְיָצָא מֵהֶם הָרוּחַ מֵחֲמַת טֻמְאַת הַגָּלוּת, **וְעַל כֵּן הֵבִינוּ שֶׁמְּחֻיָּבִים לְהַתְחִיל בִּסְפִירָה לְטַהֵר אֶת הַמִּדּוֹת לָשׁוּב לְמַעֲלָתָם הָרִאשׁוֹנָה בְּמַתַּן** תּוֹרָה וְלִהְיוֹת סוֹד ה׳ עֲלֵי אָהֳלָם.

פסח שנת תרע"א

בשבת חול המועד פסח מפטירין **את ההפטרה מתוך ספר יחזקאל (פרק לז), 'חזון** העצמות היבשות', וכתבו הגאונים **שהסיבה לקרוא דווקא הפטרה זו בשבת זו היא** משום דקבלה בידינו **יש לנו ידיעה שעברה במסורת** שבפסח תהיה תחיית המתים.

ויש לומר עוד טעם. דהנה ביום א' של פסח השיגו ישראל הארות גדולות למעלה מכפי מדרגתם, וממילא דבעוד **כל עוד** שהיה האור הגדול שופע עליהם לא הרגישו מיעוט מהותם כמובן, אך כעבור היום שניטלו מהם כל האורות הגדולים וחזרו למוחין דקטנות **צרות דעת** כמבואר בדברי האריז"ל, אז ראו בעצמם מהותם האמיתית מה היא. לעומת שלעתיד **וזה כמו מה שיהיה בעתיד, שב**ראשונה יהיה קיבוץ גליות ואח"כ כעצמות יבשות, וכמו שכתוב ביחזקאל (פרק לו) מה שהיה ביום אתמול והיו בעיני עצמם "וּנְקֹטֹתֶם בִּפְנֵיכֶם עַל עֲוֹנֹתֵיכֶם" (יחזקאל לו, לא), שבעודנו בחושך הגלויות אין אנו מרגישין עד כמה נתרחקנו ללכת מדרך האמת, אך אח"כ נבין בעצמנו.

וכמו כן במצרים, שבעודם במצרים אף שהיו במ"ט שערי טומאה כל דרך איש ישר בעיניו, ורק כשיצאו וטעמו וראו ביום הראשון את האור כי טוב, ואח"כ כשניטל מהם **האור, הבינו שהיו בטומאה ו**נשבר לבם בקרבם והיו בעיני עצמם כלא היו, וכעצמות היבשות שכבר היה בהם לפני זמן כביר רוח חיים, הוא קבלת **רוח שקיבלו מכוח** האבות הקדושים אברהם יצחק ויעקב, ו**כעת** יצא מהם הרוח מחמת טומאת הגלות.

ועל כן הבינו שמחויבים להתחיל בספירה לטהר את המדות לשוב למעלתם הראשונה במתן תורה ולהיות סוד ה' עלי אהלם.

פסח שנת תרע"א

עשה זאת בעצמך

אחד השלבים המרתקים בגידול ילדים הוא השלב שבו הילד הקטן לומד ללכת בכוחות עצמו. בתחילה הוא מצליח לעמוד לבד, ללא עזרת הוריו. בהמשך הוא פוסע במתינות ובזהירות, צעד אחר צעד, כשהוא אוחז בידו התומכת של אחד ההורים או האחים הגדולים. עם הניסיון בא גם הביטחון, וכעת מתחיל הוא בהליכה קצרה אבל עצמאית, מה שמזכה אותו בקריאות התפעלות מכל עבר ובמחיאות כפיים סוערות. כשהוא מעודד מהתגובות מנסה הקטנצ׳יק להמשיך ללכת, אך הפעם ללא הצלחה. למרות רצונו העז לגמוא מרחקים גדולים, הוא נופל במפח נפש על הרצפה. הנפילה מביאה אותו למרר בבכי כשתחושת תסכול ניכרת בפניו העדינות, תחושה שקרוב לוודאי תמשיך ללוות אותו עד שידע, לאחר ניסיונות חוזרים ונשנים, ללכת בכוחות עצמו.

אם נתחקה אחר הגורמים לתסכול שחווה התינוק עת הוא נופל על הקרקע, נוכל להצביע על שלוש סיבות שונות. הסיבה הראשונה היא כמובן עצם הנפילה. לא נעים ליפול, גם לא כשמדובר בתינוק בן שנה. ואם תתלווה לנפילה גם חבטה, יתעצם תסכולו של התינוק עוד יותר. הסיבה השנייה לתסכולו של התינוק נעוצה בתחושת הכישלון. התינוק החביב הציב לעצמו מטרה אך לא הצליח להשיג אותה. הוא לא עמד ביעד, וזוהי אכזבה עבורו. המשימה לא הושלמה, והוא מיצר

על כך בדרכו. הן חוויית הנפילה והן תחושת הכישלון מולידות תסכול לא פשוט, אך לא רק הן. חוברת להן סיבה שלישית והיא תחושה של בלבול הנובעת מחוסר הבנת המציאות. נקודה זו מצריכה ביאור.

עד עתה שוטט התינוק ברחבי הבית בבטחה, צעד בצעדים זריזים בלב שמח ובטוח, והנה, בן רגע, הכול הופך להיות מסובך יותר. הוא מנסה ללכת והוא נופל, מושיט ידיים לאביו ולאמו ונתקל, אולי לראשונה בחייו, בסירובם. סירוב זה מתסכל אותו באופן מיוחד. מה קרה פתאום? לו רק היה יכול להבין שעד עכשיו הוא לא ידע באמת ללכת. הוא אומנם חווה תחושה של הליכה, אבל למעשה אביו ואמו הם אלו שהצעידו אותו בנתינת יד ובליווי צמוד. רק כעת, כשהגיע לשלב המתאים, הוריו מרפים את אחיזתם בו על מנת שילמד ללכת אבל הפעם בכוחות עצמו. הם "נאלצים" לסרב לבקשות העזרה שלו, אבל זה רק לטובתו.

תהליך זה (התלהבות ראשונית, נפילה, וצמיחה מחודשת) אינו אופייני רק לילדים קטנים, הוא מצוי גם אצל מתבגרים ואנשים מבוגרים. מי מאיתנו לא מכיר את התחושה המתעוררת אצלנו בעקבות החלטה חדשה שאנו מקבלים, נוכח יעד חדש, לעיתים מודחק, אותו אנו מעוניינים לכבוש. דיאטה, גמילה מהרגלים רעים, חברותא חדשה, כניסה לכושר וכן על זה הדרך. אנו נכונים לבצע הסתערות אמיצה לעבר היעד מתוך התלהבות גדולה, התלהבות שתלך ותגדל עם ההצלחה הראשונית שלנו בתחילת הדרך. אך לא לעולם חוסן. פעמים רבות אנו מרגישים בירידת מתח תוך זמן קצר. ההתלהבות הגדולה שהייתה מנת חלקנו מתפוגגת ונעלמת כלא הייתה, ותחושה חזקה של תסכול תופסת את מקומה של הארת הפנים. רגע אחד שרוי האדם בהתלהבות נעימה וברגע השני בתחושה מדוכדכת וקשה. זמן מסוים הוא ב'אורות', אך נופל משם ל'מרה שחורה', הנעימות שליוותה אותו בתחילת הדרך פשוט נעלמה. גם במקרים אלו נובעת תחושת התסכול, בין השאר, מחוסר הבנת התהליך.

דוגמה בולטת לתהליך זה נוכל למצוא בקרב צעירים שעושים את צעדיהם הראשונים בישיבה גבוהה. הלימוד מתחיל ב'זמן אלול'

בהתלהבות ובתשוקה מיוחדת. אך זה מחזיק מעמד מספר שבועות בודדים, ולאחריהם, על פי רוב, יורדת ההתלהבות והלימוד נעשה קשה יותר, מה שקרוי בסלנג הישיבתי 'משבר'. כעת על התלמידים לעמול ולהתאמץ ללא אותה אווירה מיוחדת שאפפה אותם בראשית דרכם הלימודית. רק לאחר זמן ממושך, יצליחו הלומדים לשחזר את אותה הרגשה נעימה, אך הפעם יהיה זה מכוח עבודתם המאומצת.

אם ננסה לתת פשר לתהליך המדובר, נוכל לומר שהדחף הראשוני לפעולה מקורו בעצם בסייעתא דשמיא, שמופיעה על פי רוב דווקא בתחילת הדרך, ולא במקרה. היא נועדה להותיר רושם ראשוני נעים, ממנו יוכל האדם להיטען בכוחות להמשך. ההתקדמות הראשונית לעבר היעד והתחושה הטובה הנגרמת בעקבותיה מעוררות אצל האדם רצון להמשיך ולהתמיד בזו הדרך, ומכאן חשיבותן. זוהי ברכה אלוקית גדולה, ודווקא בשל כך מוגבלת היא. על אף חשיבותה וברכתה של הדחיפה האלוקית, היא שייכת לקב"ה ולא לאדם. האדם צריך לקנות את ההישגים והמדרגות שלו בכוח השתדלותו, ולכן הוא מקבל מהקב"ה רק דחיפה ראשונית ומעתה והלאה הוא ייתבע להתקדם ולהמשיך במסעו, אך הפעם בכוחות עצמו.

ה'שם משמואל' מסביר כי תהליך דומה התרחש גם ברמת הכלל, בקרב עם ישראל. ביום הראשון של פסח זכה עם ישראל לאורות גדולים, להארות רוחניות משמיים באתערותא דלעילא, הרבה יותר ממדרגתו באותה שעה. השמחה הייתה גדולה וההתלהבות רבה, אולם זמן קצר לאחר מכן הסתלקה ההארה האלוקית וההתלהבות הגדולה הוחלפה בתחושת תסכול ואכזבה. וכך לשונו של ה'שם משמואל':

> ...ביום ראשון של פסח השיגו ישראל הארות גדולות למעלה מכפי מדרגתם, וממילא דבעוד שהיה האור הגדול שופע עליהם לא הרגישו מיעוט מהותם כמובן, אך כעבור היום, שניטלו מהם כל האורות הגדולים וחזרו למוחין דקטנות... הבינו שמחויבים להתחיל בספירה לטהר את המידות לשוב למעלתם הראשונה...

עם ישראל זכה לקרבת ה׳ גדולה עת יצא הוא ממצרים, אך קרבה רוחנית זו הייתה מתנת שמיים, ולכן עתידה היא להיעלם. עם ישראל לומד על בשרו, שקניין רוחני שמגיע בקלות יתרה עלול להיעלם באותה קלות. אחד השיעורים שעם ישראל לומד בראשית דרכו הוא, שאין תחליף לעבודה עצמית ושרק בכוחה של עבודה ממושכת ומאומצת להניב פירות. זהו, על פי ה׳שם משמואל׳, עניינה של ספירת העומר.

את ספירת העומר אנחנו מתחילים לספור למחרת ליל הסדר, ולא לחינם. אחרי שעם ישראל זוכה ליהנות מהאור השמימי של יציאת מצרים, עליו לצאת למסע ארוך של בנייה מחודשת, מעשי ידי אדם. זוהי מטרתה של הספירה הממושכת. ספירת העומר איננה ספירה טכנית מנקודה לנקודה, אלא תהליך איטי ומתון של בירור אישי והתקדמות נכונה. יום חובר ליום ושבוע מצטרף לשבוע, ואם ניצלנו את הזמן והכנו עצמנו כיאות, נזכה בסופה של תקופה לקבל את התורה, לא כמתנת חינם, אלא כפרי מתוק המגיע רק למי שעמל להצמיח אותו.

ל"ג בעומר: אהבה לא מבוקרת

יֵשׁ לְהִתְבּוֹנֵן בְּמַה שֶׁאָמְרוּ ז"ל: "עֶשְׂרִים וְאַרְבָּעָה אֶלֶף תַּלְמִידִים הָיוּ לוֹ לְרַבִּי עֲקִיבָא וְכֻלָּם מֵתוּ מִפֶּסַח וְעַד עֲצֶרֶת מִפְּנֵי שֶׁלֹּא נָהֲגוּ כָּבוֹד זֶה בָּזֶה", וְאָמְרוּ ז"ל בְּל"ג בָּעֹמֶר פָּסְקוּ לָמוּת, **אֵיךְ הַצַּדִּיקִים הַלָּלוּ שֶׁהָיָה לִבָּם בִּרְשׁוּתָם לְהַטּוֹת לְכָל אֲשֶׁר יַחְפְּצוּ מַדּוּעַ לֹא נָהֲגוּ כָּבוֹד זֶה לָזֶה, וְהָעֹנֶשׁ הָיָה בַּזְּמַן הַזֶּה דַּוְקָא.**

וְנִרְאֶה דְּהִנֵּה עִנְיַן נְהִיגַת כָּבוֹד זֶה בָּזֶה כְּבָר אָמַרְנוּ מִצַּד שֶׁרוֹאֶה בַּחֲבֵרוֹ מַעֲלָה שֶׁאֵין בּוֹ עַל כֵּן נוֹהֵג בּוֹ כָּבוֹד שֶׁהֲרֵי בִּפְרָט זֶה הוּא גָּבוֹהַּ מִמֶּנּוּ וְכֵן זֶה בָּזֶה, **שֶׁלֹּא יִתָּכֵן שֶׁלֹּא יִהְיֶה אֶחָד גָּבוֹהַּ מֵחֲבֵרוֹ בִּפְרָט אֶחָד.**

וְהִנֵּה בְּאָדָם פְּרָטִי אַף שֶׁיֵּשׁ בּוֹ אֵבָרִים חֲלוּקִים בְּמַעֲלָה מִכָּל מָקוֹם אֵין שַׁיָּךְ לוֹמַר שֶׁאֵבֶר זֶה יַחֲלֹק כָּבוֹד לָזֶה שֶׁהֲרֵי הַכֹּל אֶחָד, **וְאִם כֵּן חֲבֵרִים שֶׁהֵם כְּאִישׁ אֶחָד בְּלֵב אֶחָד מַמָּשׁ יֵשׁ מָקוֹם לוֹמַר שֶׁלֹּא שַׁיֶּכֶת חֲלוּקַת כָּבוֹד זֶה לָזֶה שֶׁהֲרֵי כֻּלָּם כְּאִישׁ אֶחָד מַמָּשׁ.**

וְנִרְאֶה שֶׁזֶּה הָיָה טַעַם תַּלְמִידֵי רַבִּי עֲקִיבָא.

אֲבָל בֶּאֱמֶת אֵינוֹ כֵּן שֶׁהֲרֵי כָּל צַדִּיק וְצַדִּיק יֵשׁ לוֹ מָדוֹר בִּפְנֵי עַצְמוֹ וְאֵינוֹ דּוֹמֶה לְאָדָם אֶחָד.

פרשת אמור שנת תער"ב

ל"ג בעומר

יש להתבונן במה שאמרו ז"ל (יבמות סו ע"ב): "עשרים וארבע אלף תלמידים היו לו לרבי עקיבא וכולם מתו מפסח ועד עצרת מפני שלא נהגו כבוד זה בזה", ואמרו ז"ל (ספר המנהיג סימן קו) בל"ג בעומר פסקו למות, **ויש להבין איך הצדיקים הללו שהיה ליבם ברשותם להטות לכל אשר יחפצו, מדוע לא נהגו כבוד זה לזה**, והעונש היה בזמן הזה דווקא.

ונראה דהנה עניין נהיגת כבוד זה בזה כבר אמרנו מצד שרואה בחברו מעלה שאין בו על כן נוהג בו כבוד, שהרי בפרט זה הוא גבוה ממנו, וכן זה בזה **הראשון גבוה מהשני בפרט מסוים**, שלא יתכן שלא יהיה אחד גבוה מחברו **לפחות** בפרט אחד.

והנה באדם פרטי אף שיש בו אברים חלוקים במעלה, מכל מקום אין שייך לומר שאבר זה יחלוק כבוד לזה שהרי הכל אחד, **ואם כן חברים שהם כאיש אחד בלב אחד ממש, יש מקום לומר שלא שייכת חלוקת כבוד זה לזה, שהרי כולם כאיש אחד ממש.**

ונראה שזה היה טעם תלמידי רבי עקיבא.

אבל באמת אינו כן. שהרי כל צדיק וצדיק יש לו מדור **מקום** בפני עצמו ואינו דומה **היחס בין צדיקים שונים**, ל**איברים בגופו של** אדם אחד.

פרשת אמור שנת תער"ב

אהבה לא מבוקרת

במסכת יבמות (סב ע"ב) מוסרים לנו חז"ל כי עשרים וארבעה אלף תלמידים היו לרבי עקיבא, וכולם מתו בתקופה הקצרה שבין פסח לעצרת, דהיינו שבועות. במקורות מאוחרים יותר מובא שהייתה זו תקופה קצרה עוד יותר, שכן בל"ג בעומר הם פסקו מלמות. הגמרא תולה את סיבת מותם של תלמידי רבי עקיבא בכך שהם לא נהגו כבוד זה בזה. תופעה חריגה זו, אלפים רבים של תלמידי חכמים שמתים בזמן כה קצר, מעוררת פליאה. הפליאה גוברת נוכח דבריו המפורסמים של רבי עקיבא רבם, שקבע שהציווי של "ואהבת לרעך כמוך" זה אחד היסודות החשובים ביותר ביהדות, "הוא כלל גדול בתורה", הייתכן שתלמידיו התנהלו הפוך לגמרי מהדרכתו הברורה?

בשאלתנו משמשים שני מושגים - הכבוד והאהבה, כשבמחשבה ראשונית אמורים הם להיות כרוכים האחד בשני, מה שעורר את השאלה. על פי ה'שם משמואל' הבחנה נכונה בין המושגים היא המפתח לפיצוח הקושיה והיא גם מאפשרת לנו להבין בצורה עמוקה את הסיבה בעטיה מתו תלמידי רבי עקיבא.

מהו כבוד? שורש המילה כבוד הוא כ.ב.ד. דבר כבד הוא דבר שיש לו נוכחות, יש לו מקום. לדוגמה אדם שמתייחס ברצינות לעצמו ולסובב אותו תוך שימת לב לדיבוריו ומעשיו מתואר כמי שנוהג

ב'כובד ראש', שהרי ראשו, משכן השכל, נוכח בפועלו. לעומתו, מי שמתנהג בחוסר רצינות זוכה לתואר 'קל ראש', שהרי לא ראשו (כלומר שיקול דעתו) הוא המניע אותו לפעולה, אלא הלב או הבטן הם הדוחפים אותו. לפי הגדרה זו, **נתינת מקום לאחר היא למעשה נתינת כבוד.** כאשר אנחנו נותנים מקום למחשבותיו של האחר ולרגשותיו, כאשר אנו מקשיבים לדעותיו ועל אחת כמה וכמה כשאנו פונים ליטול ממנו עצה, אנו למעשה מכבדים אותו באופן נעלה. בכך מראים אנחנו שיש לאותו אדם מקום וחשיבות, שאפשר להיעזר בו, ולהיתרם מאישיותו ומכישרונותיו. ומן החיובי נלמד על השלילי - החרמת האחר והתעלמות מקיומו הן התנהגויות בלתי מכבדות. הן משדרות שאין לאדם זה מקום, שהוא אינו נוכח עבורנו.

ומהי אהבה? אהבה היא תנועה של חיבור. היא הופכת שניים לאחד, נפרדים למאוחדים. היא מביאה את המחולקים להיות מחוברים. אהבה=אחד בגימטרייה, כידוע. לאהוב מישהו משמעו לפתח כלפיו קרבה גדולה. לדוגמה, פעמיים ביום אנו קוראים את צו ה': "וְאָהַבְתָּ אֵת ה' אֱלֹקֶיךָ בְּכָל לְבָבְךָ וּבְכָל נַפְשְׁךָ וּבְכָל מְאֹדֶךָ" (דברים ו, ה). משמעות ציווי זה היא שהאדם המאמין נקרא ליצור קשר נפשי של קרבה כלפי הקב"ה; אל לו לעבוד את בוראו רק מתוך יראה והרגשת ריחוק. קרבה גדולה זו עליה מצווה האדם צריכה לבוא לידי ביטוי בתחומים רבים: בלב, בנפש וגם בממון. חשוב להבין שתביעת אהבה ביחס לקדוש ברוך הוא אינה מובנת מאליה כלל ועיקר. הרי היחס הטבעי בין הברוא לבוראו, בין הנתין למלכו, בין העבד לאדונו, הוא יחס של ריחוק, וניתן היה לחשוב כי זהו הקשר המבוקש מהאדם כלפי אלוקיו, עבודת ה' מתוך יראה ולא קשר הטעון קרבה נפשית ואהבה. באה התורה ומלמדת אותנו שאין הדבר כך. בוודאי יש צורך ביחס של יראה כלפי הקב"ה, אולם היחס היסודי של ה' אלינו הוא יחס של אהבה, "אָהַבְתִּי אֶתְכֶם אָמַר ה'" (מלאכי א, ב), ועל כן עלינו להשיב לו אהבה חזרה.

נמצאנו למדים שכבוד ואהבה הם שתי תנועות הפכיות בנפש האדם. האהבה זו תנועה מקרבת, ואילו הכבוד הוא שימת לב דווקא להבדלים והפרדה בין הנבדלים בדרך חיובית.

בהבחנה חשובה זו משתמש ה'שם משמואל' כדי לבאר את טעותם של תלמידי רבי עקיבא שלא נהגו כבוד זה בזה. כתלמידים נאמנים לרבם ודאי שנהגו הם כדבריו ואהבו זה את זה עד מאד. אהבתם האחד את השני הייתה כה עזה עד שהם הרגישו עצמם כגוף אחד ממש, **ופה הייתה הבעיה - הם שכחו את הנפרדות של חבריהם. האהבה הגדולה טשטשה את ההבדלים ביניהם, הבדלים שטעונים התייחסות ותשומת לב,** וכך יצא שדווקא מתוך ריבוי האהבה הם הגיעו למצב שלא נהגו כבוד זה בזה.

למרות שמקור הטעות היה חיובי, הרגשת אחדות ושותפות, בסופו של דבר הם לא נתנו מקום לייחודיות של כל אחד ואחד מבני החבורה, דבר שלא תאם את עדינות עולמם הרוחני, ולכן הם נענשו. גם "חברים שהם כאיש אחד בלב אחד ממש" צריכים לחלוק כבוד זה לזה, "שהרי כל צדיק וצדיק יש לו מדור בפני עצמו ואינו דומה לאדם אחד", מלמדנו ה'שם משמואל'. גם בחברות טובה, השונות בין החברים לא צריכה להיטשטש. ראוי וחשוב לאהוב, אך בו בזמן יש לתת מקום לנפרדות. במקביל ל'ביחד' החזק, על החברים להיות רגישים לאחר, בהקשבה, בשיח ובנתינת מקום.

דברי ה'שם משמואל' מופלאים. באמצעותם נוכל להבין לא רק את נקודת הכשל של תלמידי רבי עקיבא, אלא תופעות הרווחות גם בינינו. אם נתבונן ביחסים שבין בני אדם נוכל להבחין בתופעה מעניינת. עד כמה שהדבר מפתיע, פעמים רבות יחס חיובי אחד לשני וכבוד הדדי יהיו טובים יותר דווקא בין שני אנשים שפחות קשורים אחד לשני ביום יום. כלפי אדם שאינני מכיר אשתדל להתנהג באופן יותר מכובד. קל יותר לכבד אורח לרגע מאשר אח צעיר שמתגורר איתי בבית. בנים עלולים להפגין יחס מזלזל כלפי הוריהם, אך כלפי אנשים אחרים הם לא יעזו לנהוג כך. ניתן למצוא בעל שמדבר אל אשתו בצורה פוגענית, ואילו במקום עבודתו הוא נחשב לאדם אדיב ומנומס. והדוגמאות עוד רבות. מדוע כך הם פני הדברים? הוא אשר ביאר ה'שם משמואל': אהבה גדולה ותחושת 'ביחד' מטשטשות לעיתים את הנפרדות המתבקשת.

דוגמה נוספת לכך ש'אהבה מקלקלת את השורה' אפשר לראות בעולמות של רוח. פעמים רבות דווקא תחושת קרבה לה' מביאה אנשים להקל ראש ביראת שמיים ולזלזל בפרטי מצוות בתואנה ש'רחמנא ליבא בעי', 'העיקר שאני דתי בלב'. זוהי טעות קשה. מדברי ה'שם משמואל' נלמד שגם מציאותה של אהבת ה' צריכה לבוא יחד עם יראתו. יותר מכך, ככל שגדלה האהבה לקב"ה כך יש לתת יותר מקום ויחס ליראתו ולכבודו. כך נוכל להבין את הנהגת ה', שמדקדק כחוט השערה דווקא עם הקרובים אליו. במקום אחר נותן ה'שם משמואל' עצה בהקשר זה, שכאשר אדם מרגיש התלהבות רוחנית ודבקות גדולה בבורא, עליו להגביר באופן מיוחד את לימוד ההלכה ומתוך כך את המחויבות שלו לדבר ה', זאת על מנת שרגשות הלב לא יאפילו על המחויבות הנצרכת ועל יראת ה' הנדרשת.

לאור ביאורו של ה'שם משמואל' נוכל לומר כי עבודתנו הרוחנית בימי הספירה היא, בין השאר, לכבד במיוחד את מי שקרוב אלינו. עלינו לבדוק את עצמינו, האם אנחנו מתייחסים בכבוד הראוי גם אל אנשי המעגל הקרוב לנו, או שמא חלילה מתוך הרגשת אחדות וקרבה אנחנו מרשים לעצמינו 'לשחרר' יותר מדי את היחס כלפיהם ולהמעיט בכבוד לו הם ראויים. אם נוהגים אנו כך הרי שלמעשה חטאם של תלמידי רבי עקיבא פעיל עדיין בתוכנו, וכנראה שיש לנו עוד מה לתקן.

בימי הספירה ראוי שנקבל על עצמינו לכבד את הרחוקים, אך לא נשכח שמשימת הכבוד המורכבת יותר נמצאת ממש לידינו, עם האנשים איתם אנו חולקים את חיי היום־יום.

שבועות

שבועות: בסוד היחיד והיחד

כְּשֶׁאָדָם נִצָּב לְהִתְפַּלֵּל בְּוַדַּאי הַמְקַטְרְגִים מְקַטְרְגִים מִי הוּא זֶה שֶׁבָּא אֶל שַׁעַר הַמֶּלֶךְ וּמַטְרִידִים וּמְבַלְבְּלִים אֶת מַחְשַׁבְתּוֹ, כַּיָּדוּעַ שֶׁבִּשְׁעַת הַתְּפִלָּה שְׁכִיחִים בְּיוֹתֵר מַחְשֶׁבֶת חוּץ וּבִלְבּוּל הַדַּעַת וְצָרִיךְ הִתְחַזְּקוּת גְּדוֹלָה וְכְלֵי הַאי וְאוּלַי, **וְהָעֵצָה הַיְעוּצָה לָזֶה הִיא תְּפִלַּת הַצִּבּוּר לְקַיֵּם בְּתוֹךְ עַמִּי אָנֹכִי יֹשָׁבֶת.**

וַאֲפִילוּ אִם עַל יְדֵי אֹנֶס מִתְפַּלֵּל בְּיָחִיד מִכָּל מָקוֹם מַחְשַׁבְתּוֹ תִּהְיֶה נִקְשֶׁרֶת בִּתְפִלַּת הַצִּבּוּר וּבְשָׁעָה שֶׁהַצִּבּוּר מִתְפַּלְּלִים, וּבְהאר"י ז"ל שֶׁקֹּדֶם כָּל תְּפִלָּה יְקַבֵּל עָלָיו מִצְוַת 'וְאָהַבְתָּ לְרֵעֲךָ כָּמוֹךָ', וְחַד טַעֲמָא הוּא.

וְהִנֵּה תְּפִלַּת צִבּוּר הִיא בְּקוֹל, וְאַף דִּבְכָל דָּבָר שֶׁהוּא בְּאִתְגַּלְיָא שַׁיָּךְ עָלָיו קִטְרוּג, צִבּוּר עַצְמוֹ הוּא הֲגָנָה.

וְיֵשׁ לְהַמְתִּיק הַדְּבָרִים עַל פִּי מַה שֶּׁהִגִּיד כ"ק אָבִי אדמו"ר זצללה"ה בְּשֵׁם כ"ק הָרַבִּי ר' דָּוִד מִלֶּעלוֹב זצללה"ה דִּכְשֶׁעֲשָׂרָה יַחַד מִתְפַּלְּלִים, אֲפִלּוּ אִם מַלְאָךְ יָבוֹא שָׁמָּה נַפְשׁוֹ יוֹצְאָה מִגֹּדֶל הַפַּחַד, מִשּׁוּם דְּכָל בֵּי עֲשָׂרָה שְׁכִינְתָּא שַׁרְיָא, וּמַה גַּם הַמְקַטְרְגִים שֶׁחָלָה עֲלֵיהֶם אֵימָה וָפַחַד וּבְעַל כָּרְחָם יָשִׂימוּ יָד לַפֶּה, אֲבָל תְּפִלַּת הַיָּחִיד לְעוֹלָם הִיא בְּלַחַשׁ וְהַמַּשְׁמִיעַ קוֹלוֹ בִּתְפִלָּתוֹ הֲרֵי זֶה מְגֻנֶּה, וְהַטַּעַם כנ"ל מִפְּנֵי שְׁלִיטַת הַחִיצוֹנִים הַמְקַטְרְגִים וּמְבַלְבְּלִים.

וְאַף גַּם הַמִּתְפַּלֵּל בְּצִבּוּר כְּדֵי לִהְיוֹת בֶּאֱמֶת נִכְלָל בַּצִּבּוּר לֹא דָּבָר נָקֵל הוּא כָּל כָּךְ, וְהָעֵצָה לָזֶה הִיא הַתְּפִלָּה שֶׁמְּקֹדֶם בְּלַחַשׁ שֶׁזֶּה מְכַוֵּן אֶת לִבּוֹ וְזֶה מְכַוֵּן אֶת לִבּוֹ, וּכְעִנְיָן שֶׁהָיָה בְּמִצְרַיִם שֶׁבַּמִּדְרָשׁ (שמות רבה סוף פרשה א פיסקא לו) שֶׁזֶּה מְכַוֵּן אֶת לִבּוֹ וְזֶה מְכַוֵּן אֶת לִבּוֹ וַאֲפִלּוּ אֶחָד מֵהַשֵּׁנִי לֹא הָיָה יוֹדֵעַ, וְהַתְּפִלּוֹת פּוֹגְעִין וּמִתְאַחֲדִין זֶה בָּזֶה, וּבְאֶמְצָעוּת הַהִתְאַחֲדוּת עַל יְדֵי הַתְּפִלּוֹת שֶׁבְּלַחַשׁ בָּאִין לְהִתְפַּלֵּל תְּפִלַּת צִבּוּר בְּקוֹל וְשׁוּב אֵין לָחוּשׁ כנ"ל.

וְיֵשׁ לוֹמַר שֶׁזֶּהוּ עִנְיַן הַסְּפִירָה וְחַג הַשָּׁבוּעוֹת, שֶׁסְּפִירָה צָרִיךְ שֶׁתְּהֵא סְפִירָה לְכָל אֶחָד וְאֶחָד **וְיֵשׁ כַּמָּה פּוֹסְקִים דְּלָא אָמְרִינַן בָּהּ**

שׁוֹמֵעַ כְּעוֹנֶה, כִּי כָּל אֶחָד וְאֶחָד יוֹדֵעַ אֶת נִגְעֵי לְבָבוֹ וְצָרִיךְ כָּל אֶחָד לְפַשֵּׁט אֶת הָעַקְמוּמִית שֶׁבְּלִבּוֹ, וְאֵין עַקְמוּמִיתוֹ שֶׁל זֶה דּוֹמָה לְשֶׁל זֶה.

וְהוּא כְּעֵין תְּפִלָּה בְּלַחַשׁ וּכְמוֹ שֶׁבַּמִּדְרָשׁ הנ"ל שֶׁהָיוּ בְּמִצְרַיִם שֶׁאֲפִלּוּ אֶחָד מֵחֲבֵרוֹ לֹא הָיָה יוֹדֵעַ, וְעַל יְדֵי זֶה מִתְאַחֲדִים וּמִתְכַּלְּלִים כָּל הַכְּלָל כְּעִנְיַן תְּפִלָּה בְּלַחַשׁ.

וּכְמוֹ שֶׁהָיָה אָז "וַיִּחַן שָׁם יִשְׂרָאֵל - כְּאִישׁ אֶחָד בְּלֵב אֶחָד" מִפְּאַת הִתְכַּלְּלוּת כָּל שָׁרְשֵׁי הַנְּשָׁמוֹת, וְאַחַר כָּךְ זוֹכִין לְשָׁבוּעוֹת מַתַּן תּוֹרָה שֶׁהָיָה בְּקוֹלֵי קוֹלוֹת וְלֹא מֵרֹאשׁ בַּסֵּתֶר דִּבַּרְתִּי, וְכָל הָעוֹלָם הָיוּ שׁוֹמְעִים קוֹלוֹת וּפָחֲדוּ וְנִתְקַבְּצוּ אֵצֶל בִּלְעָם כְּבַמִּדְרָשׁ (פסיקתא רבה פיסקא כ).

וְזֶהוּ כְּעֵין תְּפִלַּת צִבּוּר שֶׁבְּקוֹל.

שבועות שנת תרע"ג

כשאדם ניצב להתפלל, בוודאי המקטרגים מקטרגים: 'מי הוא זה שבא אל שער המלך', ומטרידים ומבלבלים את מחשבתו, כידוע שבשעת התפילה שכיחים ביותר מחשבת חוץ ובלבול הדעת, וצריך התחזקות גדולה, וכולי האי ואולי **וגם אם יצליח האדם להתחזק, ספק אם תפילתו תהיה מתוקנת, והעצה היעוצה לזה היא תפילת הציבור, לקיים "בְּתוֹךְ עַמִּי אָנֹכִי יֹשָׁבֶת"** (מלכים ב' ה, יג).

ואפילו אם על ידי אונס מתפלל ביחיד, מכל מקום מחשבתו תהיה נקשרת בתפילת הציבור ובשעה שהציבור מתפללים. ובהאר"י ז"ל **ובתורת האר"י ז"ל (ספר פרי עץ חיים שער עולם העשייה פ"א) כתוב** שקודם כל תפלה יקבל עליו מצוות "ואהבת לרעך כמוך", וחד טעמא הוא **והכל מאותו הטעם.**

והנה תפילת ציבור היא בקול, ואף דבכל דבר שהוא באתגליא **בהתגלות** שייך עליו קטרוג, ציבור עצמו הוא הגנה.

ויש להמתיק הדברים על פי מה שהגיד כ"ק אבי אדומו"ר זצללה"ה **כבוד קדושת אבי אדוני מורי ורבי זכר צדיק לברכה לחיי העולם הבא** בשם כ"ק הרבי ר' דוד מלעלוב זצללה"ה, דכשעשרה יחד מתפללים, אפילו אם מלאך יבוא שמה, נפשו יוצאה מגודל הפחד, משום דכל בי עשרה שכינתא שריא **שבכל התקהלות של עשרה מישראל שורה שכינה**, ומה גם המקטרגים שחלה עליהם אימה ופחד ובעל כורחם ישימו יד לפה. אבל תפילת היחיד לעולם היא בלחש, והמשמיע קולו בתפילתו הרי זה מגונה, והטעם כנ"ל מפני שליטת החיצונים המקטרגים ומבלבלים.

ואך גם המתפלל בציבור, כדי להיות באמת נכלל בציבור לא דבר נקל הוא כל כך, והעצה לזה היא התפילה שמקודם בלחש, שזה מכוון את לבו וזה מכוון את לבו, וכעניין שהיה במצרים, שבמדרש (שמות רבה סוף פרשה א פיסקא לו) **נאמר** ש"זה מכוון את לבו וזה מכוון את לבו, ואפילו אחד מהשני לא היה יודע" **רשעי בני ישראל במצרים עשו תשובה בסתר ורק הקב"ה ידע, ובכל זאת הייתה זו תשובה מועילה.** והתפילות פוגעין ומתאחדין זה בזה **תפילות הלחש של כל אחד ואחד נפגשות ומתאחדות** ובאמצעות ההתאחדות על ידי

התפילות שבלחש באין להתפלל תפילת ציבור בקול, ושוב אין לחוש כנ״ל ואז אין לחשוש מהמקטרגים שמופיעים בעקבות תפילה בקול.

ויש לומר שזהו ענין הספירה וחג השבועות, שספירה צריך שתהא ספירה לכל אחד ואחד, ויש כמה פוסקים דלא אמרינן בה ׳שומע כעונה׳ בהרבה מצוות הנעשות על ידי דיבור אפשר לצאת ידי חובה בדרך של ׳שומע כעונה׳, דהיינו, אדם אחד מוציא מפיו את דיבור המצווה - ברכת המזון, קידוש וכדו׳ - וחברו שומע אותו וזה נחשב לו כאילו הוא עצמו אמר את הדברים וקיים את המצווה. אולם במצוות ספירת העומר, לדעת חלק מהפוסקים, לא חל כלל זה ועל כל אחד לספור בעצמו ואין הוא יכול לצאת ידי חובה על ידי שמיעת הספירה מאדם אחר כי כל אחד ואחד יודע את נגעי לבבו וצריך כל אחד לפשט את העקמומית שבלבו, ואין עקמומיתו של זה דומה לשל זה.

והוא כעין תפילה בלחש, וכמו שבמדרש הנ״ל שהיו במצרים שאפילו אחד מחבירו לא היה יודע, וע״י זה מתאחדים ומתכללים כל הכלל כעניין תפילה בלחש.

וכמו שהיה אז ״וַיִּחַן שָׁם יִשְׂרָאֵל - כאיש אחד בלב אחד״ (רש״י שמות יט, ב) מפאת התכללות כל שרשי הנשמות, ואח״כ זוכין לשבועות, למתן תורה שהיה בקולי קולות ו״לֹא מֵרֹאשׁ בַּסֵּתֶר דִּבַּרְתִּי״ (ישעיהו מח, טז) דבר ה׳ במתן תורה לא היה בסתר אלא גלוי לכול, וכל העולם היו שומעים קולות ופחדו...

וזהו כעין תפלת ציבור שבקול.

שבועות שנת תרע״ג

בסוד היחיד והיחד

התפילה היא מעמד מיוחד. אדם ניצב בפגישה אישית מול מלכו של עולם מבלי שנצרך להשתדלויות ולתיאומים מראש, אין לו כל הגבלה של זמן ויכול הוא לשפוך את כל אשר על לבו.

התפילה היא גם מצווה בעלת אופי מיוחד. היא מצווה פרטית ככל שאר המצוות שאדם מישראל חייב לקיימן באופן אישי, אולם חז"ל הוסיפו לה קומה וקבעו, שאת חובתו זו האישית מחויב האדם למלא דווקא עם הציבור, היכן שהדבר אפשרי, ועליו אף להתאמץ בשביל כך. כך יוצא, שלמצוות התפילה ישנם שני מסלולים: מסלול הפרט - אם אדם מצוי לבדו, כדוגמת חייל בצבא או חולה בביתו - ומסלול הציבור, המיועד לכל אדם במצב החיים הרגיל.

במסכת ברכות (ז ע"ב) מלמד אותנו רבי שמעון בר יוחאי שהבדל גדול ישנו בין שני המסלולים: "'וַאֲנִי תְפִלָּתִי לְךָ ה' עֵת רָצוֹן' - אימתי עת רצון? בשעה שהצבור מתפללין". לאמר, חשובה היא תפילת היחיד באשר היא, אולם אין ערובה לכך שהיא אכן תתקבל ברצון, ואילו התפילה בציבור תמיד 'נופלת על אוזן קשובה'.

כה רמה היא מעלת התפילה בציבור, עד שאפילו אם אנשים חוטאים שותפים בה מתקבלת היא ברצון, כפי שפוסק הרמב"ם (משנה תורה, הלכות תפילה פ"ח ה"א):

תפילת הציבור נשמעת תמיד, ואפילו היו בהן חוטאים, אין הקדוש ברוך הוא מואס בתפלתן של רבים. לפיכך צריך אדם לשתף עצמו עם הציבור, ולא יתפלל ביחיד כל זמן שיכול להתפלל עם הציבור.

גם במקרים שבהם מרגיש האדם שכאשר הוא מתפלל ביחידות הוא מרוכז יותר וכוונתו נכונה יותר, גוברת מעלת התפילה בציבור. כך פסק הרב משה פיינשטיין (שו"ת אגרות משה חלק ה, אורח חיים סימן ז):

> בְּדָבָר אחד שמרגיש שכשמתפלל ביחידות מכוין את לבו יותר לשמים מבשעה שמתפלל עם הצבור איך יעשה, אם תפלה בצבור עדיף או ביותר כוונה עדיף. הנכון לעניות דעתי... שתפלה בצבור עדיף מיתרון כוונה על החיוב, כיון שתפלה בצבור הוא חיוב בעיקר מצות תפלה, ויתרון כוונה על החיוב הוא רק מחמת חשיבות ומעלה.

הרב פיינשטיין קובע שתפילה בציבור איננה רק מעלה רוחנית אלא חיוב גמור, ואילו כוונה בתפילה (מלבד הכוונה הבסיסית הנדרשת כדי לצאת ידי חובת התפילה) נחשבת רק למעלה טובה. לכן אין בכוחה של הכוונה בתפילה לדחות חיוב פשוט וברור כתפילה במניין.

מדוע מקבלת התפילה בציבור חשיבות כה גדולה? ניתן היה לחשוב שכאשר מתפללים בציבור, מחשיבים לכל שותף בציבור את הסך הכללי של כל המתפללים, וודאי שמדובר בנפח גדול יותר ממה שתצליח לתפוס תפילתו של האדם הפרטי. אך לא נראה שזוהי הסיבה, שהרי לתפילה של שלושה אנשים אין מעלה גדולה יותר משל יחיד, ומנגד, אדם המתפלל בציבור קטן ממלא בדיוק את אותה חובה כמו המתפלל בציבור גדול.

נראה יותר לומר שהציבור מהווה מעין תמצית של האומה. עשרה אנשים מישראל שעומדים להתפלל יחד מייצגים בכך את כלל האומה, וכביכול האומה כולה עומדת כעת להתפלל כאן. כבר לא מדובר כאן בסך של כל הפרטים אלא במדרגה שונה לחלוטין - מדרגת הכלל.

מתוך כך, אדם המתרגל להתפלל בציבור, מתחדדת בו הבנה והרגשה שהוא חלק מציבור, חלק מעם ישראל, ומכוח הבנה זו מתעלה הוא, והסובבים אותו מתעלים עמו. כך נוכל להבין את הקביעה ההלכתית, שגם אדם שנאנס מלהגיע לבית הכנסת צריך להתפלל באותו הזמן שבו מתפללים הציבור (שולחן ערוך, אורח חיים סימן צ סעיף ט). "מכל מקום מחשבתו תהיה נקשרת בתפלת הציבור ובשעה שהציבור מתפללים", כלשון ה'שם משמואל'.

אלא שאליה וקוץ בה. דווקא המעלות שיש בהתכללות בכלל עלולות להביא לטעויות לא פשוטות. עלול אדם להקל ראש בעבודתו האישית ובתיקון דרכיו דווקא מתוך מחשבה שבכוח הציבור לחפות על כשליו ופשעיו. לחילופין, אדם המבין שמעלת הציבור כה רמה עלול להפחית בערך מעלתו האישית, שהרי מהי מעלתו ומה ערכה של עבודתו מול כוחו העצום של 'כלל ישראל'. מחשבה מוטעית כזו בכוחה להביא את האדם ל'ויתור עצמי' ולהנמכת רף הציפיות מעצמו.

חכמינו היו ערים לסכנות אלו, ולכן, לצד הדרכות המחברות את האדם לכלל, הם כיוונו אותו להשקיע בעולמו הרוחני הפרטי ולשכלל את אישיותו. על פי ה'שם משמואל' זאת הסיבה שלפני תפילת הציבור המשותפת אותה מוביל בקול שליח הציבור, מתפלל כל אחד ואחד בחרש את תפילתו האישית, שבה הוא שופך את ליבו לפני ה' ומטעין את מצבריו הפרטיים. זהו סוד היחיד והיחד, היכולת של היחיד להיות קשור בכלל, אך בו בזמן לא לאבד את ייחודיותו ואת מעלתו.

מחדש ה'שם משמואל' שהדגש שניתן בתפילת הלחש דווקא על עבודתו האישית של הפרט, עומד בבסיסה של הלכה מפתיעה בדיני ספירת העומר. לשם הבנת דבריו עלינו לבאר בקצרה את הכלל ההלכתי 'שומע כעונה'.

במסכת סוכה (לח ע"ב) לומדת הגמרא שבמצוות המתקיימות על ידי דיבור ישנו כלל הלכתי שנקרא 'שומע כעונה', שפירושו: השומע הוא כמו המדבר. משמעותו של הכלל היא, ששני אנשים שחייבים באותה מצווה (ברכת המזון או קידוש היום למשל) יכול האחד לשמוע את חברו מקיים את המצווה ומוציא את המילים מפיו ונחשב הדבר

כאילו הוא קיים את המצווה בעצמו, ובתנאי שהייתה לו כוונה לצאת ידי חובת המצווה (ולחברו - להוציא ידי חובה).

כלל זה מיושם הלכה למעשה בכל משפחה בעם ישראל בשבת או ביום טוב. כל בני הבית מחויבים בקידוש היום, אולם רק אחד מהם (בעל הבית בדרך כלל) אומר את המילים וכך מוציא הוא את האחרים ידי חובתם. כך הדבר גם בפורים, שבו מקיימים כל הנוכחים בבית הכנסת את מצוות **קריאת** המגילה על ידי **שמיעתם** את קריאתו של בעל הקורא. תוקפו של הכלל של 'שומע כעונה' נובע מהערבות הפנימית שבין חלקי האומה השונים.

והנה, למרות שגם מצוות ספירת העומר מתקיימת על ידי דיבור, הדעה הרווחת בהלכה (עיינו משנה ברורה סימן תפט ס"ק ד) היא שאין אפשרות לצאת ידי חובת הספירה על ידי שמיעת אדם אחר שסופר, כלומר שגדר 'שומע כעונה' לא מתקיים במצווה זו. ויש להבין, מה נשתנתה מצוות ספירת העומר משאר המצוות שבהן השומע יוצא ידי חובת המצווה. על כך עונה ה'שם משמואל' ואומר:

> ...לא אמרינן בה (במצוות ספירת העומר) 'שומע כעונה', כי כל אחד ואחד יודע את נגעי לבבו וצריך כל אחד לפשט את העקמומית שבלבו, ואין עקמומיתו של זה דומה לשל זה. והוא כעין תפלה בלחש.

כשם שתפילת הלחש נותנת מקום למאוויים האישיים של האדם, מתוך הבנה שעליו לשכלל את עולמו הרוחני בטרם יוכל להתחבר ל'כלל ישראל', כך הדבר גם בספירת העומר. ספירת העומר מחברת בין שני מועדים לאומיים: חג הפסח וחג השבועות. חג הפסח הוא הזמן שבו נולד עם ישראל, ובחג השבועות ניתנה לו התורה. מועדים מיוחדים אלו, בעלי האופי הלאומי הבולט, עלולים לטשטש את מעלתו של האדם הפרטי ואת חשיבותו. הפתרון שנתנה ההלכה לכך הוא שכל אחד יספור את ספירת העומר בעצמו. כך הוא יחדד ויזכיר לעצמו דווקא בימים אלה את מעלתו האישית ואת עבודתו הפרטית המתבקשת, וכך,

בהגיע חג השבועות, יוכל הוא להיות חלק חשוב מהכלל, לא מתוך ביטול עצמיותו אלא מתוך הרמת תרומתו האישית למארג המשותף.

בשולי הדברים כדאי להאיר הארה חשובה. אצל רבים יש נטייה להתעלם מאנשים פרטיים ולהתייחס לקבוצה בכללותה. זה נכון בקרב בני משפחה, כאשר מתייחסים לעיתים לכלל הילדים ולא נותנים דגש מספיק לכל אחד ואחד מהם; זה נכון בוודאי אצל תלמידים בכיתה במוסד חינוכי, טוב ככל שיהא; וזה נכון גם בקהילות שונות ומגוונות, שבהן עלולה ההתייחסות הכללית לבוא על חשבון היחס האישי לאנשי הקהילה. פיסקה זו צריכה להעלות את המודעות שלנו לצורך לתת חשיבות לפרטים בד בבד עם החשיבה על צרכי הכלל, לדעת את סוד היחיד והיחד.

שבועות: טל התורה

בַּשַּׁ"ס (שבת פח ע"ב): "וְאָמַר רַבִּי יְהוֹשֻׁעַ בֶּן לֵוִי: כָּל דִּבּוּר וְדִבּוּר שֶׁיָּצָא מִפִּי הַקָּדוֹשׁ בָּרוּךְ הוּא, יָצְאָה נִשְׁמָתָן שֶׁל יִשְׂרָאֵל וְכוּ', דִּבּוּר שֵׁנִי הֵיאַךְ קִבְּלוּ? הוֹרִיד טַל שֶׁעָתִיד לְהַחֲיוֹת בּוֹ מֵתִים וְהֶחֱיָה אוֹתָם, שֶׁנֶּאֱמַר: 'גֶּשֶׁם נְדָבוֹת תָּנִיף אֱלֹקִים וְגוֹ'".

וְיֵשׁ לְהָבִין דְּמֵבִיא פָּסוּק דְּגֶשֶׁם עַל טַל.

וּבַשַּׁ"ס (תענית ד ע"א) דְּיִשְׂרָאֵל בִּקְּשׁוּ מֵהַקָּדוֹשׁ בָּרוּךְ הוּא "וְיָבוֹא כַגֶּשֶׁם לָנוּ" וְהַקָּדוֹשׁ בָּרוּךְ הוּא הֱשִׁיבָם "אֶהְיֶה כַטַּל לְיִשְׂרָאֵל", הֲרֵי דְּטַל וְגֶשֶׁם שְׁנֵי עִנְיָנִים הֵם.

וְנִרְאֶה עַל פִּי מַה שֶּׁבֵּאֵר כ"ק אָבִי אדומו"ר זצללה"ה דִּבְרֵי הַשַּׁ"ס הַלָּלוּ, שֶׁטֶּבַע הַטַּל הוּא לְעוֹרֵר לַחוּת שֶׁבְּעַצְמוֹ, וְעַל כֵּן אַף שֶׁמֵּהַטַּל לֹא נִשְׁאָר מְאוּמָה שֶׁהֲרֵי הוּא עוֹלֶה לִקְרַאת הַחַמָּה, מִכָּל מָקוֹם מוֹעִיל לַזְּרָעִים שֶׁמְּעוֹרֵר הַלַּחוּת שֶׁבְּעֶצֶם הַזְּרָעִים, וְעַל כֵּן יִשְׂרָאֵל שֶׁאֲלוּ 'וְיָבוֹא כַגֶּשֶׁם לָנוּ' הַיְנוּ לִתֵּן שֶׁפַע מִלְמַעְלָה, וְהַקָּדוֹשׁ בָּרוּךְ הוּא הֱשִׁיבָם שֶׁלֹּא נָכוֹן לַעֲשׂוֹת כֵּן כִּי **עִקַּר בִּיאַת אָדָם לָעוֹלָם הַזֶּה הוּא שֶׁלֹּא יִהְיֶה לוֹ נַהֲמָא דְּכִסּוּפָא, רַק כַּטַּל שֶׁיְּעוֹרֵר אוֹתָם שֶׁהֵם בְּעַצְמָם יִתְקַדְּשׁוּ** אַף כְּשֶׁיִּקַּח מֵהֶם הַקְּדֻשָּׁה שֶׁנִּתְּנָה לָהֶם מִלְּעֵילָא, כְּדֻגְמַת טַל שֶׁעוֹלֶה נֶגֶד הַחַמָּה, וְזֶה טַל שֶׁעָתִיד לְהַחֲיוֹת בּוֹ אֶת הַמֵּתִים שֶׁאֵינֶנּוּ בְּרִיָּה חֲדָשָׁה רַק מְעוֹרֵר אֶת הַחִיּוּת הַיְשָׁנָה, וְדִבְרֵי פִּי חָכָם חֵן.

וּלְפִי זֶה יֵשׁ לוֹמַר דְּבִשְׁעַת מַתַּן תּוֹרָה שֶׁיָּצְאָה נִשְׁמָתָם, וּבַמִּדְרָשׁ שֶׁהַתּוֹרָה טָעֲנָה לִפְנֵי הַקָּדוֹשׁ בָּרוּךְ הוּא שֶׁנָּתַן אוֹתָהּ לַמֵּתִים וְעַל כֵּן הֶחֱיָם הַקָּדוֹשׁ בָּרוּךְ הוּא, הַיְנוּ שֶׁנָּתַן בָּהֶם חִיּוּת מֵחָדָשׁ שֶׁאֲפִלּוּ לֹא יִתְעוֹרְרוּ מֵעַצְמָם כנ"ל עִנְיַן טַל, מִכָּל מָקוֹם יְחַיֶּה אוֹתָם כַּגֶּשֶׁם לְמַעַן לֹא תִּנָּתֵן הַתּוֹרָה לַמֵּתִים, אֲבָל יִשְׂרָאֵל הֵם הִשְׂכִּילוּ וְהִתְעוֹרְרוּ מֵעַצְמָם כְּעִנְיַן טַל הנ"ל.

וְהִנֵּה זֶה נִשְׁאַר לְעוֹלָם שֶׁבְּכָל חַג הַשָּׁבוּעוֹת נוֹתְנִים לְכָל אִישׁ מִיִּשְׂרָאֵל חִיּוּת חֲדָשָׁה, אַךְ הַהֶפְרֵשׁ בַּמְקַבְּלִים, יֵשׁ שֶׁמְּקַבְּלוֹ כְּגֶשֶׁם הַיְנוּ שֶׁאֵינוֹ מְעוֹרֵר עַצְמוֹ בִּיגִיעַת מֹחַ וָלֵב, וּמִסְתַּפֵּק עַצְמוֹ בְּהִתְעוֹרְרוּת הַבָּאָה

לוֹ לִשְׁעָתוֹ, וְיֵשׁ שֶׁמְּיַגֵּעַ עַצְמוֹ וּמִתְעוֹרֵר עַד הַנְּקֻדָּה הַפְּנִימִית שֶׁבְּלִבּוֹ, וְזֶהוּ כַּטַּל כנ"ל.

וְנִכָּר זֶה אַחַר צֵאת הַיּוֹם טוֹב, שֶׁזֶּה שֶׁהוּא כַּגֶּשֶׁם וְאֵין בּוֹ מִכֹּחוֹת עַצְמִיִּים רַק מַה שֶּׁנּוֹתְנִים לוֹ מִן הַשָּׁמַיִם, כְּשֶׁיֵּצֵא יוֹם טוֹב לֹא נִשְׁאָר בּוֹ רַק רֹשֶׁם בְּעָלְמָא וְכְלֵי הַאי וְאוּלַי, אֲבָל מִי שֶׁקִּבֵּל קְדֻשַּׁת הַיּוֹם טוֹב בִּבְחִינַת טַל נִשְׁאָר בּוֹ גַּם אַחַר הַיּוֹם טוֹב כְּמוֹ טַל אַף דְּעוֹלֶה לִקְרַאת הַחַמָּה נִשְׁאָר כֹּחוֹ כנ"ל.

שבועות שנת תרע"א

בש"ס (שבת פח ע"ב): "ואמר רבי יהושע בן לוי: כל דיבור ודיבור שיצא מפי הקדוש ברוך הוא, יצאה נשמתן של ישראל וכו', דיבור שני היאך קבלו? הוריד טל שעתיד להחיות בו מתים והחיה אותם, שנאמר: 'גֶּשֶׁם נְדָבוֹת תָּנִיף אֱלֹקִים וגו'" (תהלים סח, י)".

ויש להבין דמביא פסוק דגשם על טל ובש"ס (תענית ד ע"א) דישראל בקשו מהקב"ה "וְיָבוֹא כַגֶּשֶׁם לָנוּ" (הושע ו, ג) והקב"ה השיבם "אֶהְיֶה כַטַּל לְיִשְׂרָאֵל" (שם יד, ו), הרי דטל וגשם שני עניינים הם **נשאלת השאלה, מדוע הגמרא במסכת שבת מביאה פסוק העוסק בגשם כהוכחה למאמר שעוסק בטל, והרי במסכת תענית רואים שאלו שני עניינים שונים.**

ונראה עפ"י מה שביאר כ"ק אבי אדומו"ר זצללה"ה **כבוד קדושת אבי אדוני מורי ורבי זכר צדיק לברכה לחיי העולם הבא** דברי הש"ס הללו, שטבע הטל הוא לעורר לחות שבעצמו, ועל כן אף שמהטל לא נשאר מאומה שהרי הוא עולה לקראת החמה, מכל מקום מועיל לזרעים שמעורר הלחות שבעצם הזרעים. ועל כן ישראל שאלו 'ויבוא כגשם לנו' היינו ליתן שפע מלמעלה, והקב"ה השיבם שלא נכון לעשות כן, **כי עיקר ביאת אדם לעולם הזה הוא שלא יהיה לו נהמא דכיסופא לחם בושה, כלומר מתנת חינם, אלא רק כטל שיעורר אותם, שהם בעצמם יתקדשו** אף כשייקח מהם הקדושה שניתנה להם מלעילא **מלמעלה**, כדוגמת טל שעולה נגד החמה. וזה טל שעתיד להחיות בו את המתים, שאיננו בריה חדשה **אלא** רק מעורר את החיות הישנה, ודברי פי חכם חן.

ולפי זה יש לומר דבשעת מתן תורה שיצאה נשמתם, ובמדרש **למדנו** שהתורה טענה לפני הקדוש ברוך הוא שנתן אותה למתים, ועל כן הֶחֱיָם הקדוש ברוך הוא, היינו שנתן בהם חיות מחדש, שאפילו לא יתעוררו מעצמם כנ"ל **כמו** ענין טל מכל מקום יחיה אותם כגשם, למען לא תינתן התורה למתים. אבל ישראל הם **בכל זאת** השכילו והתעוררו מעצמם כעניין טל הנ"ל.

והנה זה נשאר לעולם, שבכל חג השבועות נותנים לכל איש מישראל חיות חדשה, אך ההפרש במקבלים יש הבדל בין האנשים

המקבלים את החיות: יש שמקבלו כגשם, היינו שאינו מעורר עצמו ביגיעת מוח ולב, ומסתפק עצמו בהתעוררות הבאה לו לשעתו, ויש שמייגע עצמו ומתעורר עד הנקודה הפנימית שבלבו, וזהו כטל כנ"ל.

וניכר זה אחר צאת היום טוב, שזה שהוא כגשם ואין בו מכוחות עצמיים רק מה שנותנים לו מן השמיים, כשיצא יום טוב לא נשאר בו **אלא** רק רושם בעלמא **בלבד** וכולי האי ואולי **וגם זה נתון בספק**. אבל מי שקיבל קדושת היו"ט בבחינת טל, נשאר בו **אותה התעוררות פנימית** גם אחר היו"ט, כמו טל, **ש**אף דעולה לקראת החמה נשאר כוחו כנ"ל **שלמרות שהטל מתאדה כאשר השמש עולה, השפעתו נשארת**.

שבועות שנת תרע"א

טל התורה

במסכת תענית מביאה הגמרא דו שיח מעניין בין כנסת ישראל לקדוש ברוך הוא:

> אמר רבי ברכיה: ...כנסת ישראל שאלה שלא כהוגן והקדוש ברוך הוא השיבה כהוגן, שנאמר: "וְנֵדְעָה נִרְדְּפָה לָדַעַת אֶת ה' כְּשַׁחַר נָכוֹן מוֹצָאוֹ **וְיָבוֹא כַגֶּשֶׁם לָנוּ**". אמר לה הקדוש ברוך הוא: בתי, את שואלת דבר שפעמים מתבקש ופעמים אינו מתבקש, אבל אני אהיה לך דבר המתבקש לעולם, שנאמר: "**אֶהְיֶה כַטַּל לְיִשְׂרָאֵל**".

עם ישראל מבקש שיחסו של הקב"ה אליהם יהיה משול לגשם, אולם תגובת ה' היא שהיחס שלו יהיה דווקא כמו טל. רבי ברכיה מסביר לנו שלמעשה קיבלו עם ישראל דבר יותר טוב ממה שהם ביקשו, שכן היחס כגשם אינו היחס המיטבי שראוי לעם ישראל מצד הקב"ה, אלא דווקא היחס כטל.

מה מבטאים הגשם והטל ומהו ההבדל הכל כך מהותי ביניהם, הבדל שגורם לבקשתם של ישראל להיות 'לא כהוגן'? בפיסקה זו עומד ה'שם משמואל' על נקודה זו. דבריו יבנו בנו הבנה יסודית בסוגיית

הגשם והטל, הבנה שתשפוך אור יקרות על הקשר שבין ישראל לקב"ה. גם עניינו המיוחד של חג מתן תורה יתבהר לאור הדברים.

הטל והגשם הם שתי מתנות שמימיות המרוות את העולם. הם מכילים מינרלים החיוניים לעולם, לצומח, לחי ואף לאדם. למרות קווי הדמיון שבין הגשם לטל, ישנם הבדלים רבים ביניהם. **הבדל ראשון** בולט הוא התקופה שבה הם מופיעים. ברוב ארצות העולם (למעט האזורים הטרופיים) יורד הגשם במהלך תקופה מוגבלת בשנה ובשאר השנה אין הוא מופיע כלל. גם במהלך תקופה זו אין הגשם יורד ברציפות אלא לפרקים. הטל, לעומת זאת, יכול להופיע בכל לילה מלילות השנה (תלוי בתנאי הסביבה). **הבדל נוסף** ישנו באופן הופעת המשקעים ובכמותם. הטל יורד במתינות ובכמויות מדודות, ואילו הגשם ניתך ארצה, לעיתים בחוזקה רבה. הבדל זה מוביל לכך שבעוד שהרטיבות בעקבות הגשם ניכרת זמן רב לאחר ירידתו, הטל נעלם תוך זמן קצר מבלי להשאיר עקבות.

ה'שם משמואל' מציין **הבדל נוסף, פנימי יותר,** הקשור לפעולתם של הגשם והטל. הגשם משקה את הצמח ומרטיב את כולו במינרלים רבים של לחות מצמיחה, בעוד הטל מצטבר רק על העלים והאדמה. הטל אינו מרטיב את הצמח לגמרי, הוא לא משקה אותו אלא מעורר את הלחות שכבר קיימת בו. בכך מאפשר הטל לצמח לצמוח מכוח עצמו.

לאור ההבדלים הללו יובן בבהירות המדרש שבו פתחנו. כנסת ישראל מבקשת מהקב"ה שיהיה עבורה כגשם, שהוא ישפיע עליה השפעות רוחניות עוצמתיות וחזקות שישאירו את רישומן לאורך זמן. אך הקב"ה מעדיף להיות כטל. שפע אלוקי, חזק ועוצמתי ככל שיהיה, שמופיע רק לפרקים איננו שווה ערך לקשר תמידי שאינו נפסק. זאת ועוד, מקובלנו ש'מה שבא בקלות הולך בקלות'. רק עמל והשקעה הנובעים מתוך האדם יוכלו לאצור את השפע לאורך זמן ולהטביע חותם של נצח בלבבות. השפעה רוחנית ש'נוחתת' על האדם יכולה להיות ניכרת זמן מסוים, אולם סופה שתתאדה ותחלוף.

בנוסף, קשר של 'גשם' הוא קשר שבו הקב"ה 'עובד' בשבילנו;

הוא העושה, הוא המצמיח, הוא המוליד והוא המחיה. בקשר כזה עם ישראל פאסיבי לחלוטין, שהרי יש מי שפועל עבורו. דא עקא, התחושה שנוצרת בקשר שכזה היא תחושה בעייתית. הזוהר הקדוש מגדיר תחושה זו כ׳נהמא דכיסופא׳, לחם של בושה. אדם בעל חוש בריא שיקבל מחברו כל אשר יחסר לו מבלי שיעמול על כך ומבלי שיעשה כל השתדלות בעניין, יחוש בושה גדולה נוכח הטובות שקיבל. כשם שהדבר נכון בעניינים חומריים כך נכון הוא בעולמות של רוח. אדם שיזכה לשפע רוחני בלא שעשה כל מאמץ להשיגו, ירגיש תחושה של בושה. הקדוש ברוך הוא בטובו הגדול, רוצה להיטיב עם עם ישראל הטבה אמיתית ושלמה, לכן הוא נותן להם אחריות על העולם, ומאפשר להם ׳לפעול עם אל׳ ולקחת חלק פעיל בהנהגת המציאות. כך יקנו ישראל את מדרגתם הרוחנית בעמל כפיהם ותיחסך מהם תחושת הבושה.

קשר כזה הוא בבחינת טל; ראשיתו של הקשר בהערה שמימית, אך המשכו בפעולה אקטיבית של האדם, בהשתדלותו ובמאמציו. במדרגה ראשונית, מעדיפים עם ישראל שהקב״ה בעצמו ירעיף עליהם את כל שפע חסדו, כשהם עומדים רק בעמדת המקבלים. אך הקדוש ברוך הוא מלמד אותם דעת כי אין זו בקשה הגונה להם, יותר ראוי להם להיות פעילים ולזכות בשפע האלוקי מכוח מעשיהם. הקב״ה כן יהיה להם כטל, הוא ייתן את הדחיפה הראשונית שמכוחה יוכלו הם לגלות את הכוחות הגנוזים בהם, וכך לפעול ולהשקיע בקידום העולם ובשכלולו.

גישה זו באה לידי ביטוי בשמו של חג השבועות שניתן לו בפי חז״ל: ׳חג מתן תורה׳. במקומות רבים נקראת התורה ׳לקח׳: ״כִּי לֶקַח טוֹב נָתַתִּי לָכֶם תּוֹרָתִי אַל תַּעֲזֹבוּ״ (משלי ד, ב), ״יַעֲרֹף כַּמָּטָר לִקְחִי״ (דברים לב, ב) ועוד. ה׳לקח׳, שמשמעותו ׳קניין׳, מייצג את פועלם של ישראל בקנייתם את התורה. אולם חג השבועות לא נקרא ׳חג לקח תורה׳ אלא ׳חג מתן תורה׳, על שם הנתינה ולא על שם הלקיחה. בדבריו על פרשת תרומה (שנת תרע״ז) מבאר ה׳שם משמואל׳ את סיבת הדבר:

מתן תורה, היינו הנתינה לפניהם, ומכל מקום המתעצל ליקח המאכל לתוך פיו ימות ברעב ולא יועיל לו מאומה השלחן הערוך לפניו, כן לא תועיל נתינת התורה למתעצל ללקחה. ועל כן הנתינה לפני כל ישראל היא בעצרת, **אבל מה שכל יחיד ויחיד מקבל ושואב לתוכו לפי מה שהוא, הוא בכל עת ובכל זמן.**

ישנו הבדל מהותי בין נתינה ללקיחה. בחג שבועות ניתנה תורה לישראל. היה זה אירוע משמעותי ביותר עם פוטנציאל אדיר לכל הדורות הבאים, אולם הייתה זו רק נקודת פתיחה ותו לא. מעתה ואילך, צריכים בני ישראל 'לקחת' את התורה, לקנות אותה על ידי עמל של לימוד ועשייה. לקיחת התורה נעשית לא רק בחג השבועות אלא בכל ימות השנה. את הדחיפה הראשונית, את נתינת התורה, עושה הקדוש ברוך הוא בכל שנה מחדש. הוא מוריד את הטל מתוך אמונה וציפייה, שנדע לקחת את אוצרות החיים האלה שהורעפו עלינו, לגלות על ידם את הכוחות הטמונים בנו ולממשם כשותפים פעילים, בהשתדלות וביגיעה, בלימוד התורה ובקיום מצוותיה.

יכול אדם להגיע לחג השבועות ולחגוג אותו כחג מתן תורה בלבד. הוא מקבל את התורה בצורה נפעלת ולא מתייגע בלימודה, הוא רוצה גשם. סביר להניח שרושם מפגש שכזה ייעלם כעבור זמן קצר. לרצות טל זו בקשה הגונה יותר. ראוי לנו לעורר עצמנו ליגיעת התורה כבר בעיצומו של החג, ולגמור בדעתנו להמשיך ולהיפגש עם לימוד התורה גם בהמשך השנה. כך נהיה מ'לוקחי' התורה, ורושם לימודנו ילווה אותנו לאורך ימים ושנים.

שנזכה לקחת את המתנה הטובה שהקב"ה ייתן לנו מחדש בזו השנה, ולהשכיל לעמול בה ולקנותה כקניין של נצח.

טל שמח!

שבועות: לחם תנופה

בְּעִנְיַן שְׁתֵּי הַלֶּחֶם הַבָּאוֹת חָמֵץ וְכֵן תּוֹדָה שֶׁבָּאָה עַל לֶחֶם חָמֵץ שֶׁלֹּא מָצִינוּ לָהֶן חֲבֵרָה בְּכָל הַמְּנָחוֹת.

יֵשׁ לוֹמַר עַל פִּי מַה שֶּׁהִגַּדְנוּ כְּבָר בְּהָא דְּהֵשִׁיב מֹשֶׁה תְּשׁוּבָה לְהַמַּלְאָכִים שֶׁבִּקְּשׁוּ שֶׁתִּנָּתֵן לָהֶם הַתּוֹרָה: "לְמִצְרַיִם יְרַדְתֶּם? לְפַרְעֹה הִשְׁתַּעְבַּדְתֶּם? בֵּין עַמִּים אַתֶּם שְׁרוּיִים שֶׁעוֹבְדִין עֲבוֹדָה זָרָה? כְּלוּם אַתֶּם עוֹשִׂים מְלָאכָה וְכוּ' עַד קִנְאָה יֵשׁ בֵּינֵיכֶם? יֵצֶר הָרַע יֵשׁ בֵּינֵיכֶם? וְכוּ'" שֶׁלִּכְאוֹרָה אֵינוֹ מוּבָן, שֶׁבְּוַדַּאי הַמַּלְאָכִים לֹא בִּקְּשׁוּ הַתּוֹרָה בְּאוֹתוֹ הַלְּבוּשׁ שֶׁבָּזֶה הָעוֹלָם, שֶׁהֲרֵי אֵין שַׁיָּכִים לָהֶם לֹא דִּינֵי שׁוֹר וּבוֹר וְלֹא דִּינֵי שׁוֹמְרִים וּמוֹדֶה בְּמִקְצָת וְהִלְכוֹת נִדָּה, אֶלָּא שֶׁרָצוּ בְּשֹׁרֶשׁ הַתּוֹרָה כְּמוֹ שֶׁהִיא בָּעוֹלָם הָעֶלְיוֹן, שֶׁבְּכָל עוֹלָם וְעוֹלָם מִתְלַבֶּשֶׁת הִיא לְפִי מַהוּת הָעוֹלָם, וְאִם כֵּן אֵינָהּ מוּבֶנֶת הַתְּשׁוּבָה.

וְאָמַרְנוּ הַפֵּרוּשׁ הֱיוֹת שֶׁלְּפִי גַּדְלוּת הַתּוֹרָה אִי אֶפְשָׁר לְשׁוּם נִבְרָא לִזְכּוֹת בָּהּ, אֶלָּא הַכֹּל הוּא מֵחֲמַת כְּשֶׁבּוֹרְחִין מִן הַדָּבָר הֶהָפוּךְ לָהּ זוֹכִין לַעֲמָתוֹ בַּתּוֹרָה, וְעַל כֵּן הַמַּלְאָכִים שֶׁאֵין לָהֶם הַהִפּוּךְ שׁוּב אֵין דֶּרֶךְ לָהֶם לִזְכּוֹת בָּהּ.

וְהִנֵּה לְפִי הָאָמוּר יֵצֶר הָרַע עַצְמוֹ הוּא הָיָה הַמֵּבִיא לְמַתַּן תּוֹרָה עַל כֵּן נַעֲשָׂה גַּם הַיֵּצֶר הָרַע מְתֻקָּן.

וְהוּא כְּעִנְיַן שֶׁאִיתָא בַּסְּפָרִים הַקְּדוֹשִׁים הַטַּעַם שֶׁעַל יְדֵי תְּשׁוּבָה מֵאַהֲבָה זְדוֹנוֹת נַעֲשִׂים לוֹ כִּזְכֻיּוֹת, מִשּׁוּם שֶׁהַזְּדוֹנוֹת שֶׁעָבְרוּ עַל רֹאשׁוֹ הֵם עַצְמָן הֵבִיאוּ לִתְשׁוּבָה בְּהַרְגִּישׁוֹ עַד כַּמָּה הוּא בְּשִׁפְלוּת, וְעַל כֵּן נַעֲשִׂים כִּזְכֻיּוֹת.

כֵּן נָמֵי יֵשׁ לוֹמַר בַּיֵּצֶר הָרַע שֶׁכַּאֲשֶׁר הוּא הָיָה הַגּוֹרֵם לְקַבָּלַת הַתּוֹרָה נִכְלָל גַּם הוּא בַּקְּדֻשָּׁה, וְהִנֵּה הוּא שָׁב מֵאִתְכַּפְיָא לְאִתְהַפְּכָא.

וּבֶאֱמֶת כָּל בְּרִיאַת הַיֵּצֶר הָרַע הִיא לָזֶה, שֶׁכַּאֲשֶׁר הָאָדָם אֵינוֹ שׁוֹמֵעַ לוֹ נַעֲשֶׂה הַיֵּצֶר הָרַע גַּם כֵּן מְתֻקָּן בְּצַד מָה, מֵאַחַר שֶׁעַל יָדוֹ זָכָה הָאָדָם לְכָל מַה שֶּׁזָּכָה, וְזֶהוּ שֶׁאָמְרוּ רז"ל (בראשית רבה פרשה ט): **"וְהִנֵּה טוֹב מְאֹד' – זֶה יֵצֶר הָרַע", הַיְנוּ שֶׁנַּעֲשָׂה גַּם כֵּן טוֹב.**

מִכָּל שֶׁכֵּן בְּמַתַּן תּוֹרָה, שֶׁכָּל עַצְמוֹ שֶׁל מַתַּן תּוֹרָה הָיָה בְּסִבָּתוֹ, וַהֲרֵי הוּא שָׁב מִבְּחִינַת חָמֵץ לִבְחִינַת מַצָּה.

וְזֶהוּ הָעִנְיָן שֶׁנִּקְרָא "לֶחֶם תְּנוּפָה", הַיְנוּ שֶׁנַּעֲשָׂה מֻגְבָּה לְהַקְּדֻשָּׁה תַּחַת הֱיוֹתוֹ בְּשִׁפְלוּת בְּסִטְרָא דְּמִסְאֲבָא.

וְזֶה עַצְמוֹ יֵשׁ לוֹמַר טַעַם הֶחָמֵץ שֶׁבַּתּוֹדָה, שֶׁכָּל עַצְמָהּ שֶׁל הַצָּרָה שֶׁל ד' הַצְּרִיכִין לְהוֹדוֹת הָיָה כְּדֵי שֶׁיִּתְעוֹרֵר מִתַּרְדֵּמָתוֹ וּכְשֶׁנִּתְעוֹרֵר לִצְעֹק אֶל ה' וְנִצַּל נֶהְפַּךְ גַּם כֵּן שֹׁרֶשׁ הַצָּרָה שֶׁהֵם כֹּחוֹת חִיצוֹנִים שֶׁהֵבִיאוּ לִידֵי זֶה לִקְדֻשָּׁה וּמֵחָמֵץ עַצְמוֹ נַעֲשָׂה קָרְבָּן.

שבועות שנת תרע"ה

בעניין **קורבן** שתי הלחם הבאות חמץ וכן **קורבן** תודה שבאה על **ביחד עם** לחם חמץ שלא מצינו להן חברה בכל המנחות.

יש לומר עפ״י מה שהגדנו כבר בהא דהשיב **ביחס לכך שהשיב** משה תשובה להמלאכים שבקשו שתינתן להם התורה: ״למצרים ירדתם? לפרעה השתעבדתם? בין עמים אתם שרויים שעובדין עבודה זרה? כלום אתם עושים מלאכה וכו׳ עד קנאה יש ביניכם? יצר הרע יש ביניכם וכו׳?״ (שבת פח ע״ב), שלכאורה אינו מובן שבוודאי המלאכים לא בקשו התורה באותו הלבוש שבזה העולם, שהרי אין שייכים להם לא דיני שור ובור ולא דיני שומרים ומודה במקצת והלכות נדה, אלא שרצו בשורש התורה כמו שהיא בעולם העליון, שבכל עולם ועולם מתלבשת היא לפי מהות העולם **התורה המופשטת המקורית מקבלת משמעות קונקרטית לפי העולם שבו היא מתגלה**. ואם כן אינה מובנת התשובה **של משה**.

ואמרנו הפירוש היות שלפי גדלות התורה אי אפשר לשום נברא לזכות בה, אלא הכול הוא מחמת כשבורחין מן הדבר ההיפוך לה זוכין לעומתו בתורה **רק כשמתרחקים ממה שמנוגד לתורה אפשר לזכות בה**, ועל כן המלאכים שאין להם ההיפוך שוב אין דרך להם לזכות בה.

והנה לפי האמור, יצר הרע עצמו הוא היה המביא למתן תורה **האפשרות לחטוא היא שגרמה לכך שהתורה תופיע בעולם**, על כן נעשה גם היצר הרע מתוקן.

והוא כעניין שאיתא **שמופיע** בספרים הקדושים (עיינו, ספר התניא ח״א פרק ז) הטעם שע״י תשובה מאהבה זדונות נעשים לו כזכיות, משום שהזדונות שעברו על ראשו הם עצמן הביאו לתשובה בהרגישו עד כמה הוא בשפלות, ועל כן נעשים כזכיות.

כן נמי **גם** יש לומר ביצר הרע, שבאשר הוא היה הגורם לקבלת התורה נכלל גם הוא בקדושה, והנה הוא שב מאתכפיא לאתהפכא **מגורם שלילי שצריך לכפות אותו ולהתגבר עליו הוא הופך לגורם חיובי**.

ובאמת כל בריאת היצר הרע היא לזה, שכאשר האדם אינו שומע לו נעשה היצר הרע גם כן מתוקן בצד מה **מבחינה מסוימת**, מאחר

שעל ידו זכה האדם לכל מה שזכה, וזהו שאמרו רז"ל (בראשית רבה פרשה ט): **"'וְהִנֵּה טוֹב מְאֹד' - זה יצר הרע", היינו שנעשה גם כן טוב.**

מכל שכן במתן תורה, שכל עצמו של מתן תורה היה בסיבתו, והרי הוא שב מבחינת חמץ לבחינת מצה.

וזהו העניין **שקורבן שתי הלחם** נקרא "לֶחֶם תְּנוּפָה" (ויקרא כג, יז), היינו שנעשה מוגבה להקדושה תחת היותו בשפלות בסטרא דמסאבא **בצד של הטומאה.**

וזה עצמו יש לומר טעם החמץ ש**בקורבן** תודה, שכל עצמה של הצרה של ד' הצריכין להודות **אנשים שהיו באחד מארבעת המצבים המחייבים ברכת הגומל (עיינו, שולחן ערוך אורח חיים סימן ריט)** היה כדי שיתעורר מתרדמתו, וכשנתעורר לצעוק אל ה' וניצל, נהפך גם כן שורש הצרה, שהם כוחות חיצונים שהביאו לידי זה, לקדושה ומחמץ עצמו נעשה קרבן.

שבועות שנת תרע"ה

לחם תנופה

בהתקרב חג הפסח מורגשת בבתי ישראל מלחמת חורמה בחמץ ובפירוריו. ישראל קדושים לא מסתפקים בביעור החמץ הגשמי, ומתכנסים בבתי המדרש השונים לשמוע דרשות בשבח המצה ובגנות החמץ, וללמוד איך לבער מליבם גם את החמץ הרוחני. במשך שבעה ימים ויותר עולה החמץ על המוקד (תרתי משמע) וגנותו הגדולה מפורסמת בראש חוצות. אולם, באופן תמוה, מיד עם צאת החג ניתן למצוא את המוני בית ישראל צובאים על פתחי המאפיות, בתקווה להשיג פיתות, לחמניות ושאר מיני חמץ טריים. לאן נעלמו ברגע אחד כל הדרשות החשובות בגנות החמץ? הכיצד מניחים אנו לחמץ לשוב ולכבוש את לבנו ובטננו?

טרם נכלה לתמוה על הנוהג המוזר במוצאי חג הפסח, והנה הולך וקרב לקראתנו חג השבועות, חג מתן תורה, שבו מצווים אנו להקריב קורבן מנחה מהתבואה החדשה, שלמרבה הפלא חייב להיות עשוי... חמץ! זוהי הלכה חריגה ביותר, שכן בשאר ימות השנה אסורים אנו בהבאת קרבנות כאלה (מלבד קורבן תודה), כמאמר הכתוב: "כָּל הַמִּנְחָה אֲשֶׁר תַּקְרִיבוּ לַה' לֹא תֵעָשֶׂה חָמֵץ, כִּי כָל שְׂאֹר וְכָל דְּבַשׁ לֹא תַקְטִירוּ מִמֶּנּוּ אִשֶּׁה לַה'" (ויקרא ב, יא). והנה, שבעה שבועות לאחר האיסור הגורף על אכילת החמץ ועל הימצאותו בבתינו, מביאים אנו

אותו לבית המקדש כחלק מעבודת ה׳. האיסור החמור הפך למצווה. עובדה זו מחייבת תשומת לב ונתינת דעת.

הציווי על קורבן המנחה בחג השבועות מופיע בפרשת אמור: ״עַד מִמָּחֳרַת הַשַּׁבָּת הַשְּׁבִיעִת תִּסְפְּרוּ חֲמִשִּׁים יוֹם וְהִקְרַבְתֶּם מִנְחָה חֲדָשָׁה לַה׳. מִמּוֹשְׁבֹתֵיכֶם תָּבִיאוּ **לֶחֶם תְּנוּפָה** שְׁתַּיִם שְׁנֵי עֶשְׂרֹנִים סֹלֶת תִּהְיֶינָה **חָמֵץ תֵּאָפֶינָה** בִּכּוּרִים לַה׳״ (שם כג, טז-יז). הביטוי ׳לחם תנופה׳ מצריך ביאור, הרי בכל המנחות יש לבצע הנפה, ומדוע זכה דווקא קורבן זה להיקרא כך? עיון בפיסקה קצרה בספר הזוהר הקדוש יסייע בידינו לענות על שאלות אלו.

כך לשון הזוהר הקדוש בפרשת תצווה (קפג ע״ב, בתרגום חופשי):

עתה יש להסתכל, בפסח יצאו ישראל מלחם שנקרא ׳חמץ׳, שכתוב ״ולא יראה לך חמץ״... מהו הטעם? בשביל הכבוד של אותו לחם שנקרא ׳מצה׳. עתה שזכו ללחם עליון יותר, לא ראוי היה שיתבטל החמץ ולא יראה כלל? ולמה קרבן זה (של לחם הבכורים) חמץ היה, שכתוב ״סולת תהיינה חמץ תאפינה״. ועוד, הרי עתה ביום הזה מתבטל היצר הרע והתורה שנקראת ׳חירות׳ נוכחת.

אלא דומה הדבר למלך שהיה לו בן יחיד וחלה, יום אחד היה מתאווה לאכול, אמרו: יאכל רפואה זו, ועד שיאכל אותה לא יימצא שום מאכל אחר בבית, וכך עשו. כיון שאכל הבן אותה רפואה, אמר המלך: מכאן והלאה יאכל מה שירצה ולא יוכל להזיק לו.

הזוהר ממשיל את אכילת החמץ לצריכת מאכלים המזיקים לחולה. כל עוד האדם בריא יכול הוא לאכול באופן די חופשי, מבלי לדקדק יתר על המידה על כל מאכל שהוא מכניס לפיו. אולם אם תקפה את האדם מחלה, זקוק הוא לתזונה התואמת את מצבו. אם ישכיל להקשיב לעצת רופאיו ולמלא בקפדנות אחר הוראותיהם בענייני מאכליו, יחזור הוא לקו הבריאות ויוכל לשוב להרגליו הישנים ולאכול גם מיני מאכל

שלעת עתה מסבים לו נזק. על פי משל זה נראה שהבעיה אינה בעצם אכילת החמץ כמו העיתוי שבו היא מתבצעת.

בכדי להבין את המשל של הזוהר הקדוש באופן עמוק יותר, ניתן דעתנו על כך שלמושג 'חמץ' בדברי חז"ל יש משמעות לא רק בהיבט החומרי, דהיינו מיני דגן שהחמיצו, אלא גם מהבחינה הרוחנית.

במקומות רבים בחז"ל משמש החמץ כמשל ליצר הרע. יצר הרע הוא שם כולל לדחפים טבעיים שמקורם במציאות הגופנית של האדם: דחף של אכילה, דחף של השגת ממון, דחף לכבוד וכדומה. כאשר נותן האדם דרור לדחפים שלו ללא הכוונה וללא 'עיבוד' נכון, עלולים הם לדרדר אותו לשאול תחתיות. לא לחינם כינו חז"ל את היצר הרע בתואר הלא מחמיא 'מנוול', "אם פגע בך מנוול זה..." (קידושין ל ע"ב), שהרי הוא 'מנצל' את הכוחות הטבעיים הנצרכים לקיומו של האדם על מנת להפילו ולהאבידו.

האם זהו כל עניינו של היצר הרע - להיות רק גורם מחליש ומזיק? נראה שלא. אם ישכיל האדם למשוך את ה'מנוול' לבית המדרש, כלומר לתת לדחפים השונים שבו הקשר נכון ומינון מדויק, אז לא רק שהדחפים לא יזיקו לו, הוא אף ייבנה מכוחם.

כך עולה מדברי המדרש על הפסוק: "וַיַּרְא אֱלֹקִים אֶת כָּל אֲשֶׁר עָשָׂה וְהִנֵּה טוֹב מְאֹד" (בראשית א, לא). עם סיומם של ששת ימי המעשה ששיאם בבריאת האדם, מתבונן הקב"ה ביצירתו השלמה במבט של שביעות רצון כביכול, "והנה טוב **מאוד**". המציאות שלמה וטובה, כך בפשטות. אולם חז"ל דורשים את המילים בדרך מפתיעה: "'טוב' - זה יצר הטוב, 'מאוד' - זה יצר הרע". ומיד עולה התמיהה: "וכי יצר הרע טוב מאד?! אתמהא". ועל כך באה התשובה: "אלא שאלולי יצר הרע לא בנה אדם בית ולא נשא אישה, ולא הוליד ולא נשא ונתן" (בראשית רבה פרשה ט). מלמדים אותנו חז"ל כי דווקא יצר הרע הוא ההופך את המציאות מטובה לטובה מאוד. בלעדיו העולם היה נשאר מנוון וחרב. מתברר שהדחפים כשמם, דוחפים את האדם קדימה. הדחף לאכילה מאלץ את האדם לאכול ובכך לשמור על גופו בצורה תקינה, הדחף לשינה דוחף את האדם לכך שידאג להתחדשות

כוחותיו, הדחף לממון מביא את האדם ליצור תשתית הגיונית למילוי צרכיו הבסיסיים, וכן על זה הדרך.

ליצר הרע נועד תפקיד חשוב דווקא בבניין העולם ולא בקלקולו, הוא אמור לדחוף את האדם לשמור על הקיים ולשכלל את שאינו משוכלל די הצורך. השימוש הנכון ביצר הרע כמוהו כאכילת החמץ בעת הראויה לכך. על פי משל בן המלך החולה שהובא בזוהר הקדוש, יוכל הדבר להתרחש רק לאחר 'תקופת למידה'. במשל ראינו שלטובת ריפויו והבראתו נמנעים מהבן מיני המאכל שבהם היה הוא רגיל קודם מחלתו. רק לאחר שיתרפא יותר לו לאוכלם בשנית, ומובטח הוא שלא יינזק. כך גם בנמשל. אדם צריך לדעת שהשימוש בכוחותיו וביצריו באופן מיטבי זהו דבר שמצריך לימוד. לעיתים עליו להתרחק מהם ולשוב ולהשתמש בהם רק לאחר שהתחמש בידע ובכלים המתאימים.

עיקרון רוחני זה, הכולל התרחקות מהגורם הבעייתי למשך זמן ורתימתו לטובה לאחר מכן, הינו עיקרון בסיסי ביותר בתורת החסידות ביחס לעבודת ה'. עיקרון זה מכונה 'אתכפיא ואתהפכא'. 'אתכפיא' זה מלשון **לכפות**, כלומר לכבוש את הכוחות ולהניח אותם בצד לזמן מה. 'אתהפכא' זה מלשון **להפוך**. כלומר, להפך את כוחות הרע לטוב. הדרך לעשות זאת היא על ידי שמשתמשים ברע עצמו כמנוף לטוב.

לדוגמה, יש מי שאינו מנהל את ענייניו הממוניים בדרך נכונה. הוא נוהג בפזרנות או גרוע מכך, צורך דברים רעים ומזיקים. השימוש בממון 'חזק ממנו', ולמרות שהוא מודע לכך הוא אינו מצליח לשנות את התנהלותו. הידיעה השכלית אינה מספיקה כדי לשנות את דרכו, דרוש כאן מעשה. השלב הראשון שעליו לבצע הוא שלב ה'אתכפיא'. עליו לקבל על עצמו לא לרכוש דברי מותרות, אלא רק דברים הכרחיים לצורך קיומו. כפועל יוצא יהיה עליו להגביל את יכולת השימוש שלו בכספים: לחסום כרטיסי אשראי, להימנע ממתן המחאות ולקבוע לעצמו סכום מקסימלי שבו הוא ישתמש בפרק זמן קצוב. לאחר תקופה מסוימת, כאשר הוא ירגיש שהשליטה חוזרת אליו, יוכל הוא לעבור במתינות לשלב ה'אתהפכא'. בשלב זה הוא ילמד לבצע רכישות באופן מושכל, הוא יוכל להרחיב את מעגלי הקנייה שלו גם לדברים שאינם

כה חיוניים מחד ומאידך אין הם עדיין בגדר מותרות. שלב זה יוכתר בהצלחה במידה ויגיע האדם למצב שבו הוא מנהל את כל קניותיו באופן נכון ובשליטה. במצב כזה, לא רק שהכסף לא יזיק לו, אלא אדרבה, הוא יהיה בשבילו לכלי מחזיק ברכה.

עבודת ה'אתכפיא' וה'אתהפכא' מתרחשת באופן מיוחד בין חג הפסח לחג השבועות. בזמן לידתו, בחג פסח, כוחותיו של עם ישראל עדיין אינם כה מפותחים, והמפגש עם עוצמות החיים הסוערות והמחמיצות עלול להיות בעוכריו. במצב זה עליו לכנס כוחותיו, לצמצם את המפגש עם ענייני העולם הזה, ולעסוק בעיצוב זהותו. עבודתו באותה עת היא עבודת ה'אתכפיא'. כעבור שבעת ימי החג, מרגיש עם ישראל יותר מחוסן והחמץ כבר אינו כה מסוכן עבורו, אולם עדיין אין זה המצב השלם. עם ישראל ממשיך בעבודתו על מידותיו, עבודה יום יומית המתפרשת על תקופה של שבעה שבועות. בתקופה זו לומד עם ישראל להשתמש באופן מושכל בכוחותיו העצומים ולחוות באמצעותם גם את ענייני הגוף באופן המיטבי.

בהגיע חג השבועות מקבל עם ישראל את התורה, והיא נותנת לו את האפשרות לבנות קומה נוספת ולעבוד את ה' תוך שימוש בכלל כוחותיו, עבודת ה' שהיא בבחינת 'אתהפכא'. כעת יכול עם ישראל לרומם אפילו את החמץ ולהופכו למצווה, תוך שהוא מביאו כקורבן ומשתמש בו לעבודת ה'. מצווה זו מהווה קריאת כיוון עקרונית: 'התרומם בן אדם! דווקא מכוח התורה שזה עתה קיבלת, עליך לרומם את כלל כוחותיך; את כוחות החומר ואת כוחות הרוח, את הדחפים ואת הכישורים, את המניעות ואת ההצלחות'. זוהי גם הסיבה שרק הקורבן העשוי חמץ מכונה 'לחם תנופה'. כינוי זה מזכיר לנו את העבודה הרוחנית המתבקשת מעם ישראל - להניף את כוחות החומר אל על, ולרתום אותם לבניין האדם והעולם, והכול מכוחה של תורה.

בחג השבועות לפני למעלה משלושת אלפים שנה זכו בני ישראל לקבל את התורה, ומאז ועד ימינו זוכים גם אנו לקבל אותה מחדש ביום זה בכל שנה ושנה. עלינו להזכיר לעצמינו חדשים לבקרים, ובמיוחד ביום חגה של התורה, שרק מכוחה של התורה מסוגלים אנו

לרומם את כוחות החיים ולהעצימם, ועלינו למלא פינו בשבח והודאה לבורא עולם על שזיכנו בכך. אומנם, לא רק זכות יש כאן. בד בבד עם הזכות הגדולה לה זכינו במתן תורה, באה גם תביעה עצומה. אנו נתבעים לזהות את מקורות הרע שבקרבנו, לטפל בחולשותינו ולרומם אותם. התורה מסייעת לנו בכך, אבל עיקר העבודה מונחת על כתפינו. ״ברוך שנתן לנו תורת אמת וחיי עולם נטע בתוכנו״.

חג שמח!

י"ז בתמוז

י"ז בתמוז: שורש השורשים

וְזֶה כְּלָל גָּדוֹל, כִּי בִּזְמַן שֶׁיִּשְׂרָאֵל כֻּלָּם בְּאַחְדוּת אֵינָן מִתְיָרְאִין מִשּׁוּם דָּבָר.

וְעַל כֵּן עִם עֹנֶשׁ הַגָּלוּת נִסְפַּח אֵלָיו פֵּרוּד הַלְּבָבוֹת וְשִׂנְאַת חִנָּם, כִּי בִּלָאו הָכֵי לֹא הָיָה אֶפְשָׁר לִהְיוֹת גָּלוּת כְּלָל.

וְעַל כֵּן **רֵאשִׁית הַצָּרוֹת הָיְתָה בְּשִׁבְעָה עָשָׂר בְּתַמּוּז** שֶׁבּוֹ הֻבְקְעָה הָעִיר, וּכְעִנְיָן שֶׁפֵּרֵשׁ רָשִׁ"י מְגִלָּה (ב ע"ב) שֶׁבְּאֵין חוֹמָה הֵם מְפֹרָדִים.

וְהוּא בְּיוֹם שְׁבִירַת הַלּוּחוֹת וַעֲבוֹדַת הָעֵגֶל, כִּי עֲבוֹדַת הָעֵגֶל שֶׁשָּׁמְטוּ אֶחָד מִטֶּטְרָמוּלִין (=מֶרְכָּבָה) שֶׁהוּא פְּנֵי שׁוֹר, וּכְמוֹ שֶׁהִגִּיד כ"ק אָבִי אדומו"ר זצללה"ה שֶׁשּׁוֹר מוֹרֶה עַל פֵּרוּד מִשַּׁ"ס רֹאשׁ הַשָּׁנָה (כו ע"א) בְּשׁוֹפָר שֶׁל פָּרָה מִשּׁוּם דְּקָיְימֵי גִּלְדֵי גִּלְדֵי מֶחֱזֵי כִּשְׁנַיִם וּשְׁלֹשָׁה שׁוֹפָרוֹת, וּמִצַּד זֶה נִמְשַׁךְ שֶׁאֱלוֹהוּת הַרְבֵּה אִוּוּ לָהֶם.

וְזֶה גָּרַם שְׁבִירַת הַלּוּחוֹת שֶׁהָיָה חִבּוּר כְּתִיבַת יַד קֻדְשָׁא בְּרִיךְ הוּא בְּחֹמֶר אֶבֶן, וְהָיוּ חֲמִשָּׁה מוּל חֲמִשָּׁה נֶגֶד עֶשֶׂר כִּתּוֹת יִשְׂרָאֵל כִּבְפָרָשַׁת נִצָּבִים לְהוֹרוֹת הִתְאַחֲדוּת כָּל כִּתּוֹת יִשְׂרָאֵל, וּמֵחֲמַת הָעֵגֶל נִשְׁתַּבְּרוּ הַלּוּחוֹת.

וּמִמֶּנּוּ נִסְתַּעֵף שֶׁנִּבְקְעָה הָעִיר.

פרשת בלק שנת תרע"ד

בזמן שישראל כולם באחדות אינן מתיראין משום דבר. ועל כן עם עונש הגלות נספח אליו פירוד הלבבות ושנאת חנם, כי בלאו הכי **בלי הפירוד** לא היה אפשר להיות גלות כלל.

ועל כן **ראשית הצרות הייתה בשבעה עשר בתמוז** שבו הובקעה העיר, וכעניין שפירש רש"י מגילה (ב ע"ב) שבאין חומה הם מופרדים.

והוא ביום שבירת הלוחות ועבודת העגל, כי עבודת העגל ששמטו אחד מטטרמולין **ארבעת צדדי המרכבה** שהוא פני שור, וכמו שהגיד כ"ק אבי אדומו"ר זצללה"ה **כבוד קדושת אבי אדוני מורי ורבי זכר צדיק לברכה לחיי העולם הבא** ששור מורה על פירוד **כפי שמשמע** מש"ס ראש השנה (כו ע"א) בשופר של פרה: "משום דקיימי גילדי גילדי מחזי כשנים ושלשה שופרות" **קרן של פרה עשויה שכבות שכבות ונראית כמו כמה שופרות מחוברים**. ומצד זה נמשך שאלוהות הרבה איוו להם **בני ישראל רצו אלוהים רבים ולכן חטאו דווקא בעגל**.

וזה גרם שבירת הלוחות שהיה חיבור כתיבת יד קב"ה בחומר אבן, והיו חמשה **דיברות** מול חמשה **דיברות** נגד עשר כתות ישראל **כמו שכתוב** בפרשת נצבים (דברים כט, ט-י), להורות התאחדות כל כתות ישראל, ומחמת העגל נשתברו הלוחות.

וממנו נסתעף שנבקעה העיר.

פרשת בלק שנת תרע"ד

שורש השורשים

ימי בין המצרים תחומים בין שני צומות. ראשיתם בצום י״ז בתמוז, וסופם בצום תשעה באב. יש קשר ואף דמיון רב בין שני הצומות. בכל אחד מהם אירעו חמישה דברים חמורים, כפי שמפרטת המשנה במסכת תענית (ד, ו), מתוכם אירועים שקושרים בין הימים, כמו הבקעת העיר והחורבן שלאחריה. בשניהם אירועים קדומים מדור המדבר, חטא העגל וחטא המרגלים. שניהם חלים בקיץ, תקופת קיצון מבחינת מזג האוויר, שיש לה גם משמעות רוחנית לא פשוטה (עיינו מהר״ל מפראג, נצח ישראל פרק ח).

למרות הקשר והדמיון, אין ספק כי תשעה באב חמור יותר מי״ז בתמוז. האירועים שהתרחשו בו חמורים ביותר, והדבר בא לידי ביטוי בעובדה שנוהגים בו כל האיסורים הנוהגים ביום כיפור. אולם בתשעה באב ישנו ממד נוסף שנעדר לגמרי מי״ז בתמוז, ועל כך יש לתת את הדעת. מלבד איסורי התענית, בתשעה באב נוהגים אנו גם במנהגי אבלות, כדוגמת איסור שאילת שלום וישיבה על הקרקע, דבר שאין לו זכר בי״ז בתמוז. ויש להבין מדוע נעלם עניין האבלות מי״ז בתמוז, הרי גם הוא קשור לחורבן בקשר הדוק וקרוב.

בפרק האחרון של ספר קהלת (פרק יב) מתואר בצורה משלית התהליך שעובר האדם בסוף ימיו עד לפטירתו לבית עולמו. חז״ל

(איכה רבה פתיחתא כג) פירשו את הדברים דווקא במובן הלאומי, דהיינו התהליך שעובר על עם ישראל טרם יציאתו לגלות, ״עַד אֲשֶׁר לֹא יָבֹאוּ יְמֵי הָרָעָה׳ - אֵלּוּ יְמֵי הַגָּלוּת״. בהתייחסם למילים ״וְיָנֵאץ הַשָּׁקֵד״ המוזכרות במשל (פסוק ה), אומרים חז״ל דברים שיכולים לסייע בידינו להבין את סיבת ההבדל בין הצומות, וכך לשונם:

> ״וְיָנֵאץ הַשָּׁקֵד״... אמר רבי אלעזר: מה סימנו של שקד? משעה שהוא מציץ עד שהוא גומר עשרים ואחד יום, כך משבעה עשר בתמוז עד תשעה באב אחד ועשרים יום.

פרי השקד, אומר רבי אלעזר, אינו מופיע בן רגע. מערכת טבעית ענפה פועלת כדי להצמיח אותו ולהביאו לגמר הבשלתו. הצמיחה וההבשלה מתרחשות הן בתהליכים גלויים לעין כול והן בכאלה הסמויים מעינינו. המדרש קושר בין תהליך ההבשלה של השקד לימי בין המצרים, לאור התקופה בת עשרים ואחד הימים המשותפת לשני הנושאים. כשם שפרי השקד לא מבשיל ביום אחד, כך בית המקדש לא נחרב בבת אחת. מלמדים אותנו חז״ל כי בבואנו לנתח את נסיבות החורבן אסור שמבטנו ׳יינעל׳ רק על האירועים הסמוכים לחורבן. עלינו לדעת כי ראשיתו של החורבן נעוצה בתהליכים קדומים יותר, חלקם גלויים וחלקם גנוזים. החורבן המעשי אומנם התרחש בתשעה באב אך קדמו לו סדקים רוחניים שהתרחבו והועמקו ככל שקרב זמן החורבן.

כך אפשר להבין את ההבדלים שבין שני הצומות. בתשעה באב אנחנו יושבים על הארץ דוממים ואבלים על חורבן בית המקדש, הראשון והשני. ביום זה אנחנו מפנימים בליבנו את גודל האסון, את הרס החורבן, ומתאבלים, מה שאין כן בי״ז בתמוז. בי״ז בתמוז הנצו ניצני החורבן, אך טרם בשלו. לכן יום זה אינו צריך להיות אבל, שבו מתנתק האדם מסביבתו ורק הוגה בצערו. יום זה ראוי להיות יום של עיסוק בתיקון. מכאן ואילך, בשלושת השבועות הבאים, נתבעים אנו לא להתאבל אלא לתקן את המקולקל, לא לבכות אלא לשוב בתשובה. לשם כך עלינו להתבונן בחמשת הדברים שאירעו בי״ז בתמוז, מהם

נוכל לעמוד על הסיבות שהביאו לחורבן, וכך לחשוב על הפעולות הנדרשות לתיקון המצב. רק כך, בהסרת המכשולים, נוכל להתקדם אל היום שבו ייבנה בית המקדש.

כאמור לעיל, הדברים שהתרחשו בי"ז בתמוז ובתשעה באב מפורטים במשנה במסכת תענית:

> חמשה דברים אירעו את אבותינו בשבעה עשר בתמוז, וחמשה בתשעה באב.
>
> בשבעה עשר בתמוז נשתברו הלוחות, ובטל התמיד, והובקעה העיר, ושרף אפוסטמוס את התורה והעמיד צלם בהיכל.
>
> בתשעה באב נגזר על אבותינו שלא יכנסו לארץ, וחרב הבית בראשונה ובשניה, ונלכדה ביתר, ונחרשה העיר.

נקל להבחין שהדברים שאירעו בתשעה באב הינם אירועים של חורבן סופי. חורבן כפול של בית המקדש, גזירת ההישארות במדבר, חורבן העיר ביתר ועוד. לעומת זאת, הדברים שאירעו בי"ז בתמוז אינם מהווים עדיין 'סוף פסוק'. את החומות שנבקעו אפשר לסתום, את הלוחות שנשברו אפשר להחליף, ואת התמיד שבטל אפשר לחדש. חמשת האירועים שהתרחשו בי"ז בתמוז מסמנים את החורבן הקרב, הם מלמדים על כך שהמציאות הולכת וקרבה אל פי התהום, אבל גם במצב זה יש אפשרות למנוע את האסון הממשמש ובא.

אפשר היה לחשוב שחמשת האירועים שהתרחשו בי"ז בתמוז מצביעים על חמשה כשלים שונים אותם יש לתקן, אך ה'שם משמואל' מעמיד את כולם על יסוד אחד, ומבאר שכל חמשת הדברים שאירעו ביום זה נובעים מפגימה באחדות ישראל. זהו השורש לכל הדברים, עליו יש לעבוד ואותו יש לתקן. נצא בעקבותיו ונלמד מדוע גרם חוסר האחדות בעם ישראל לאותן תוצאות קשות.

הובקעה העיר. לירושלים עיר הקודש יש תפקיד חשוב באחדות האומה. כמקום היחיד בארץ שלא נחלק לשבטים, משמשת היא כגורם מאחד שמתרומם מעל המחלוקות הפנימיות. בספר תהילים נאמר:

"יְרוּשָׁלַם הַבְּנוּיָה כְּעִיר שֶׁחֻבְּרָה לָּהּ יַחְדָּו" (קכב, ג), ודרשו רבותינו שירושלים עושה את כל ישראל חברים (תלמוד ירושלמי חגיגה פ"ב ה"ו). העלייה לרגל שלוש פעמים בשנה, המעמד של "בְּבוֹא כָל יִשְׂרָאֵל לֵרָאוֹת אֶת פְּנֵי ה'..." (דברים לא, יא), ודאי מהווה גורם מלכד ומגבש. האחדות הכללית הזו חודרת עד לרמת הפרט, כשבאכילת הקורבנות במועדים ומעשר שני חובה לשתף את כלל הציבור, הלוי, הגר, היתום והאלמנה, והדבר נעשה דווקא לפנים מן החומה.

כך אפשר להבין הנהגה מיוחדת שהייתה נהוגה בירושלים - "כיפה של חשבונות היתה חוץ לירושלים, וכל מי שמבקש לחשב הולך לשם" (שמות רבה פרשה נב). את החשבונות הכספיים האישיים לא היו עורכים בתוך ירושלים. אנשים היו יוצאים למקום מוגדר מחוץ לעיר, ושם היו מחשבים את ההוצאות מול ההכנסות וכו'. הסיבה לכך, כמובא במדרש, היא שחשבונות אלה מביאים את האדם לעיתים לידי עצבות ואין זה דבר שמתאים לעיר ירושלים, "משוש כל הארץ". אפשר לומר שגם פה הסיבה היסודית היא אחדות האומה. העצבות עלולה לפגוע בשלמות האחדות ולכן אין מקומה בירושלים. יחשב אדם חשבונותיו הפרטיים מחוץ לעיר, ואחר ישוב וישתלב במדרגה הכללית המאחדת של עיר הקודש.

אחדות מיוחדת זו תלויה לא מעט בחומות העיר. החומה המקיפה את העיר מלכדת ומאחדת את הגרים בתוכה, בעוד שבעיר ללא חומה הנטייה הטבעית היא להתפזר ולהתרחק, ויש בכך פגימה מסוימת באחדות (עיינו רש"י מגילה ב ע"ב ד"ה הפרזים). **הבקעת החומה** אם כן, קשורה בקשר הדוק עם חוסר האחדות בעם ישראל, נובעת ממנה ומעצימה אותה.

האירוע הראשון שמוזכר במשנה הוא **שבירת לוחות הברית** ע"י משה רבנו בעקבות **חטא העגל**. חטא העגל היווה פגיעה אנושה באחדות. אחדות ישראל שלובה באופן מהותי עם אחדות הבורא, "ישראל וקב"ה ואורייתא חד". בחטא העגל פגעו בני ישראל בצורה קשה בעבודת ה' אחד בכך שהם נטלו את אחת מארבע דמויות המרכבה, כמתואר בפרק א בספר יחזקאל, ויצרו בכך פירוד בעולם

הרוחני כביכול. תוצאת הפירוד הרוחני הייתה ש"אלוהות הרבה איוו להם" (רש"י שמות לב, א), בני ישראל חפצו לעבוד עבודה זרה ובכך ליצור פירוד בינם לבין אביהם שבשמיים. כשהאחדות בין ישראל לקב"ה מתערערת, גם האחדות של האומה לא יכולה להישאר יציבה.

על פי ה'שם משמואל', את הביטוי לפירוד ניתן למצוא בעגל עצמו אותו עשה העם, שכן העגל מבטא פירוד. את הדברים הוא מביא בשם אביו, רבי אברהם בורנשטיין, בעל ה'אבני נזר', שלמד זאת מההלכה שפוסלת קרן של פרה לשופר של ראש השנה, משום שהיא עשויה "גילדי גילדי". הקרן של הפרה בנויה משכבות רבות הצמודות אחת לשנייה אך ניתן להפריד ביניהן, כך שלמעשה התקיעה בקרן של פרה היא כתקיעה במספר שופרות בו־זמנית, דבר שמנוגד לרצון התורה שציוותה לתקוע דווקא בשופר אחד, כך מסביר אביי בגמרא (ראש השנה כו ע"א).

בהקשר זה, שבירת הלוחות בעקבות חטא העגל לא הייתה מקרית. הלוחות, המייצגים את תורת ה' התמימה והאחדותית, נועדו לבטא את האיחוד בין ישראל לאביהם שבשמיים. הם כתובים חמשה דברות של מצוות בין אדם למקום מול חמשה דברות של בין אדם לחברו. הלוחות נותנים ביטוי גם לאחדות ישראל, שכן עשרת הדברות מכוונים כנגד עשר הקבוצות המרכיבות את עם ישראל, כמוזכר בתחילת פרשת ניצבים, "להורות התאחדות כל כיתות ישראל". הרי לנו שחטא העגל ושבירת הלוחות שבעקבותיו קשורים באופן מהותי לחוסר באחדות ישראל.

אם נמשיך בקו שמתווה ה'שם משמואל', נוכל לראות כיצד חוסר האחדות שאפיין את האירועים הראשונים המוזכרים במשנה, אופייני גם לאחרים, הלוא הם ביטול קורבן התמיד, שריפת ספר התורה והעמדת צלם בהיכל.

קורבן התמיד עמד במרכזה של מחלוקת עזה בין הצדוקים לבין חכמי ישראל, מחלוקת שנבעה מתפיסות שונות ואף הפוכות ביחס לעניינו המיוחד של קורבן זה. הגמרא במסכת מנחות (סה ע"א) מציגה את טענות הצדדים:

שהיו צדוקים אומרים יחיד מתנדב ומביא תמיד. מאי דרוש? "את הכבש האחד תעשה בבקר, ואת הכבש השני תעשה בין הערבים". מאי אהדרו? "את קרבני לחמי לאשי תשמרו" - שיהיו כולן באין מתרומת הלשכה.

הצדוקים טענו שכל אדם יכול להתנדב ולהביא מכספו את קורבן התמיד. הם למדו זאת מלשון התורה "תעשה", שנאמרה בלשון יחיד. חכמים לעומתם קיבלו בתורה שבעל פה, שאת הדגש צריך לשים על המילה "תשמרו", שנאמרה בלשון רבים והוזכרה עוד קודם לכן, ולמדו שקורבן התמיד חייב להירכש מכספי הציבור, ואין יחיד יכול להתנדב להביאו. ניצחון חכמים במחלוקת זו היה כה חשוב עד שהם ראו לנכון להראות את גודל הישועה בכך שקבעו שהימים שבהם התרחש הוויכוח ייאסרו בהספד, כפי שמובא בגמרא שם.

נראה לומר שמחלוקתם של חכמים עם הצדוקים הייתה מחלוקת עקרונית ביותר. הצדוקים סוברים שאין מציאות של 'ציבור'. לדידם עם ישראל הוא אוסף של פרטים, מין פאזל אנושי, וממילא גם 'קורבן הציבור' יכול להיות מובא על ידי כל אחד מחלקי הפאזל. חכמי ישראל לעומת זאת מאמינים שבעם ישראל שוכנת נשמה כללית, 'נשמת האומה', שהיא המקור הפנימי לנשמות היחידים, וממנה נובעת מעלתה המיוחדת של האומה, שגבוהה הרבה יותר ממעלת סך כל הפרטים המרכיבים אותה. לכן קורבן התמיד חייב להגיע מכספי הציבור, שבהם אין שייכות אישית לאף יחיד, ורק כך יוכל הוא להוציא לפועל את המדרגה הכללית של האומה. ממילא ברור שכאשר לוקה עם ישראל בחוסר אחדות, יביא הדבר לתוצאה של **ביטול התמיד**.

האירוע הבא המוזכר במשנה הוא **שריפת התורה**. התורה קשורה בקשר הדוק לאחדות ישראל. כל סדר נתינת התורה לעם ישראל במעמד הר סיני התחיל ממצב של אחדות עליונה, כדרשת חז"ל על הפסוק "וַיִּחַן שָׁם יִשְׂרָאֵל נֶגֶד הָהָר" (שמות יט, ב) - "כאיש אחד בלב אחד" (רש"י במקום). קשר מיוחד זה רמוז בראשי התיבות המפורסמים של המילה 'ישראל' - יש שישים ריבוא אותיות לתורה. ברמז זה טמון

מסר חשוב במיוחד, אותו מוסר לנו רבי קלונימוס קלמן הלוי אפשטיין, בעל ה'מאור ושמש', תלמידם של רבי אלימלך מליז'נסק ושל החוזה מלובלין, וכך לשונו (ספר במדבר, רמזי שבועות):

> כי העיקר שהכל תלוי בו - הוא שיהיה אהבה ואחוה בתוך בני ישראל, וכמאמר חז"ל שבמצות "וְאָהַבְתָּ לְרֵעֲךָ כָּמוֹךָ" תלוי כל התורה כולה, שבזמן שיש שלום בישראל - השכינה שרויה ביניהם, מפני שכללות נשמות ישראל הם ששים ריבוא, והתורה היא ששים ריבוא אותיות, שכל אחד מישראל שורש נשמתו הוא באות אחת מהתורה. וזה מרומז בתיבת 'ישראל', כי התורה מסיימת בתיבת "ישראל" נוטריקון 'יש ששים ריבוא אותיות לתורה', לכן כשיש שלום ביניהם ואהבה ואחוה וריעות - הם עלולים (=מסוגלים) לקבל התורה, שעל ידי ההתחברות שיש ביניהם - נעשית התורה שלימה, וכל אחד נקל לו לקשר עצמו לשורשו שבתורה.

המספר שישים ריבוא מופיע במקורותינו בהקשרים שונים, והוא בעל משמעות עמוקה. מספר הגברים שיצאו ממצרים מבן עשרים שנה ומעלה הוא שישים ריבוא, וזה היה תנאי ליציאת מצרים (עיינו מהר"ל מפראג, גבורות השם פרק ג); אחד התנאים להגדרת מקום כלשהו כרשות הרבים לעניין הלכות שבת הוא שישים ריבוא אנשים שעוברים בו בכל יום (לדעת ראשונים רבים, עיינו שולחן ערוך, אורח חיים סימן שמה סעיף ז). מספר זה קשור למדרגת כלל ישראל, הנמצאת למעלה מהמדרגה של האנשים הפרטיים, ומבטא את אחדות האומה.

על פי דברי הזוהר (זוהר חדש צא ע"א) מניין האותיות בתורה הוא שישים ריבוא, מה שמלמד על הקשר הפנימי שיש בין ישראל לתורה, ובאופן מיוחד על התלות שיש בין אחדות ישראל להופעת התורה. על פי קשר זה נראה לומר ששריפת התורה יכולה הייתה להתרחש רק במצב שישראל היו נפרדים זה מזה. השריפה החיצונית גילתה למעשה את המציאות הפנימית הנסתרת מעין כול - עם ישראל מפורד.

העמדת צלם בהיכל היא הדבר האחרון שמציינת המשנה. בספר הזוהר (פרשת שלח) מכונה בית המקדש 'ליבן של ישראל'. בפירושו לספר מלכים (מלכים ב' כא, ח) מציין המלבי"ם שהמקדש הוא מקומו של כלל ישראל: "כי המקדש שייך אל הכלל, כמה שכתוב 'אשר בחרתי מכל שבטי ישראל', רצונו לומר שכולם משתתפים בו". בית המקדש הוא מקום כללי, שאינו שייך לשבט אחד. כל עוד ישראל מאוחדים יכול בית המקדש לעמוד על תילו בבטחה. ברגע שמתפרדים חלקי האומה, מתערער היסוד להכול, ולבית המקדש אין יותר זכות קיום. נתינת הצלם בהיכל, המבטאת יותר מכול את השבר והחורבן הרוחניים, יכולה להתרחש אפוא רק בעת שחלקי העם אינם מחוברים זה עם זה.

נמצא אפוא שחמשת הדברים שאירעו בי"ז בתמוז סובבים סביב עיקרון אחד - **הפירוד הגדול שהיה בין חלקי האומה**. חוסר באחדות האומה הוא שורש החורבן, ואם כן הגברת האחדות היא שורש הבניין. כאמור לעיל, י"ז בתמוז מצביע על קלקול שקיים באומה הישראלית, קלקול שניתן עדיין לתקן לפני השבר הממשמש ובא. לכן נראה שבימי בין המצרים עלינו לתת דגש מיוחד על ריבוי האהבה בין אדם לחברו, על קירוב לבבות ועל חיבור בין חלקי האומה. מצב של אחדות שם את האומה במקום שבו היא יכולה לצעוד לקראת מימוש יעדיה בראש מורם ללא פחד, כדברי ה'שם משמואל' בראש פיסקה זו: "וזה כלל גדול, כי בזמן שישראל כולם באחדות אינן מתיראין משום דבר".

תשעה באב

תשעה באב: בפנים חסד, בחוץ דינים

בַּגְּמָרָא (ברכות יב ע"ב) שֶׁלֶּעָתִיד תִּהְיֶה הַזְּכִירָה מִגְּאֻלַּת שִׁעְבּוּד מַלְכֻיּוֹת עִקָּר וִיצִיאַת מִצְרַיִם טְפֵלָה לָהּ.

נִרְאֶה דִּכְמוֹ כֵן הַיָּמִים הַטּוֹבִים שֶׁיִּהְיוּ עַל יְדֵי הַגְּאֻלָּה מִשִּׁעְבּוּד מַלְכֻיּוֹת יִהְיוּ עִקָּר וְהַיָּמִים טוֹבִים שֶׁהֵם זֵכֶר לִיצִיאַת מִצְרַיִם יִהְיוּ טְפֵלִים.

וְכַנִּרְאֶה שֶׁהַיָּמִים הַטּוֹבִים שֶׁיִּהְיוּ זֵכֶר לִגְאֻלַּת שִׁעְבּוּד מַלְכֻיּוֹת יִהְיוּ הַיָּמִים שֶׁהֵם עַתָּה לְהֶסְפֵּד וְתַעֲנִית שֶׁיֵּהָפְכוּ לְשָׂשׂוֹן וּלְשִׂמְחָה, **וּכְמוֹ שֶׁעַתָּה הָרֹאשׁ שֶׁבַּתַּעֲנִיּוֹת הוּא ט' בְּאָב, כְּמוֹ כֵן לֶעָתִיד יִהְיֶה הוּא הָרֹאשׁ שֶׁבַּמּוֹעֲדוֹת.**

וְיוּבַן עַל פִּי מַה שֶּׁאָמְרוּ בַּזֹּהַר הַקָּדוֹשׁ (ח"ב, קפו ע"א) דִּימֵי חֹדֶשׁ תִּשְׁרֵי הֵם יְמֵי דִּין, עַל כֵּן אוֹתִיּוֹתָיו הֵן לְמַפְרֵעַ - הַתָּי"ו קוֹדֶמֶת לַשִּׁי"ן וְהַשִּׁי"ן לָרֵי"שׁ, מִמֵּילָא הַחֹדֶשׁ אָב שֶׁאוֹתִיּוֹתָיו כְּסִדְרָן אָלֶ"ף בֵּי"ת, זֶה מוֹרֶה שֶׁהַחֹדֶשׁ הַזֶּה בְּתַכְלִית הַחֶסֶד וְהָרַחֲמִים, וְעַל כֵּן תִּמְצָא שֶׁמַּזָּלוֹ אַרְיֵה שֶׁהוּא בְּיָמִין לַמֶּרְכָּבָה.

וְהִנֵּה אִיתָא בַּזֹּהַר הַקָּדוֹשׁ שֶׁמֹּשֶׁה רַבֵּנוּ עָלָיו הַשָּׁלוֹם נִסְתַּלֵּק בְּשַׁבָּת בְּמִנְחָה בִּזְמַן רַעֲוָא דְרַעֲוִין לְהוֹרוֹת דְּלָאו בְּדִינָא אִסְתַּלֵּק, עַד כָּאן. וְהִנֵּה מִרְיָם גַּם כֵּן נִסְתַּלְּקָה בְּנִיסָן שֶׁהוּא חֹדֶשׁ שֶׁל חֶסֶד, **וְאַהֲרֹן נִסְתַּלֵּק בְּרֹאשׁ חֹדֶשׁ אָב, עַל כָּרְחָךְ לוֹמַר שֶׁבֶּאֱמֶת הוּא גַּם כֵּן חֹדֶשׁ שֶׁל חֶסֶד וְעוֹד יוֹתֵר נַעֲלֶה מִנִּיסָן,** אַךְ בַּאֲשֶׁר הַחֹדֶשׁ הַזֶּה הוּא תַּכְלִית הַחֲסָדִים כנ"ל הָיָה צָרִיךְ לְהִתְלַבֵּשׁ בִּלְבוּשׁ שֶׁל דִּין.

וְעַל כֵּן נַעֲשָׂה בּוֹ הַחֻרְבָּן שֶׁבַּחִיצוֹנִיּוֹת הָיָה נִרְאֶה דִּין וּבִפְנִימִיּוּתוֹ הוּא מָלֵא רַחֲמִים כְּאָמְרָם ז"ל (איכה רבה פרשה ד פיסקא יד) "כִּלָּה חֲמָתוֹ בָּעֵצִים וּבָאֲבָנִים".

וְעַל כֵּן תִּמְצָא (יומא נד) שֶׁהַכְּרוּבִים הָיוּ אָז 'כְּמַעַר אִישׁ וְלֹיוֹת' אַף שֶׁאָמְרוּ חז"ל שֶׁבִּשְׁעַת הַזַּעַם הוֹפְכִים פְּנֵיהֶם, וְעַל כָּרְחָךְ לוֹמַר שֶׁבִּפְנִימִיּוּת הָיָה הַכֹּל חֶסֶד וְרַחֲמִים וְרָצוֹן.

וְהִנֵּה אַהֲרֹן שֶׁהוּא בִּפְנִימִיּוּת, כַּמְבֹאָר בַּמַּהֲרַ"ל שֶׁאוֹתִיּוֹתָיו הֵם אֶמְצָעִים, נִסְתַּלֵּק בְּחֹדֶשׁ זֶה שֶׁבִּפְנִימִיּוּת הוּא רַחֲמִים.

וּלְעָתִיד לָבוֹא שֶׁתִּתְגַּלֶּה הַפְּנִימִיּוּת יִהְיוּ הָרַחֲמִים מְגֻלִּים וְיִהְיֶה תִּשְׁעָה בְּאָב רֹאשׁ הַמּוֹעֲדוֹת.

פרשת מסעי שנת תרע"ה

בגמרא (ברכות יב ע"ב) **נאמר** שלעתיד תהיה הזכירה מגאולת שעבוד מלכויות עיקר, ויציאת מצרים טפלה לה.

נראה דכמו כן הימים הטובים שיהיו ע"י הגאולה משעבוד מלכויות יהיו עיקר, והימים טובים שהם זכר ליציאת מצרים יהיו טפלים.

וכנראה שהימים הטובים שיהיו זכר לגאולת שעבוד מלכויות, יהיו הימים שהם עתה להספד ותענית שיהפכו לששון ולשמחה, **וכמו שעתה הראש שבתעניות הוא ט' באב, כמו כן לעתיד יהיה הוא הראש שבמועדות.**

ויובן על פי מה שאמרו בזוהר הקדוש (ח"ב דף קפו ע"א) דימי חודש תשרי הם ימי דין, על כן אותיותיו הן למפרע - התי"ו קודמת לשי"ן והשי"ן לרי"ש, ממילא החודש אב שאותיותיו כסדרן אל"ף בי"ת, זה מורה שהחודש הזה בתכלית החסד והרחמים...

והנה איתא **מופיע** בזוהר הקדוש (ח"ב דף פח ע"ב) שמשה רבנו עליו השלום נסתלק בשבת במנחה בזמן רעוא דרעוין **רצון הרצונות, זמן של חסד** להורות דלאו בדינא אסתלק **להראות שהוא נפטר לא בגלל מידת הדין**, עד כאן.

והנה מרים גם כן נסתלקה בניסן שהוא חודש של חסד, **ואהרן נסתלק בר"ח אב, על כרחך לומר שבאמת הוא גם כן חודש של חסד ועוד יותר נעלה מניסן**, אך באשר החודש הזה הוא תכלית החסדים כנ"ל היה צריך להתלבש בלבוש של דין.

ועל כן נעשה בו החורבן שבחיצוניות היה נראה דין ובפנימיותו הוא מלא רחמים, כאומרם ז"ל (איכה רבה פרשה ד פסקא יד) "כילה חמתו בעצים ובאבנים" **מרוב אהבתו לישראל העדיף הקב"ה להחריב את בית המקדש ולפגוע בעצים ובאבנים ולא בעם ישראל עצמו**.

ועל כן תמצא (יומא נד ע"ב) שהכרובים היו אז "כְּמַעַר אִישׁ וְלֹיוֹת" (מלכים א' ז, לו) **כאיש ואישה המעורים ומחוברים זה בזו**, אף שאמרו חז"ל (בבא בתרא צט ע"א) שבעת הזעם הופכים פניהם, **ואילו בשעת חורבן הבית הכרובים היו מחוברים**, ועל כרחך **יש** לומר שבפנימיות היה הכל חסד ורחמים ורצון.

והנה אהרן שהוא בפנימיות... נסתלק בחודש זה שבפנימיות הוא רחמים.

ולעתיד לבוא שתתגלה הפנימיות יהיו הרחמים מגולים ויהיה תשעה באב ראש המועדות.

פרשת מסעי שנת תרע"ה

בפנים חסד, בחוץ דינים

שמות הם לא דבר של מה בכך. אחת הפעולות הראשונות שעושה אדם הראשון אחרי בריאתו היא קריאת שמות לבעלי החיים. ומכאן, שלפעולה זו יש חשיבות מרובה.

מקובלנו, ששמות בלשון הקודש אינם רק ביטויים מוסכמים, המשמשים לזיהוי האדם או החפץ בלבד, אלא הם חושפים את מהותו של נושא השם ואת תפקידו. האדם יש בו תכונת האדמה - הצמחה ונביעה פנימית של עולמות נסתרים, לעומתו הבהמה - בה מה? דהיינו, היא עסוקה רק ברובד החיצוני והנגלה של ענייני הגוף. הכלב הנאמן לאדם - כולו לב, והלחם, שהוא המזון העיקרי של האדם, מבטא בשמו את תפקידו - להלחים ולחבר בין הגוף ובין הנשמה. כלל זה תופס לכל עניין במציאות, כולל חודשי השנה. שמם מלמד על תפקידם ועל העבודה הרוחנית הנצרכת בכל אחד מהם.

בזוהר הקדוש (פרשת תצוה) מתגלה עובדה מעניינת: את עניינו של החודש אפשר ללמוד לא רק משמו, אלא גם מסדר האותיות המרכיבות אותו. חודש ניסן למשל הוא חודש שבו התגלה חסדו העצום של הקב"ה בגאולת עם ישראל מיד המצרים והדבר רמוז בשמו האחר - 'חודש האביב' - שבו מופיעות האותיות א' ו־ב' ברצף לפי הסדר.

לעומת זאת, חודש שסדר אותיות שמו הוא למפרע, מהסוף להתחלה, זהו חודש שתוכנו הוא דינים, כדוגמת חודש תשרי.

ה'שם משמואל' מזהה ששמו של חודש אב מתאים לכלל הראשון, אותיותיו מסודרות בסדר עוקב ורציף - א' ולאחריה ב'. על פי העיקרון האמור הוא מסיק שחודש אב עניינו הוא... חסד ורחמים! זוהי מסקנה מפתיעה ביותר. חודש אב, שבו התרחשו מאורעות קשים ונוראיים כדוגמת חורבן בית המקדש וחטא המרגלים, הכיצד אפשר להבין שתוכנו הפנימי של החודש הוא חסד ורחמים?

לצורך הבנת עומק דבריו, נצלול למפגש עיוני אודות הכרובים שהיו בבית המקדש. הבנת תפקידם של הכרובים וחשיבותם תסייע בידינו לתת כיוון ופשר לדברי הזוהר הקדוש ולהבין את עניינו של חודש אב.

בקודש הקודשים מעל ארון העדות היו מונחים שני כרובים. היו אלו שתי דמויות של זכר ונקבה, שביטאו את הקשר המיוחד שבין ישראל לקדוש ברוך הוא כקשר זוגי נעלה. וכך כתב רבינו בחיי בפירושו לעניין (שמות כה, יח):

> ועל דרך הפשט שנים כרובים, זכר ונקבה היו, להודיע כמה ישראל חביבין לפני הקב"ה כחבת זכר ונקבה, וכן דרשו רז"ל במסכת יומא: אמר רב קטינא בשעה שישראל עולים לרגל היו מגלים להם את הפרוכת ומראים להם הכרובים שהם מעורים זה בזה, ואומרים: ראו חבתכם לפני המקום כחבת זכר עם נקבה.

במסכת בבא בתרא מובאות שתי דעות כיצד מוקמו הכרובים בבית המקדש. לדעה אחת פנו שני הכרובים האחד אל השני, ואילו לדעה השנייה פני הכרובים מופנים היו כלפי קירות קודש הקודשים, כלפי חוץ. הגמרא מבארת שלמעשה אין זו ממש מחלוקת ושתי הדעות יכולות לדור בכפיפה אחת, הכיצד? אומרת הגמרא: "...כאן בזמן שישראל עושין רצונו של מקום כאן בזמן שאין ישראל עושין רצונו של מקום". דהיינו, לכרובים הדוממים הייתה יכולת תזוזה ניסית. כשישראל

עשו רצונו של מקום פנו הכרובים זה אל זה כמבטאים אהבה הדדית, פנים אל פנים, ובמידה והתנהגות ישראל הייתה שלא כיאות, היו הם מסבים פניהם האחד מהשני ופונים אל קירות הבית.

הסבר זה, שתולה את עמידת הכרובים במצב הרוחני של העם, נתקל בקושי גדול נוכח גמרא אחרת, במסכת יומא, האומרת שבזמן חורבן בית המקדש נכנסו נוכרים להיכל ומצאו את הכרובים כשהם דבוקים האחד בשני. הדבר מתמיה ומצריך ביאור, הרי החורבן בא בעקבות מצבו הרוחני הירוד של העם, והיה מצופה לכאורה שהכרובים יעמדו אז בשיא ריחוקם האחד מהשני, ואם כן כיצד ייתכן שדווקא בזמן כזה נמצאים הכרובים במצב שמעיד על קשר של אהבה כה עזה בין ישראל לקב"ה? האומנם יכולה לשרור אהבה כזו עת עולה בית המקדש בלהבות? זוהי באמת שאלה קשה.

תשובות רבות נאמרו בניסיון לתרץ קושיה זו. רבי צדוק הכהן מלובלין (פרי צדיק לראש חודש אדר) תירץ, שמיד עם כניסת הגויים לבית המקדש הבינו עם ישראל את חומרת מעשיהם ומיד חזרו בתשובה, ולכן אין כבר לקב"ה סיבה להתרחק מעמו וממילא חזרה האהבה כבראשונה. הריטב"א בפירושו על הסוגייה אוחז בגישה הפוכה לגמרי. לדעתו, באותו רגע איום של חורבן חרגה התנהגות הכרובים מהכללים הרגילים. מצבם לא העיד על אהבת ה' לעמו, אלא להיפך, הדבר נועד לבזות ולהשפיל את ישראל מול אומות העולם כחלק מהעונש על התנהלותם הקלוקלת וכפוית הטובה.

ה'שם משמואל' מציע פירוש אחר לחלוטין, מפתיע ומרתק.

בספר משלי (כז, ו) נאמר: "נֶאֱמָנִים פִּצְעֵי אוֹהֵב, וְנַעְתָּרוֹת נְשִׁיקוֹת שׂוֹנֵא". כאשר שונא מנשק את השנוא עליו, יש לחשוש שהוא עושה זאת לשם אינטרס אישי ומתוך רצון להרע. ולהיפך, במקרה שאוהב פוצע את אהובו, ודאי הוא שהדבר נעשה מתוך רצון להיטיב לו. בספר 'נתיבות שלום' לאדמו"ר מסלונים (לימי בין המצרים, עמ' קצו) מובא משל נפלא המתאר כיצד בכוחם של 'פצעי אוהב' להיטיב לאהוב, ואף יותר מכך, לעורר את האהבה ואף להגדילה ביתר שאת דווקא בזמן הפציעה, וכך הוא כותב:

בשעה שהבן חולה אנוש וצריכים לעשות לו ניתוח קשה להציל את חייו, והאב הוא הרופא המנתח שצריך לחתוך בבשרו, מצד אחד הוא יודע שעליו להציל את חיי בנו בניתוח זה, אך מאידך ליבו נקרע בקרבו כשהוא צריך לחתוך בבשר בנו שסובל בינתיים ייסורים קשים ומרים, שבפנימיות הלב מתעוררת אז האהבה החזקה ביותר.

הקב"ה, אביהם של ישראל, אוהב את בניו אהבה שלא תלויה בדבר. כאשר עם ישראל מתנהג שלא כיאות ומתרחק מייעודו הגדול, נאלץ הקב"ה, מתוך אהבתו, לבצע 'ניתוח' שיתקן את התנהלותם. ב'ניתוח' זה הקב"ה למעשה מלמד את עם ישראל כיצד יתקנו בעצמם את הטעון תיקון, ובכך הוא מרפאם ומחיה אותם מחדש. ניתוח זה נעשה באזמל חד ובדיוק גדול.

כך נוכל להבין גם את מראה הכרובים המעורים בזמן חורבן בית המקדש. ה'שם משמואל' מבאר, שהכאב שנגרם לישראל בזמן השבר הגדול העצים את אהבתו של הקב"ה כלפי ישראל! לכן, דווקא ברגעים אלו היו הכרובים מעורים זה בזה. בית המקדש בוער, מבחוץ הכול נראה כדינים קשים, אבל בעומק המציאות, בסתרי מסתרים, מתגלים באופן עדין רחמים גדולים וחסדים נשגבים.

כעת נוכל להבין טוב יותר את דברי הזוהר הקדוש שבהם פתחנו, בעניין סדר האותיות בשמות החודשים. אפשר למדוד אהבה ברגעי קרבה ואושר, אך לא פחות מכך, צריכה האהבה להימדד גם ברגעי קושי ומשבר. אוהבים גדולים הם כאלה שצולחים גם רגעים קשים. ברגעים כאלה, לא רק שהם אינם מתרחקים, אלא להיפך, דווקא אז, עד כמה שהדבר נשמע מפתיע, הם אוהבים יותר.

כבר אלפי שנים, חודש אב הוא חודש לא פשוט. בחודש זה אנו מציינים את הצרות שפקדו אותנו, ובראשן חורבן שני בתי המקדש. אבל לעתיד לבוא, עת יתוקנו הדרכים וייתמו הצרות, ייגלה חודש אב לעין כול בזוהרו הגדול ויהפוך ל'ראש למועדות' - חודש שכולו חסד ורחמים גדולים! הסבר זה נותן פשר גם למועד פטירתו של אהרון

הכהן, שחל בראשית החודש. דמותו של אהרון, איש הרחמים, אין מתאים ממנה להתמזג עם החודש מלא הרחמים.

בשולי הפיסקה נראה להאיר הארה חשובה. כשם שה׳ אוהב אותנו גם כאשר התנהלותנו אינה כשורה, כך חייבים אנו לאהוב אותו גם בזמן שאנחנו לא מבינים ׳עד הסוף׳ את התנהלותו (להבדיל כמובן בין חוסר הבנתנו, לבין חוסר הסכמתו להתנהלותנו). אך זה לא מספיק. בחודש אב, חודש החסד והרחמים, עלינו ללכת בדרכי ה׳, האוהב כל אחד ואחד מאיתנו אהבה שאינה תלויה בדבר, ולהרבות באהבה הדדית. לאהוב זה את זה ללא תנאי וללא סייגים.